清平寺와 韓國佛敎

清平寺와 韓國佛敎

洪性益

景仁文化社

책머리에

　사원이란 공간적인 면적에 계획된 건축물이 지어지고 이에 맞도록 예경의 대상이 조성되며 이러한 가람 속에 법맥이 형성되면서 변화되어 간다. 청평사 역시 창건 이후 가람배치, 예경의 대상, 법맥이 변화되면서 현재에 이르고 있다.

　청평사는 강원도 춘천시 북산면 청평리에 소재한 사찰로 대한불교조계종 제3교구 본사인 신흥사의 말사로 973년 永玄禪師에 의하여 창건되고 李顗에 의하여 중창된 후 李資玄 居士에 의하여 세번째로 중창되어 고려중기 거사불교의 요람으로 알려져 왔다. 이자현과 교유하던 慧炤國師와 大鑑國師 坦然을 비롯하여 圓眞國師 承逈, 懶翁王師 등이 모두 崛山門의 승려였다. 조선시대에 들어서는 雪岑 金時習이 學梅를 가르치고 普雨가 크게 중창하였다. 淸虛休靜의 스승인 芙蓉靈觀이 學梅에게 선리를 구하고 있으며, 이후에 주석하는 幻寂, 楓溪, 喚惺 등이 모두 청허휴정계의 승려들로 이루어졌다. 따라서 임진왜란 이후 浮休善修와 청허휴정으로 대별되는 양대 법맥에서 휴정계 스님들이 청평사 법맥을 계승하고 있음을 볼 수 있었다.

　한편 청평사에는 文殊院記와 藏經碑가 있었다. 문수원기는 坦然, 장경비는 李嵒이 쓴 금석문이었으나, 모두 破碑가 되어 현재는 실체를 볼 수 없게 되었다. 이번 연구를 통해 두 眞蹟을 碑片과 拓影 그리고 문헌자료를 바탕으로 집자·교열하여 복원작업을 시도하였고 이 연구를 바탕으로 2008년 문수원기가 복원되었다.

　청평사의 가람배치는 山地中庭型을 띠고 있으나 回轉門, 降仙樓, 幻門이 독립적으로 건축되지 않고 행각과 연결된 구조로 되어 있어서 전형적인 산지중정형 가람배치와는 구별되는 독특한 배치법을 보이고 있다. 이는 회암사, 봉은사, 용주사, 봉선사, 낙산사 등의 원찰에서 볼 수 있는 가람배치로 청평사는 普雨의 문집이나 佛畵의 畵記를 보면 조선 명종과 왕실의 복을 비는 원찰이었음을 알 수 있다. 또한 극락전과 능인보전, 회전문 등은 궁궐에서나 볼 수 있을 만큼 굉려하다라는 표현이 있을 정도로 일제강점기 이래 건축학계로부터 중요한 유적으로 일찍부터 탐색되어 왔다.

그러나 회전문을 제외한 극락전과 대웅전 등 주요 건물들이 조선말부터 한국전쟁을 전후한 시기에 모두 소실되어 가람배치에 관한 연구를 진행하기 어려웠다. 청평사 경내의 행각은 문헌에 의하면 사람이 기거할 수 있는 寮숨였으나 복원하는 과정에서 행각이 모두 개방형 회랑으로 건축되었다. 극락전은 전면과 측면 1칸이 마루로 되어 있었으나 마루가 있던 부분까지 전체가 실내로 된 일반적인 금당의 구조로 복원되었다. 대웅전은 발굴조사 결과 활주 초석이 조사되었음에도 팔작지붕의 구조로 복원되지 않고 맞배지붕으로 복원되었다. 이는 발굴조사에서 확인된 유구와 문헌에서 보이는 자료들을 복원 계획에 입안하지 못한 결과라고 할 수 있다.

청평사에 건립된 幻寂義天의 부도는 다비 후 8과의 사리가 출현하여 스님이 수행했던 8개의 사찰에 부도로 묘탑을 조성하였는데 유형이 동일하지 않게 조영하였다. 동일한 스님의 부도임에도 불구하고 다양한 형태로 조성되는 것은 인근의 양식에서 영향을 받은 것으로 파악할 수 있다. 이는 부도의 양식이 시대적인 틀을 가지면서도 지역적인 특색을 더 크게 반영하고 있음을 알 수 있게 되었다. 이러한 연구는 동일한 인물이라 하여도 다양한 형태를 갖고 있으며 부도명이 없을 경우 명문이 있는 부도를 기준작으로 삼아 시대를 편년하는 방법론을 극복할 수 있는 새로운 방법론으로 제시할 수 있을 것이다.

사찰이란 예배의 대상인 불상을 포함하여 불화 등을 봉안하는 금당,

불탑과 승탑 등의 예경물, 四物을 봉안하는 누각과 승려가 기거하는 요사 등으로 구성되는 가람배치, 스님들의 사자상승을 볼 수 있는 법맥 등 창건시기부터 현대에 이르기까지 총체적인 불교문화를 보여주는 곳이다. 청평사는 명확히 드러나는 법맥과 왕실의 원찰이 갖는 가람배치, 고려시대 최고의 서예가가 남긴 금석문 등으로 볼 때 춘천을 중심으로 하는 영서지역의 수반사찰이라고 할 수 있다.

이 연구가 사원이 갖는 복합적인 성격을 밝히는데 미흡하였지만 청평사는 구산선문의 굴산산문과 청허휴정계의 법맥을 잇고 있으며, 願堂型 가람배치를 보여주는 사찰임을 알 수 있게 되었다. 앞으로 청평사의 성격이 더욱 명확하게 드러날 수 있도록 거시적이면서도 미시적인 연구를 진행할 생각이다. 그러면서도 강원지역과 다른 지역에서 생성되고 소멸되어가는 과정에서의 양상이 어떠했는지에 관한 문제도 함께 관심을 가지고 풀어가고자 한다.

부족하지만 이 글이 작성되기까지 많은 분들의 도움과 은혜를 입었다. 역사를 공부하는 초심의 길을 바르게 갈 수 있도록 일러주신 최승희교수님, 김종철교수님, 정만득교수님, 노중국교수님, 진원숙교수님, 김기협교수님, 김도형교수님, 김무진교수님, 한충회교수님, 이윤갑교수님, 장의식교수님께 감사드린다. 석사과정을 보내면서 많은 역사연구의 방법론을 가르쳐 주신 김규호교수님, 조인형교수님, 나연수교수님, 류승렬교수님, 원정식교수님께 서는 논문을 엮어 가면서 과정의 소중함을 알게 해 주셨다.

박사과정에도 바쁜 일정으로 논문을 작성하기란 여간 난처한 일이 아니었다. 1년 365일, 1일 24시간은 기차역 대합실 안내판에 열거된 시간표처럼 해 뜨면 발굴하고, 해 저물면 보고서 작성하는 과정은 쉼없는 고단함의 연속이었다. 논문 작성에 시간을 할애한다는 것은 낭만이자 허구였다.

그동안 많은 은혜를 입었다. 발굴현장에서, 논문지도에서 뵐 때마다 논문 주제와 과정을 물으시면서 발굴피로라는 현실의 지난함을 떨치게 해주셨던 정영호교수님, 유구 기술에서부터 유물 사진 한장에 이르기까지 꼼꼼히 살펴주신 최복규교수님, 입학 이전 오랜 시기부터 학문의 끈을 놓지 않도록 채근해 주시며 처음처럼 – 영원히 하라 가르쳐주신 손승철교수님께 머리 숙여 감사드린다. 직접 쓰실 논문 자료까지 일러 주시면서 지도해 주신 신종원교수님께 감사드린다. 그리고 설명문처럼 풀어 헤쳐진 맥없는 글을 논문답게 긴장감의 힘을 불어 넣어준 유재춘 지도교수님께 감사드린다. 대학원 진학에서부터 졸업에 이르기까지 학문의 길을 인도해 주신 송인서교수님, 강치원교수님, 권오신교수님께 감사드린다. 소주제별로 글을 작성하면서 학위논문을 마칠 때까지 20여년간 몽매한 사람을 눈뜨게 해주신 김풍기교수님께 두손 모아 감사드린다. 동강 답사에서부터 오늘이 있을 수 있도록 사랑으로 감싸주신 최상익교수님과 허남욱교수님, 석진·제원·청화 청평사 전 주지스님과 홍진 현 주지스님, 그리고 인연있는 有情無情, 佛恩에 감사드린다. 학위논문 작성의 사진·도면처리에서 전체적인 틀까지 도맡아 처리 해주신 지영숙·김미숙선생님, 그리고 지근의 여러 선생님께도 감사드린다.

석조물의 도면 작성을 해준 이규봉과 정부형 친우, 사진자료를 스캔받아 도면화 할 수 있도록 도움을 준 김선양 친우, 윤독까지 하며 교정을 봐준 정지연·황은영·이동희·김정현·고민정 원우, 수천리길 마다 않고 답사에 동행해 준 김경희·정세원 등 여러 도반, 동네 110번째 박사났다고 잔치를 열어주신 주민과 서면향우회 여러분께 감사드린다.

짧지 않은 세월을 지적 호기심과 직업으로 산과 들로 뛰어 다니느라 가정은 물론 자신도 제대로 살피지 못한 자식을 그래도 믿어 주시는 부모님과 장인·장모님, 공부하고 싶다는 남편의 명예퇴직을 아무 말없이 인정해준 아내 이영숙에게 고맙다는 마음을 드린다. 고교얄개가 된 공주 선영이와 아직 어리광을 부리는 장군 준기에게 산야의 유적은 마음에 두고 학문에 정진하면서 옆 있어 줄 것을 약속한다.

　그리고 출판을 허락하여 주신 경인문화사 한정희사장님과 신학태부장님, 난삽한 글의 편집을 맡아 정리된 책으로 엮어 주신 편집부 여러 선생님께도 감사드린다.

　　우물가의 한련화를 좋아하셨던, 등잔불 아래서 글 읽기를 좋아하셨던 할머니, 9대 장손이라고 애지중지 손주를 사랑하셨던, 청평사를 내 집처럼 아끼셨던 할머니, 이승에 계셨다면 이 글을 밤새워 읽으셨을, 하늘의 별이 되어 현생에서 뵐 수 없는, 그래서 가슴 아프게 슬프도록 뵙고 싶은, 박꽃같이 고우셨던 할머니 영전에 삼가 이 책을 바친다.

2009년 3월

洪 性 益 씀

x

\<목 차\>

<표 목차>

〈사진 목차〉

〈도면 목차〉

〈탑영 목차〉

xx

〈지도 목차〉

제1장
서 론

청평사는 永玄禪師에 의하여 973년(광종 24)에 白巖禪院으로 창건된 사찰로 李資玄이 文殊院으로 寺名을 고치고 중창하여 고려중후기에 불교계의 한축으로 활동하는 居士佛敎의 요람이 되었다.[1] 이후 李嵓이 은 거하여 또다시 거사불교의 맥을 이었으며, 조선시대에 들어서는 雪岑 김시습이 이곳에서 수행하기도 하였다. 이처럼 거사불교가 번창하던 시기에 大鑑國師 坦然이 쓴 眞樂公重修淸平山文殊院記(이하, 문수원기)와 李嵓이 쓴 文殊院藏經碑(이하, 장경비)가 건립되었고, 이는 후대에 거사불교와 더불어 서예사적으로 주목받는 사찰이 되었다.

또한 이자현은 청평사에 37년간 주석하면서 굴산문의 慧炤國師와 그의 제자였던 대감국사 탄연과 교유하였고, 탄연을 제자로 삼아 법을 전하며 원진국사 承逈에게도 영향을 주어 굴산문의 법맥을 잇고 있다. 그리고 청평사의 10여 곳에 庵堂亭軒을 짓고 影池를 조성하여 고려시대 別墅文化의 한단면을 보여주었다.

고려말에는 태정황후의 지원으로 중흥기를 맞이하면서 元나라 황실의 願刹이 되었고, 조선시대에 이르러서는 普雨가 주석하면서 명종의 원찰이 되기도 하였다. 이러한 영향은 가람배치에도 영향을 주어 산지중정형의 기본 가람형태를 띠면서도 조선시대 원찰들이 갖는 「□」자형 가람배치를 따르고 있다. 가람배치는 청평사 경내에 잔존하는 유구와 발굴성과

---

1) 청평사는 강원도 춘천시 북산면 청평리 674번지 일원에 소재한 사찰로 1911년 제정된 寺刹令에 의하여 楡岾寺의 末寺로 편입되었으나 한국전쟁으로 楡岾寺가 휴전선 이북으로 포함되어 本寺로서의 역할을 상실하자 간성읍에 있던 乾鳳寺의 말사로 편입되었다. 그러나 건봉사도 한국전쟁으로 전소되고, 민간인 통제선 이북에 있어 본사로서의 기능에 제한을 받게 되자 1971년 속초시의 新興寺가 제3교구 본사가 됨으로써 청평사는 이의 말사가 되었다(聲準和尙門徒會編, 1999, 『聲準和尙牧牛錄』, 불교시대사, 418쪽).

를 토대로하여, 문헌자료를 보완하고 종합하면 조선중후기 청평사의 가람배치가 좀 더 구체적으로 밝혀질 수 있을 것이다.

법맥을 보면 普雨가 문정왕후의 사망으로 제주도로 귀양가서 입적하였지만 그가 폐지되었던 승과를 부활하고 이를 통하여 등장한 휴정의 법맥을 이은 고승들이 주석하게 된다. 즉, 芙蓉靈觀의 법맥인 浮休善修와 淸虛休靜系에서 幻寂義天은 청허휴정 - 편양언기 - 환적의천으로 이어지는 법계도를 보여주고, 환성지안은 청허휴정 - 편양언기 - 풍담의심 - 월담설제 - 환성지안의 법맥을 가지고 있다. 이는 휴정의 고족으로 각기 편양언기와 월담설제의 법을 이어 청평사를 사상사적으로 한층 승격시키는 역할을 하고 있다.

이외에도 많은 고승이 청평사에 주석하지만 浮休系로 보이는 승려는 확인되지 않았다. 가람 역시 보우에 의하여 일신 중건된 후 임진왜란 당시에도 소실되지 않았으며, 지안에 의하여 대대적인 보수를 이루어져 법맥도 끊이지 않았다. 이러한 출가승과 거사의 주석은 청평사가 폐사되지 않고 존속되는데 결정적인 역할을 하였다. 고려중기에는 거사불교의 중심지와 탄연의 진적이 남아 있는 사찰로, 고려말에는 원나라의 원찰로서 기능하면서 이암의 진적이 금석문으로 유일하게 남은 사찰이 되었다.

이러한 면을 볼 때 청평사는 영서지역에 현존하는 최고의 고찰일 뿐 아니라 사상사와 서예사에서 매우 중요한 위치를 점하고 있으며, 또한 거사불교와 굴산문의 법맥을 이해하는데 있어서도 중요성을 인정받고 있다. 조선시대의 원찰형 가람배치를 유구를 통해 살필 수 있는 사찰이도 하다.

한편, 사찰이란 사원경제를 바탕으로 승려가 수행하는 예불의 공간이면서 생활을 겸하는 주거공간이고 불화와 불상을 포함하는 불교예술의 총체이며, 다양한 건축물의 집합체이다. 그럼에도 불구하고 사찰에 관한 연구는 대부분 특정 분야에 제한되는 경우가 많아 사찰 단위의 불교문화를 총체적으로 이해하는데 일정한 한계를 지니고 있다. 즉, 예경의 대상인 불교미술, 주석한 승려의 법맥과 사상사, 당우들의 배열을 통한 건축학적인 가람배치 등을 종합하는 총체적인 연구가 이루어져야 해당 사찰에 대한 종합적이고 분석적인 이해가 이루어 질 것이다.

그러나 현재까지 청평사가 갖는 이러한 속성들에 대한 총체적인 연구가 진행되지 않고 각기 관심 분야만이 연구되었기 때문에 분야별 접점을 찾지 못하는 실정이다. 따라서 이 연구는 이러한 문제의식 속에서 청평사가 갖는 역사고고학적인 측면과 사상사적인 측면에 대한 연구를 보강하여 청평사의 역사성과 사상사적인 성격을 총체적으로 살펴보고자 한다.

1. 연구사 검토

청평사는 창건 이래 현재까지 비교적 자세한 역사가 밝혀져 있으며 관련 전공자들에 의하여 꾸준히 연구되어 왔다. 이러한 연구방향은 크게 네 가지 방향에서 나누어진다. 첫째로 발굴조사와 문헌자료로 본 가람배치의 연구이다. 둘째로 이자현을 중심으로 하는 거사불교에 관한 연구이다. 셋째로 문수원기와 장경비에 관한 금석문의 연구이다. 넷째로 영지를 비롯하여 청평사를 배경으로 하는 정원에 관한 연구이다. 이러한 연구는 각 분야별로 많은 성과를 쌓아 왔고 현재까지 진행되고 있다. 이상의 네 가지의 분야를 중심으로 검토하고자 한다.

첫째, 가람배치에 관한 연구는 세 가지 방향에서 연구되었다. 하나는 극락전과 회전문에 관한 건축사 분야의 연구이며, 그리고 건축물과 지표에 잔존하는 유구와 발굴을 통하여 확인된 가람배치의 연구이다. 다른 하나는 고고자료와 문헌자료를 바탕으로 한 가람배치 연구이다.

건축물과 잔존하는 유구에 관한 연구는 일제강점기 杉山信三에 의하여 시작되었는데 그는 조선 중기 보우에 의하여 중창된 청평사, 奉恩寺,

檜巖寺를 중시하면서 서로의 연관성에 대하여 살피고 봉은사와는 가람배치의 축선이 동일하며 대웅전의 계단 소맷돌도 동일한 양식이라고 하였다. 그리고 1483년에 조영된 昌慶宮 明政殿과 비교된다고 보면서 건축물의 구조에 대하여도 상세히 논증하였는데 특히 회전문과 극락전을 해체 수리하면서 건축학적인 면을 깊이 있게 소개하고 풍부한 자료를 남겼다.[2]

이후 연구에는 별다른 연구의 진척이 없다가 1990년대에 들어 다음과 같은 연구가 이루어졌다. 金泓植은 회암사와 청평사가 전시대의 회랑식 사찰배치와는 다르며 조선조의 중정식 사찰배치 방식과도 다른 중간단계의 배치 방식이라고 하였으며,[3] 張慶浩는 세조대의 『觀音現相圖』[4]를 인용하여 보우가 중창한 서울의 봉은사와 춘천의 청평사는 남-북축선을 따라 좌우대칭이 규격화된 것이 아니고 산세를 이용하여 어느 정도 자유로이 배치를 한 것이라 하였다.[5] 그러나 청평사의 가람배치는 산지중정형 가람배치를 따르되 궁궐의 배치법을 일부 도입한 조선시대 원당사찰의 가람배치로 주로 서울·경기지역에서 보이는 능찰의 배치법을 따르고 있으며 조선후기까지도 계속하여 중창 또는 중수되고 있다. 그리고 좁은 곡간지역을 정교하게 치석한 장대석으로 축대를 쌓고 중앙에는 문, 좌우에는 寮舍의 기능을 할 수 있는 행각을 연결하여 건축하였다. 이러한 양식은 조선전기의 남양주 봉선사와 서울 봉은사에서 나타나며 조선후기에 건축된 화성 龍珠寺와 영변 天柱寺에서도 볼 수 있다. 이후, 국립문화재연구소와 삼풍엔지니어링에서도 가람배치를 검토하였으나 기존의 연구

2) 杉山信三, 1984, 『韓國の中世建築』, 相模書房, 412~425쪽.
3) 金泓植, 1991, 「楊州 檜巖寺址의 殿閣配置에 대한 硏究」 『文化財』 第二十四號, 文化財管理局, 121쪽.
4) 尹張燮, 1996, 『韓國의 建築』, 서울대학교 출판부, 434쪽에 실려 있다.
5) 張慶浩, 1997, 「朝鮮時代 寺刹建築의 型式 變遷」 『佛敎美術』 14, 東國大學校 博物館, 6쪽.

에서 그다지 진전된 내용은 발견할 수 없다.[6] 洪性益은 청평사의 암자를 포함하여 전체적인 가람배치를 지표에 나타난 유구와 발굴조사를 통해 확인된 유구를 바탕으로 보우가 중창하는 조선중기를 중심으로 청평사를 유람하고 남긴 여행기의 문헌자료와 비교검토하면서 가람배치를 재구성 하였다.[7]

1984년 발굴조사에 앞서 지표조사가 실시되었는데 청평사와 관련된 기문류와 자료들을 정리하고 유구를 도면화하여 발굴로 인해 손상될 수 있는 자료들이 정리된 바 있다. 이는 청평사에 관한 최대의 종합 연구보 고서라 할 수 있다.[8] 발굴조사에 의한 연구는 2차례에 걸쳐 조사가 진행 되어 부분적이기는 하여도 역사고고학적인 자료를 축적하였다. 이 부분 에 대한 언급은 뒤의 2, ‘1. 考古資料로 본 가람배치’와 ‘2. 문헌자료로 본 가람배치’에서 자세히 언급하겠으나 1차조사는 국립문화재연구소에 서 시굴과 발굴조사로 구분되어 실시되었다.[9] 시굴조사는 1985년 7월 5 일부터 동년 7월 29일까지 影池를 조사하고, 발굴조사는 能仁殿址를 중 심으로 1986년 8월 23일부터 9월 20일까지 진행되었다. 이 조사로 능인 전지는 전면과 측면이 각 3칸으로 전면의 주칸은 4.8m로 총 14.4m이고, 측면의 주칸은 2.4m, 4.5m, 2.4m로 조사되었다. 내부에는 중앙 뒤편으 로 2개의 高柱가 확인되었다. 이 고주가 조사됨으로써 청평사의 능인보 전은 조선시대 금당에서 주로 나타나는 양식으로 후불벽을 만들어 불단

---

6) 國立文化財硏究所, 1998, 『韓國의 古建築』第20號, 25～28쪽.
   삼풍엔지니어링, 2002, 『修理實測報告書 淸平寺 廻轉門』, 춘천시, 62～70쪽.
7) 洪性益, 2004, 「春川 淸平寺 伽藍配置의 綜合的 檢討」『江原史學』第19·20合輯, 江原大學校 史學會, 19～49쪽.
8) 江原大學校 附設 産業技術硏究所, 1984, 『淸平寺 實測調査 報告書』, 春城郡.
9) 李相弼, 1985, 「春城郡 淸平寺址 整備 및 影池 發掘調査報告」『文化財』第十八 號, 文化財管理局, 58～79쪽.
   趙由典 外, 1987, 「淸平寺 影池 및 能仁殿址 發掘調査」『文化財』第二十號, 文化 財管理局, 112～136쪽.

을 조성했음을 추정할 수 있게 되었다. 또한 고주초석 주변에 레벨상으로 낮은 초석이 조사되어 능인보전 보다 앞선 시기의 또 다른 건물지가 확인되었다. 영지는 남쪽이 좁고 북쪽이 넓은 사다리꼴의 형태를 갖추고 있는데 대체로 지표 아래 1.2m에서 기초석이 조사되었으며 기초석 위로는 자연석으로 조성되었음이 보고되었다.

2차조사는 강원문화재연구소에서 2001년 8월 3일부터 동년 9월 12일까지 시행되었다. 이 당시에는 Ⅲ구역인 회전문 지역과 Ⅳ구역인 강선루 지역은 전면발굴하고 Ⅱ구역인 화단지역은 부분발굴하였다.10) 그 결과 강선루 구역과 회전문 구역에 위치한 건물지가 모두 횡축으로 자리잡고 있음이 확인되어 청평사의 가람배치가 산지중정형 가람배치에서 왕실 원찰 성격의 가람배치로 변화되었음이 확인되었다.

둘째로 청평사의 사상사적 면에 관한 연구가 있다. 이자현으로 대표되는 거사불교는 청평사의 법맥을 연구하는데 매우 중요한 요소로 알려져 왔다. 이자현과 관련하여 대표적으로 최병헌과 허홍식 등의 연구가 있다. 최병헌은 이자현의 불교적 성격에 대하여 가장 전형적인 居士佛敎의 인물로 지목하고 도가적인 기반 위에서 불교를 받아들였으며 參禪에 탐닉하였다고 보았다. 이로 인하여 극히 개인적인 선의 수업형태를 띠고 지혜를 상징하는 문수보살의 인연이 강조되고 있으며 그와 교유하였던 郭輿, 權適 등도 같은 맥락으로 파악하였다. 이로 인한 대사회적 의식의 약화는 다음 시기에 오는 武人亂으로 이어지는 사회적 혼란과 대몽항쟁으로 거사불교가 쇠퇴하고 결사불교라는 적극적인 집단적 선수행이나 신앙을 추구하는 세력으로 변화되었다고 보았다.11)

허홍식은 혜소국사12)와 대감국사 탄연을 모두 이자현의 門人으로 보

---

10) 江原文化財硏究所, 2001, 「淸平寺 降仙樓·回轉門 部分 補修工事에 따른 遺構確認調査 略報告書」.

11) 崔柄憲, 1983, 「高麗中期 李資玄의 禪과 居士佛敎의 性格」『金哲埈博士華甲記念史學論叢』, 知識産業社, 941~960쪽.

고 있으며, 그 이전에는 강조되지 않던 능엄경의 중요성에 대해 이자현을 부각시킴에 따라 이후에 능엄경이 홍포되었으며 이것이 선승에게 영향을 주어 당시 위기에 처해있던 고려중기 선종계에 커다란 활기를 불어넣었다고 봄으로써 무신집권초에 선종이 우위를 차지하는데 디딤돌이 되었다고 하였다.13)

金相永은 예종의 특별한 관심과 지원으로 선종이 활성화되고 이러한 기회로 성장한 崛山門의 慧炤國師와 迦智山門의 學一, 居士佛教의 李資玄을 들면서 이들은 教禪融合的 사상을 지니고 있었다고 보았다. 즉, 이자현을 중심으로 하는 고려중기의 거사불교가 禪의 주류가 아니라 선승을 중심으로 굴산문을 파악해야 한다고 보았으며 도교 중심적으로 파악하려는 경향도 재검토해야 한다고 하였다. 특히 당시의 거사불교를 포함하는 선종은 혜소국사 등의 굴산문이 知訥 이후의 修禪社系로 연결되고 있다고 파악하였다.14) 이외에도 이자현의 거사불교에 관한 연구는 활발히 전개되어 고려사회의 구조 속에서 청평사를 살피는 연구도 진행되었고,15) 이자현과 관련된 한시에 관한 연구도 발표되었다.16)

셋째로 문수원기와 장경비에 관한 금석문의 연구이다. 문수원기는 청

---

12) 慧炤國師와 慧照國師를 동일인으로 보는 견해가 지배적이지만, 고려시대에는 '炤'를 '昭'와 함께 '照'로도 쓰였다고 하였다(許興植, 1993, 「禪의 復興과 看話禪의 展開」 『高麗佛教史研究』, 一潮閣, 471쪽).

13) 許興植, 1993, 「禪의 復興과 看話禪의 展開」 『高麗佛教史研究』, 一潮閣, 463~497쪽.

14) 金相永, 1988, 「高麗 睿宗代 禪宗의 復興과 佛教界의 變化」 『清溪史學』 5, 韓國精神文化研究院 清溪史學會, 49~89쪽.

15) 신규탁, 2004, 「고려 중기 거사불교와 이자현의 선사상」 『江原文化研究』 第23輯, 江原大學校 江原文化研究所, 139~152쪽.
김흥삼, 2004, 「清平寺와 高麗社會構造」 『江原文化研究』 第23輯, 江原大學校 江原文化研究所, 107~138쪽.

16) 권혁진, 2004, 「李資玄의 詩世界」 『漢字漢文教育』 13輯, 韓國漢字漢文教育學會, 231~260쪽.

평사의 마당 서쪽에 있었다. 비의 앞면과 뒷면은 각기 金富轍과 慧素가
글을 짓고, 앞면과 뒷면 모두는 坦然이 썼다. 마당의 동쪽에는 장경비가
있었는데 비의 앞면과 뒷면은 각기 李齊賢과 性澄이 짓고, 비의 앞면은
李嵓이 쓴 장경비가 있었으며, 일제강점기때 토지 헌답을 기념하기 위하
여 세운 헌답비가 있다. 문수원기에 대하여는 한국전쟁으로 완전히 파괴
된 비편을 발견한 청평사 石泉스님의 연락을 받고 방문한 黃壽永에 의하
여 수습된 비편을 바탕으로『조선고적도보』에 실린 碑陽에 관한 복원연
구가 있었으며,[17] 碑陰은 朴永弴에 의해 탑영을 저본으로 하여 복원이
시도되었다.[18] 이후 비양과 비음의 전체적인 틀은 洪性益에 의하여 연구
되었으며[19] 이후 鄭祥玉과 신동하에 의하여 진전된 연구가 발표되었
다.[20] 특히 신동하는 비음에서 유일하게 판독하지 못한 12행 20번째 字
를 잔존하는 획을 바탕으로「樵」字로 비정하였다.

　藏經碑의 경우 비양 전체와 비음 일부에 대한 복원연구가 시도되었으
며,[21] 獻畓碑는 청평사에 현존하는 유일한 비문으로 헌답주와 비문을 건
립한 당시의 주지명이 새겨진 2면비이다. 이 비문은 청평사지에 실린 獻
畓記文과 비교한 내용이 발표되었다.[22] 또한 寺內에는 암반에 많은 명문

---

17) 黃壽永, 1968,「淸平寺 文殊院記 碑片의 調査」『考古美術』通卷99號, 韓國美術
　　史學會, 453~457쪽.

18) 朴永弴, 1990,「淸平山文殊院重修碑와 祭淸平山居士眞樂公之文」『書通』通卷17
　　號, 東方硏書會, 105~110쪽.

19) 洪性益, 2006,「春川 淸平寺 文殊院記 復元을 위한 硏究」『文化史學』第26號,
　　韓國文化史學會, 175~216쪽.

20) 정상옥, 2004,「眞樂公重修淸平山文殊院記의 釋坦然 書法考」『江原文化硏究』
　　第23輯, 江原大學校 江原文化硏究所, 153~163쪽.
　　신동하, 2006,「'李資玄 祭文'의 史料的 價値」『人文科學硏究』第12輯, 同德女
　　子大學校 人文科學硏究所, 5~23쪽.

21) 洪性益, 2007,「春川 淸平寺 藏經碑 復元을 위한 基礎資料 檢討」『文化史學』第
　　27號, 韓國文化史學會, 705~729쪽.

22) 洪性益, 2007,「春川 淸平寺 獻畓碑와 獻畓記에 대한 小考」『江原文化史硏究』
　　第12號, 江原鄕土文化硏究會, 37~44쪽.

이 있는데 특히 影池 남쪽 돌출 암반 윗면에 새겨진 詩에 관해서는 趙由
典에 의하여 일부 소개되었고, 辛鍾遠에 의하여 전문이 재판독되었다.[23]

　넷째로 影池를 비롯하여 청평사를 배경을 하는 庭苑에 관한 연구이다.
청평사의 정원은 정원학계에서 1980년대 이후 현재까지 주목하는 유적
으로 많은 학문적 연구가 진행되고 있다. 특히 金鎬然, 尹國炳, 柳福模,
閔庚玹, 禹慶國은 문수원 정원이라는 공통적인 주제 아래 각기 소주제별
로 연구되어 청평사 정원 연구의 기초를 놓았다.[24] 이 연구의 틀은 민경
현, 윤장섭, 권태철, 윤영활, 심우경 등에 의하여 심화되고 현재까지 지속
적으로 진행되고 있다.[25] 연구의 방향은 영지가 있는 中苑, 복희암지가
있는 南苑, 청평식암이 있는 北苑으로 나누어 설명하고 있으며, 최근에는

---

23) 趙由典 外, 1987,「淸平寺 影池 및 能仁殿址 發掘調査」『文化財』第二十號, 文化
　　財管理局, 112~136쪽.
　　辛鍾遠, 1989,「淸平寺 影池 옆 銘文岩石」『江原史學』第5輯, 江原大學校 史學
　　會, 112~136쪽.
24) 金鎬然, 1981,「文殊院 庭園에 관한 學術 세미나」『月刊 文化財』通卷115號, 月
　　刊 文化財社, 64~67쪽.
　　金鎬然 外, 1982,『韓國庭園學會誌』創刊號, 韓國庭園學會.
25) 閔庚玹, 1991,『韓國의 庭苑文化-始源과 變遷論』, 藝耕産業社, 161~171쪽 ;
　　1998,「韓民族의 陰陽과 三才思想이 남긴 不等邊三角의 空間文化」『韓國庭苑
　　學會誌』16권 3호, 韓國傳統造景學會, 99~102쪽.
　　尹張燮, 1996,『韓國의 建築』, 서울대학교 출판부, 359~365쪽.
　　權台哲, 1998,「韓國傳統寺刹에서 나타나는 人工池에 관한 硏究」, 東國大學校
　　碩士學位論文, 26~29·83~84쪽.
　　심우경, 2004,「高麗時代 造景文化와 淸平山 文殊院 禪苑의 特性」『江原文化硏
　　究』第23輯, 江原大學校 江原文化硏究所, 165~171쪽.
　　윤영활 외, 2005,「청평사 선원의 고문헌적 고증연구(1)」『韓國傳統造景學會誌』
　　23권 3호, 韓國傳統造景學會, 1~12쪽 ; 2005,「청평사 선원의 고문헌적 고증연
　　구(2)」『韓國傳統造景學會誌』23권 4호, 韓國傳統造景學會, 57~72쪽.
　　윤영활, 2005,「청평사의 정원문화」『春州文化』제20호, 春川文化院, 2005, 23~
　　41쪽 ; 2006,「청평사의 팔경과 경관 특성」『春州文化』제21호, 春川文化院, 148~
　　163쪽 ; 2006,「淸平寺 園林의 景處와 景觀解釋에 관한 硏究-고문헌을 중심으
　　로」『韓國傳統造景學會誌』24권 3호, 韓國傳統造景學會, 1~13쪽.

좀더 세분화하여 이들 권역 외에도 청평사 경내권역, 구송폭포권역, 견성암권역, 서천권역으로 나누어 살피기도 한다. 이러한 권역별 연구는 이자현이 은거하면서 수도하기 위한 공간으로서의 정원이라는 점으로 귀결되고 있다. 이상 지금까지 소개한 연구의 경향은 초기부터 일정한 방향을 유지하고 있으나 권역별 구분에 의한 청평사의 구분은 지형적인 구분에 의한 연구에 제한될 위험성도 내포하고 있다. 왜냐하면 寺域이란 어느 곳이든 대단위의 면적을 포함하고 있지만 권역을 나누어 사찰이 경영되는 것이 아니라 시기에 따라서 그 용도가 달리하고 있기 때문이다. 경내와 영지, 견성암과 서천 지역은 이자현이 거처로서 활용하던 곳이었으나 세향원은 설잠 김시습에 의하여 지어졌고, 암자들은 창설년대와 창설자가 밝혀지지 않았으며 세군데에 건립된 4기의 부도는 조선중후기의 것으로 이자현 시기에 해당하는 청평사의 권역별 정원으로 인정할 수 없는 점이 있다. 또한 현재까지 위치를 확인하지 못한 암자들이 있기 때문에 이 역시 권역별 연구는 시기별로 구분하여 연구될 필요가 있다고 하겠다. 특히 고고학적인 자료와 문헌학적인 자료에 대한 비교 검토가 권역별 연구에 도입되어야 할 것이다.

위에서 크게 네가지로 살펴 본 것 외에도 청평사에 관한 다음과 같은 몇가지의 연구가 있는데 金豊起는 환적당 부도와 관련하여 최근까지 고려시대 스님으로 알려진데 대해 환적당을 1690년에 입적한 고승으로 청허휴정의 손법손임을 밝혔다.[26] 이 연구에 의하여 환적당의 부도가 8곳에 분사리되었음이 밝혀졌으며, 팔분사리 부도는 홍성익에 의하여 현장조사와 양식사가 발표되었다.[27] 그리고 김용덕과 신종원에 의하여 청평사의 연기설화가 연구된 바 있다.[28]

---

26) 金豊起, 1992,「淸平寺 幻寂堂 浮屠에 대한 一考察」『江原文化硏究』第11輯, 江原大學校 江原文化硏究所, 93～104쪽.
27) 홍성익, 2006,「朝鮮後期 幻寂堂 八分舍利 浮屠에 관한 硏究」『博物館誌』第12號, 江原大學校 中央博物館, 85～108쪽.

2. 연구 목적 및 방법

이 연구는 청평사라는 단일 사찰을 주제로 하여 창건에서부터 절 이름의 변천, 가람배치, 법맥, 금석문의 복원, 환적당 부도의 분사리 문제와 부도명 등에 관한 종합적인 연구를 시도하고자 한다. 특히 청평사가 갖는 사상사적인 측면과 가람배치, 금석문 등에 대한 연구를 통하여 청평사의 역사성을 조명해 보고자 한다.

그동안 학계에서 사찰 단위별로 발표된 연구는 매우 많다. 대표적으로 한국불교연구원에서 발간된 연구를 들 수 있다.[29] 또한 사찰 단위별로 寺誌를 번역하거나 사찰의 종합연구서 성격의 연구도 다수 있다.[30] 그러나 일부의 연구를 제외하면 이러한 자료들은 사찰 성격의 규명보다는 사찰에 관련된 자료를 모으고 정리하여 대중에게 소개하려는 목적이 강했

---

28) 金容德, 1988, 「淸平寺 緣起說話考」『한양어문연구』제6집, 한양대학교 국어국문학과, 5~32쪽.
   辛鐘遠, 1996, 「淸平寺 '相思뱀(蛇)'傳說의 歷史性과 說話性」『江原佛敎史硏究』, 小花, 149~220쪽.

29) 韓國佛敎硏究院, 1974,『佛國寺』; 1974,『石窟庵』; 1978,『新羅의 廢寺』Ⅰ; 1974,『通度寺』; 1975,『法住寺』; 1975,『松廣寺』; 1975,『海印寺』; 1976,『華嚴寺』; 1976,『浮石寺』; 1977,『大興寺』; 1977,『金山寺』; 1977,『新羅의 廢寺』Ⅱ; 1977,『月精寺』; 1978,『洛山寺』; 1978,『傳燈寺』; 1978,『神勒寺』; 1978,『北韓의 寺刹』; 1979,『梵魚寺』, 一志社.

30) 이기영 외, 1991,『통도사』; 김상현 외, 1992,『불국사』; 이재창 외, 1993,『해인사』; 최현각, 1994,『법주사』; 이태호 외, 1994,『운주사』; 목정배 외, 1994,『대흥사』; 강건기 외 1994,『송광사』; 채상식 외, 1994,『범어사』; 김보현 외, 1995,『부석사』; 조명화 외, 1998,『마곡사』; 박남수 외, 1999,『갑사와 동학사』; 윤영활, 2009『청평사』, 대원사.
   현해, 2004,『오대산 월정사·상원사』, 월정사 ; 황수영, 1989,『석굴암』, 열화당 ; 신영훈, 1998,『석불사·불국사』, 조선일보사 ; 혜우, 1994,『선암사』, 풍경소리 ; 寺刹文化硏究院, 1998,『洛山寺』; 동해시, 1998,『두타산과 삼화사』; 고성문화원, 2001,『국역 건봉사의 역사적 발자취』; 이영선, 2003,『乾鳳寺事蹟』, 東山法門.

기 때문에 단위 사찰의 총체적인 역사성을 밝히는 면에서는 미흡한 점이 있다고 할 수 있다.

청평사에 관련한 연구물은 주로 거사불교와 고려정원에 한정된 주제를 가지고 연구되었기 때문에 청평사의 성격을 종합적으로 파악하는데 일정한 한계가 있다. 따라서 이 연구에서는 청평사와 관련한 문제를 가능한 종합적이면서도 치밀하게 연구하여 포괄적인 청평사의 역사에서부터 금석문에 대한 세세한 문제에 이르기까지 한국사 전개 속에서의 청평사 모습을 되살리고 문화재로서의 청평사를 어떻게 이해하고 보존·복원해 나갈 것인가를 제시해 보고자하였다.

청평사의 寺名은 1555년 보우에 의하여 개칭된 것으로 알려져 왔다. 그러나 이번 연구를 통하여 고려말에 이미 사용되고 있음을 밝혀 그간 정립되지 않았던 사명변천이 좀더 구체화되었다. 청평사의 가람배치에서는 산지중정형이라 보는 견해, 보우가 중창한 봉은사와 동일한 배치라는 견해, 산지의 곡간을 따라 축선을 잡았다는 견해 등이 제시되어 왔다. 그러나 이러한 견해는 청평사가 갖는 가람배치를 충분히 설명할 수 없는 한계성을 지니고 있다. 즉, 청평사는 산지중정형 가람배치를 따르면서도 중문, 누각 등의 門을, 횡축으로는 행각을 두는 배치법을 사용하고 있다. 이는 봉은사가 보우에 의해 중창되면서도 陵刹이나 願刹에서 나타나는 배치법을 쓰고 있음에서도 확인할 수 있다. 청평사가 비록 폐허화된 寺址로 남아 있었지만 잔존하는 유구, 발굴조사에서 얻어진 고고학적 자료, 조선중후기 이후 방문객들이 남긴 일기문 등의 문헌자료를 바탕으로 청평사의 가람배치를 규명할 수 있을 것이다. 따라서 잔존하는 유구와 고고학적인 자료, 문헌자료를 분석하여 명종대의 보우가 중창한 청평사의 가람배치가 어떻게 변화되었는지를 규명하면서 보우가 중창한 봉은사와 회암사를 비교분석하여 공통점을 도출하고자 하였다. 나아가 이러한 가람배치가 봉선사와 용주사 등 왕실의 원찰형 가람배치와 관련있음을 밝히면서 원찰과의 가람배치에서 공통점을 찾아보고자 하였다. 이러한 성과를 토대로 현재 복원된 가람배치가 1550년대 중창된 이후에 일관되게 유지해 왔던 원찰형 가람배치에 의거한 것인지에 대해서도 세밀히 검토하였다.

단위별 사찰의 법맥 연구는 해당 사찰의 성격을 이해하는 데 중요하다. 그러나 그동안의 청평사 법맥 연구는 거사불교와 환적의천에 관련한 연구에 한정되었고 이후의 법맥에 대한 연구는 이루어진 바 없다. 어떤 사찰이든 폐사되기 전까지는 스님들에 의하여 법맥이 이어지고 있으므로 청평사의 법맥은 어떠한 모습으로 전개되어 왔는가에 대해 살펴볼 필요가 있다. 이 연구에서 청평사가 갖는 나름의 법맥이 있는지, 있다면 어떻게 이어졌고 어떠한 인물이 주석하였는지를 살펴봄으로써 청평사 법맥의 성격을 규명하고자 하였다. 특히 고려중기 이자현이 굴산문에 속하였다는 기존의 연구를 바탕으로 굴산문의 朗空大師가 朔州에 建子若를 열어 산문을 처음으로 개설하였다는 기록에 주목하였다. 이는 나말여초기에 형성된 구산선문의 선종이 전국적으로 확산되면서 지역 호족세력과 연계되는 경향이 짙은데 춘천지역에서도 낭공이 개산한 건자야와 연계된 호족세력이 있는지를 먼저 살피고, 문수원에 머물던 李資玄이 가까이에 있는 華山寺의 慧炤國師에게 선리에 대하여 자문을 구한다는 내용을 비교하여 이자현이 굴산문에 속하게 되는 과정을 살펴보고자 하였다.

이 점은 춘천지역에 형성된 궁예세력과 왕건세력의 흐름을 판단해 볼 수 있으므로 그 중요성이 매우 크다고 할 수 있다. 조선시대 기록에 보이는 스님들 중에서 당대의 고승으로 알려진 스님들의 행장을 통해 그 스님들의 법맥을 살피고, 임진왜란 이후 조선시대 불교계의 양대 법맥이라 할 수 있는 부휴선수계와 청허휴정계를 비교·검토하여 어느 법맥이 주류를 이루었는지에 대하여도 살펴보았다.

금석문에서는 고려시대에 건립되었으나 현재는 破碑가 되어 전하지 않는 2종의 비문에 집중하여 비편과 탁본을 바탕으로 복원을 위한 연구를 진전시키고자 하였다. 비양은 김부철, 비음은 혜소가 짓고 탄연이 쓴 문수원기와 비양은 이제현, 비음은 성징이 짓고 이암이 쓴 장경비에 대한 복원적 연구를 하였다. 현재는 모두 전하지 않는 비문이지만 원문에 대한 교감과 원문 확정, 이를 통한 복원의 가능성에 대하여 살펴보았다. 이러한 연구는 한국서예사에 항상 등장하는 탄연과 이암의 진적을 복원한다는 의미에서 중요하다.

청평사의 부도에 관한 문제에서는 分舍利 浮屠와 浮屠의 주인공에 대하여 다루었다. 분사리 부도는 석가모니가 쿠시나가르에서 입멸하고 다비를 행하자 나온 사리를 8개국에서 이를 봉안하기 위하여 분쟁이 일어나자 제자 중의 한 사람이었던 徒盧那가 각 국이 균등하게 배분하자는 의견을 내어 이를 따르게 됨으로써 생겨난 분사리 풍습에서 시작되었다. 이러한 분사리의 풍습이 한국에서는 고려말 태고보우와 나옹혜근의 분사리 부도로 시작되어 조선중후기에 매우 활발하게 나타나는 모습을 볼 수 있다.

분사리 부도에 대한 연구는 현재까지 5~6여편 내외의 수준에 머물러 있다. 이러한 점에 주목하여 이 연구에서 조선후기 청평사에 주석했던 환적당의 분사리 부도에 대하여 살펴보았다. 환적의천은 그의 행장에 의하면 입적 후 다비를 하자 사리 8과가 나와 이를 각 1과씩 8곳에 분장하였다고 기록하고 있다. 이러한 기록을 토대로 각 해당 사찰을 조사하여 八分舍利 浮屠와의 상관성, 해당 사찰 부도군과의 상관성을 검토하면서 여러 곳에 조성된 동일인의 부도가 갖는 양식사 문제를 연구의 대상으로 삼아 보았다. 나아가 청평사에 건립된 3기의 부도명에 대한 검토를 하였다. 기존에는 부도의 양식, 건립시기, 문헌자료의 검토가 선행되지 않고 부도명이 명명되었기 때문에 부도명이 사실과 다르게 불리어 왔다. 따라서 이번 연구에서 이러한 문제에 대하여 관련 자료를 찾아 현재 이름 지어진 부도명에 대한 새로운 검토를 하고자 하였다.

한편 위에서 언급한 문제들을 역사고고학적인 접근방법론으로 청평사의 역사성을 찾고자 한다. 이러한 부분사적인 연구를 통해 전체사로 종합하여 청평사라고 하는 단위 사찰의 총체적인 면모를 부각하고 이를 통하여 청평사가 갖는 역사고고학적인 특성을 고찰하고자 한다.

제2장

江原佛教와 淸平寺

이 章에서는 강원지역에 불교가 전파되어 경영되는 사찰의 면모를 찾아, 청평사와의 관련성을 밝혀보고자 한다. 강원지역에 산재한 불교유적은 신라 이후 현대까지 아주 많다. 그러나 이러한 유적들 중에서 경영되고 있는 사찰보다 경영되지 못하고 폐찰되어 현재는 寺址로 남아 있는 예가 더 많다. 특히 강원지역은 1945년 남북으로 분단될 때 그 경계선상에 위치하고 있었으며, 휴전을 전후한 시기에는 남·북한군의 격전지였기 때문에 강원도내의 3개 본사였던 유점사·건봉사·월정사가 모두 소진되었으며, 청평사·낙산사·심곡사를 비롯한 많은 사찰이 폐허가 되는 큰 피해를 입었다.[1] 이러한 피해로 현재 복구가 진행인 사찰들이 대부분이지만 일부는 복구가 되지 못하고 폐사되기도 하였으며 금강산 일원의 거대한 사찰들은 대부분 파괴된 후 정확한 피해상황도 알려지지 않고 있다.

1970년대 들어 양양 둔전리의 폐사지에 대한 발굴조사 결과 다량의 「陳田」銘 와편이 수습되어 구산선문 중에서 가장 먼저 선종을 도입한 陳田寺임을 확인하는 성과가 있었다.[2] 이러한 발굴성과는 강원지역 불교사 연구에 대한 새로운 지평을 여는 계기가 되었고, 이후 많은 지표조사와 발굴조사가 전개되어 강원불교사 연구의 전환점이 되었다.

청평사는 고려중기부터 후기에 이르기까지 굴산문에 속하였는데 이러

---

1) 대한불교조계종 총무원, 2003, 『한국전쟁 피해 보고서 – 한국전쟁과 불교문화재』 I – 강원도편.
2) 檀國大學校 中央博物館, 1989, 『陳田寺址 發掘報告』.
　대한불교조계종 교육원 불학연구소, 2002, 『曹溪宗祖 道義國師의 생애와 사상』, 불교신문사.
　강원문화재연구소, 2002.2, 「양양 진전사지 발굴조사 약보고서」 ; 2002.5, 「양양 진전사지 발굴조사 지도위원회의 자료」.
　鄭永鎬, 2005, 『道義國師와 陳田寺』.

한 법맥은 과연 강릉 굴산사와 어떠한 연계가 있는지 그리고 청평사의 창건과 변천에 관하여 살펴보고자 한다. 또한 청평사는 창건 이후 초기에 폐사 위기에 있다가 李顗에 의하여 중창된 후 현재까지 경영되고 있는 사찰임을 확인하였고 이러한 과정에서 청평사가 어떻게 변천되고 있는가에 대하여 살펴보고자 한다.

1. 강원지역의 불교전파와 사찰경영

강원지역의 불교 전파과정과 정착과정이 정리된 바 있다.[3] 강원도에 불교가 전래된 시기를 명확히 알 수 없으나 불교가 도입되는 삼국 및 신라초기의 강원불교는 다른 지역에 비하여 활발한 활동을 보이지는 않는다. 月精寺는 자장에 의하여 창건되고, 이보다 앞선 시기에 평창군 수항리의 水多寺가 창건되었으며,[4] 정선의 정암사에서 문수보살과의 인연을 기록하고 있다.[5] 또한 원효는 의상과 더불어 양양 낙산사에서 수행하였고,[6] 義湘은 삭주에 華嚴十刹의 하나인 華山寺를 창건하였다.[7] 법상종의 眞表는 입적하여 그의 사리를 금강산의 鉢淵寺에 봉안하였는데 발연사는 진표가 물고기들을 위하여 戒를 주던 사찰이었다.[8]

---

3) 辛鍾遠 外, 1996,「佛敎의 受容과 그 影響」『江原道史』歷史編, 江原道, 490~517쪽.
4)『三國遺事』卷四, 慈藏定律條.
　　『三國遺事』卷三, 臺山五萬眞身條.
　　辛鍾遠,「水多寺址 調査」『박물관 신문』148號, 1983.12.1, 국립중앙박물관, 2면 ;
　　「水多寺址 調査」『박물관 신문』149號, 1984.1.1, 국립중앙박물관, 2면.
5)『三國遺事』卷四, 慈藏定律條.
6)『三國遺事』卷三, 洛山二大聖 觀音·正趣, 調信條.
7) 崔致遠,『唐大薦福寺法藏和尙傳』.
　　『三國遺事』卷四, 義湘傳敎條.
8)『三國遺事』卷四, 眞表傳簡條.

이후 중국에서 道義에 의하여 처음으로 도입된 禪宗이 경주에서 魔說
이라 하여 정착하지 못하자 양양의 陳田寺로 옮겨 신라에 선종을 최초로
전파하는 계기가 되었다.[9] 도의는 현 대한불교조계종의 宗祖로 숭앙되고
진전사는 조계종의 종찰이 되었다. 迦智山門의 2조인 廉居和尙은 양양군
황이리의 禪林院址로 알려진 億聖寺에서 가지산문의 법맥을 계승하였
고,[10] 鳳林山門의 弘覺國師가 억성사에 주석하고 입적하였다.[11] 崛山門
의 개산사찰인 崛山寺는 신라말에서 조선전기까지 법맥을 이어가고 있
다.[12] 이러한 굴산문의 법맥은 朗圓과 朗空에 의하여 계승되는데 낭원은
普賢寺로 자리를 옮겨 굴산문을 잇고 있다.[13]

---

9) 동국역경원, 2004, 『祖堂集』 2, 237~238쪽.

10) 文明大, 1991, 「禪林院址 發掘調査略報告」 『佛敎美術』 10, 동국대학교 박물관, 164~172쪽.
    한국미술사학회, 2002, 『양양 선림원의 사상과 불교미술』, 한국미술사연구소.

11) 權悳榮, 1998, 「弘覺禪師碑文을 통해 본 新羅 億聖寺址의 추정」 『史學硏究』 第 55·56合集號, 韓國史學硏究會, 75~88쪽.
    권기종, 2002, 「弘覺禪師碑文을 통해 본 禪林院」 『講座 美術史』, 한국불교미술 사학회, 5~18쪽.

12) 申千湜, 1980, 「韓國佛敎史上에서 본 梵日의 위치와 崛山寺의 歷史性 검토」 『嶺 東文化』 創刊號, 關東大學校 嶺東文化硏究所, 7~32쪽.
    張文哲, 1983, 「嶺東地方 禪宗普及에 관한 硏究」, 慶熙大學校 碩士學位論文.
    方東仁, 1984, 「崛山寺址에 대한 硏究와 展望」 『古文化』 第24輯, 韓國大學博物 館協會, 27~35쪽.
    白弘基, 1984, 「溟州 崛山寺址 發掘調査 報告書」 『考古美術』 161호, 韓國美術史 學會, 1~22쪽.
    江陵大學校 博物館, 1999, 『崛山寺址 浮屠 學術調査報告書』.
    정동락, 2001, 「通曉 梵日(810-889)의 生涯에 대한 재검토」 『民族文化論叢』 24, 영남대학교 민족문화연구소, 57~91쪽.
    金興三, 2002, 「羅末麗初 崛山門 硏究」, 江原大學校 博士學位論文.
    江原文化財研究所, 2006, 『江陵 崛山寺址 發掘調査 報告書』.

13) 李智冠, 1994, 「江陵 地藏禪院 朗圓大師 悟眞塔碑文」 『校勘譯註 歷代高僧碑文』 高麗篇1, 伽山佛敎文化研究院, 149~150쪽.
    江原文化財研究所, 2007, 『江陵 普賢寺-江陵 普賢寺 食堂禪院 新築敷地內 遺蹟』.

또한 낭공은 지금의 춘천지역인 朔州에 建子若를 짓고, 처음으로 굴산
문을 개산하여 산문의 영역을 영서지방으로 넓혔으며,[14] 봉림산문의 審
希는 당에서 귀국하여 설악 명주의 산사에서 수행하였다.[15] 獅子山門의
개산조인 澄曉折中은 영월의 興寧禪院을 개산하였고,[16] 聖住山門의 無
染은 五色石寺에서 출가하였다.[17] 이와같이 태백산맥과 영동지역을 중
심으로 하는 선종계열 스님들의 움직임이 활발해짐으로서 전국적인 양상
과 유사하게 선종계열로 바뀌게 된다. 이외에도 철원 到彼岸寺, 동해 三
和寺,[18] 태백 本寂寺,[19] 智宗이 주석한 원주의 居頓寺[20]·眞空이 주석한

---

14) 李智冠, 1994,「奉化 太子寺 朗空大師 白月栖雲塔碑文」『校勘譯註 歷代高僧碑文』
　　高麗篇1, 伽山佛敎文化硏究院, 386쪽.
15) 李智冠, 1994,「昌原 鳳林寺 眞鏡大師 寶月凌空塔碑文」『校勘譯註 歷代高僧碑文』
　　新羅篇, 伽山佛敎文化硏究院, 354쪽.
16) 鄭永鎬, 1969,「新羅 獅子山 興寧寺址 硏究」『白山學報』第7號, 白山學會, 25～
　　109쪽.
　　朴貞柱, 1992,「新羅末·高麗初 獅子山門과 政治勢力」, 翰林大學校 碩士學位論文.
　　李智冠, 1994,「寧越 興寧寺 澄孝大師 寶印塔碑文」『校勘譯註 歷代高僧碑文』
　　高麗篇1, 伽山佛敎文化硏究院, 276～307쪽.
　　申永文, 2000,「羅末麗初 獅子山門의 思想과 그 性格」, 國民大學校 碩士學位論文.
　　江原文化財硏究所, 2002,『獅子山 興寧禪院 地表調査 報告書』.
　　강원문화재연구소, 2002,「寧越 興寧禪院址 시굴조사 약보고서」; 2004,「寧越
　　興寧禪院址」2次 試掘調査 指導委員會議 資料.
　　江原文化財硏究所, 2006,「獅子山 興寧禪院」3次 發掘調査 指導委員會議資料.
　　엄기표, 2005,「興寧寺 澄曉大師 石造浮屠와 寶印塔碑의 樣式과 意義」『博物館
　　誌』第14號, 忠淸大學 博物館, 47～66쪽.
17) 李智冠, 1994,「藍浦 聖住寺 朗慧大師 白月葆光塔碑文」『校勘譯註 歷代高僧碑文』
　　新羅篇, 伽山佛敎文化硏究院, 180쪽.
18) 한국문화사학회, 1997,『한국 문화유산의 위상 제고 - 삼화사 철불과 삼층석탑을
　　중심으로 - 』, 동해시.
　　東海市, 1998,『두타산과 삼화사』.
19) 江原文化財硏究所, 2003,『本寂寺址』.
20) 새한建築文化硏究所, 1986,『居頓寺址 石物實測 및 地表調査報告書』, 原城郡.
　　翰林大學校 博物館, 2000,『居頓寺址 發掘調査 報告書』.
　　무진종합건축사사무소, 2001,『거돈사지 3층석탑 정밀실측 및 수리공사보고서』.

興法寺,[21] 양양 洛山寺[22], 홍천 물걸리사지,[23] 횡성 중금리사지[24] 등의 사찰도 이 시기에 대찰로서 성장하게 된다.

후삼국과 고려시대에 들어 弓裔가 출가한 영월의 世達寺는 興敎寺로 개칭되면서 역시 상당한 사세를 유지하였음을 남아 있는 유적을 통하여 알 수 있고[25] 원주 법천사는 신라말에 이미 창건되었음이 밝혀지고 있다.[26]

이러한 신라시대의 불교는 고려초를 거쳐 중기로 넘어 오면서 점차 다양한 계열로 발전하게 된다. 춘천의 法華寺址와 굴산문을 계승한 청평사, 유가종으로 번창한 원주의 法泉寺址가[27] 있고, 화천 啓星寺址[28]·成佛寺址,[29] 강릉 神福寺址[30]·安國寺址[31]·무일동사지[32]·홍제동사지[33]·洛伽

---

21) 신평綜合建設, 2000, 『興法寺址 石物實測 및 地表調査報告書』, 原州市.

22) 낙산사, 1999, 『동아시아에서 의상의 관음신앙과 낙산사』, 불교춘추사.
　　國立文化財研究所, 2008, 『洛山寺 發掘調査報告書』.

23) 國立春川博物館, 2005, 「物傑里寺址 學術調査報告書」.

24) 노혁진 외, 1998, 「횡성댐수몰지구내 중금리 사지 발굴보고서」『횡성댐 수몰지구 내 문화재 발굴보고서(3)』, 한림대학교 조사단, 203~305쪽.

25) 『新增東國輿地勝覽』 卷46, 寧越郡 佛宇條.
　　張俊植, 「世達寺의 位置에 대한 考察」『文化史學』 第11·12·13號, 韓國文化史學會, 465~484쪽.

26) 새한建築文化研究所, 1992, 『法泉寺址 石物實測 및 地表調査報告書』, 原城郡.
　　江原文化財研究所, 2002.7, 「原州 法泉寺」 시굴조사 지도위원회의자료 ; 2003.8, 「原州 法泉寺」 2次 발굴조사 지도위원회의자료 ; 2003.12, 「原州 法泉寺」 3次 발굴조사 지도위원회의자료 ; 2004.12, 「原州 法泉寺」 4次 발굴조사 지도위원회의자료 ; 2007.6, 「原州 法泉寺」 5次 發掘調査 지도위원회의자료.

27) 李智冠, 2000, 「原州 法泉寺 智光國師 玄妙塔碑文」『校勘譯註 歷代高僧碑文』高麗篇2, 伽山佛敎文化研究院, 348~395쪽.

28) 江原大學校 中央博物館, 2002, 『華川 啓星寺址 地表調査報告書』.

29) 江原地域文化研究會, 1998, 『華川 成佛寺址 地表調査報告書』, 華川文化院.

30) 江陵大學校 博物館, 1996, 「神福寺址 試掘調査 報告」『江陵 文化遺蹟 發掘調査報告書(試掘 및 緊急 收拾調査)』.
　　江原文化財研究所, 2007, 『神福寺址』.

31) 관동대학교 박물관, 1996, 「강릉 관음리사지 및 보광리사지 시굴조사 결과 약보고」.

寺, 삼척 頓覺寺址,[34) 횡성 鳳腹寺[35)가 있으며, 이 중에서 낙가사와 봉복사는 현재까지도 경영되고 있다.

고려말기에 들어서는 삼척 天恩寺가 李承休에 의하여 창건되어 춘천의 청평사와 함께 고려시대의 거사불교를 번창시켰고,[36) 원나라의 원찰인 長安寺와 表訓寺가 중창되었으며,[37) 영월 창령사지에서는 여말선초기에 제작된 것으로 보이는 400여 구의 나한상이 출토되어 나한신앙의 일면을 보여주기도 하였다.[38)

조선시대에 들어서는 위에서 거론한 사찰 중에서 임진왜란을 전후하여 많은 사찰들이 廢寺되었는데 월정사, 낙산사, 홍녕선원, 청평사, 수타사,[39) 법흥사, 삼화사, 쌍계사,[40) 보덕사,[41) 삼화사, 천은사는 현재까지

32) 關東大學校 博物館, 1998,「嶺東高速道路(橫溪-江陵間)建設豫定地域內 文化遺蹟 發掘調查 結果 略報告」.

33) 예맥문화재연구원, 2007,「강릉 과학일반지방산업단지 진입도로부지내 유적 발굴조사 약보고서」.

34) 洪永鎬 外, 1996,「三陟市 道溪邑 興田里寺址에 대한 考察」『博物館誌』第3號, 江原大學校 博物館, 41～71쪽.
江原文化財研究所, 2003,『三陟 興田里寺址 地表調查 및 三層石塔材 實測調查 地表調查 報告書』.
洪永鎬, 2004,「三陟市 道溪邑 興田里寺址의 寺名 推定」『강원지역의 역사와 문화』한국대학박물관협회 제50회 춘계학술발표회, 강원대학교 중앙박물관, 69～94쪽.

35) 江陵大學校 博物館, 2001,『橫城 鳳腹寺 地表調查 報告書』.

36) 關東大學校 博物館, 1999,『三陟 天恩寺 李承休遺墟址 - 發掘調查 報告書-』.
洪永鎬 外, 2003,「三陟市 未老面 天恩寺의 佛像 考察」『강원지역문화연구』제2호, 강원지역문화연구회, 5～51쪽.
김도현, 2006,「三陟市 未老面 天恩寺의 歷史와 木造阿彌陀三尊佛 腹藏」『博物館誌』第12號, 江原大學校 中央博物館, 35～83쪽.
江原文化財研究所, 2006,『三陟 天恩寺 李承休遺墟址 發掘調查 報告書』.

37) 윤기엽, 2004,「元干涉期 元皇室의 布施를 통해 中興된 高麗寺院」『보조사상』22집, 보조사상연구원, 308～348쪽.

38) 江原文化財研究所, 2004,『蒼嶺寺』.

39) 安貴淑, 1988,「朝鮮後期 鑄鐘匠 思印比丘에 관한 研究」『佛敎美術』9, 東國大

존속하고 있으며, 금강산을 중심으로 대찰이 경영되는 현상을 볼 수 있
다. 즉, 금강산이라는 명산을 배경으로 유점사, 장안사, 표훈사, 신계사,
건봉사가42) 수천 칸의 가람을 형성하면서 강원도의 불교를 이끌었다.

1960년대에는 폐사되었던 도피안사, 오색석사, 낙가사 등이 중창되었
다. 그리고 한국전쟁으로 폐허가 된 심원사, 심곡사43) 등은 사찰을 이전
하여 중창되었고 북한의 신계사는44) 남한과 북한이 공동으로 복원하는
등 활발한 활동을 전개하고 있다.

이외에도 시기를 명확히 판단할 수 없으나 평창 대상리사지,45) 원주
대안리사지,46) 인제 한계사지와47) 갑둔리사지,48) 고성 금수리사지 등의
폐사지는 현존하는 석불, 석탑 등으로 볼 때 적어도 나말여초에 창건되어
고려시대에는 상당한 사세를 갖추고 있었을 것으로 판단된다.

이상으로 강원불교에 대하여 살펴보았는데, 위에서 언급한 바와 같이

　　學校 博物館, 128~181쪽.

　　신종원, 1995,「洪川 壽陀寺 梵鐘 銘文」『博物館誌』第2號, 江原大學校 博物館,
　　77~81쪽.

　　김창균, 1999,「壽陀寺의 聖寶」『성보』1, 대한불교조계종 성보 보존협회, 5~33쪽.
40) 江原文化財研究所, 2005,『洪川 雙溪寺 地表調査 報告書』.
41) 江原文化財研究所, 2005,『寧越 報德寺 四天王門址 發掘調査 報告書』.
　　강원문화재연구소, 2006,「영월 보덕사 극락보전 주변 건물지 추가 발굴조사 약
　　보고서」; 2007,「영월 보덕사 극락보전 주변 건물지 발굴조사(2차) 지도위원회
　　의 자료」.
42) 새한建築文化研究所, 1990,『乾鳳寺址 地表調査 報告書』, 高城郡.
　　이영선, 2003,『乾鳳寺事蹟』, 東山法門.
　　江原文化財研究所, 2004,『乾鳳寺 鳳棲樓址』.
43) 江原地域文化研究會, 1997,『楊口 深谷寺址 地表調査報告書』, 楊口文化院.
44) 대한불교조계종, 2003,『金剛山 神溪寺 試掘調査報告書』.
45) 江原文化財研究所, 2006,『平昌 大上里寺址－주택신축부지내 유적 발굴조사 보
　　고서』.
46) 江原文化財研究所, 2004,『原州 大安里寺址 石塔材 實測 및 地表調査 報告書』.
47) 江原大學校 博物館, 1985,『寒溪寺』.
48) 江原大學校 博物館, 1996,『整備·補修를 위한 麟蹄 甲屯里一帶 石塔 調査報告書』.

춘천을 중심으로 하는 지역에 구산선문으로 등장하는 산문은 오직 굴산
문이다. 이 지역에 굴산문이 전파된 것은 굴산문의 2세 郎空이 범일국사
가 입적한 후로부터 경주로 가기 전인 889년에서 894년 사이 삭주에 建
子若를 창설한 것에서 시작되고 있다. 太子寺에 건립된 낭공대사의 비문
에 나오는 사료를 인용하면 아래와 같다.

> 문덕 2년 4월 중에 굴산대사께서 병환에 있으므로 곧 고산으로 돌아가 정
> 성껏 시봉하였으니 열반할 때 이르러 부촉하고 전심을 받은 이는 오직 낭공
> 대사 한 사람뿐이었다. 처음 삭주 건자난야에 주석하고 겨우 초막을 수축하자
> 마자 비로소 산문을 여니 찾아드는 자가 구름같이 모여들어 아침에 셋 저녁
> 엔 넷으로 이어져 끊이질 않았다.[49]

그러나 삭주의 범위가 11군 27현으로 면적이 넓고 지리적인 정보가
전무하기 때문에 굴산문의 전파양상을 파악하는데 일정한 한계를 가지고
있다. 그런데 낭공이 주석한 후 굴산문의 법맥이 계승된 사찰은 삭주에서
文殊院과 華岳寺 2개소뿐이고, 청평사에 건립되었던 문수원기에 의하면
화악사는 청평사 인근에 있었다고 하므로 두 곳 모두 삭주의 治所인 현
재의 춘천지역에 위치했다고 볼 수 있다. 그런데 화악사의 위치는 현재까
지 알려진 바가 없다. 따라서 화악사의 위치 비정을 위해 몇 가지 추론해
보면 다음과 같다. 우선 화악사가 위치할 것으로 판단되는 곳으로는 청평
사가 있는 慶雲山과 인근에 위치한 龍華山, 華岳山을 꼽을 수 있다. 그런
데 사찰 이름은, 寺名이 山名과 동일한 예가[50] 많으므로 화악사는 화악

---

49) 李智冠, 1994, 「奉化 太子寺 朗空大師 白月栖雲塔碑文」『校勘譯註 歷代高僧碑文』
　　高麗篇1, 伽山佛教文化研究院, 336쪽. "至文德二年 四月中 崛山大師 寢疾 便往
　　故山精勤侍疾 至於歸化 咐囑傳心者 唯在大師一人而已 初憇錫於朔州至建子若
　　纔修茅舍 始啓山門 來者如雲 朝三暮四"
50) 풍기의 鳴鳳寺는 鳴鳳山, 강릉 普賢寺는 普賢山, 충주 淨土寺는 開天山에 있으므
　　로 開天寺로도 칭하였다.

산에 있었을 가능성이 높다.

화악산에는 현재까지 나말여초기에 창건된 것으로 보이는 폐사지 1곳이 조사된 바 있는데 바로 경기도 가평군 북면 화악리 추정 龍泉寺址이다.[51] 이 곳에는 나말여초기로 보여지는 석탑재가 있고 고려시대로 추정되는 석불상편 등이 산재해 있다. 그러나 이 절터는 화악산의 서쪽에 위치하고 있어 직선거리상으로는 가깝다고 할 수 있으나 도로상으로 보면 청평사의 인근에 있다고 하기에는 거리가 멀다. 그러나 청평사와 가까운 거리인 동쪽면에서 현재까지 나말여초기로 보여지는 절터가 보고된 바 없다. 따라서 산 이름과 사찰 이름이 동일하게 지어지는 사례들을 볼 때 화악산에 있었을 가능성이 높으나 현재로서는 단정할 수 없다. 또다른 추론으로 경운산과 연접하여 있는 용화산에 국사의 신분이 주석했을 것으로 보이는 寺址로 화천 간동면 유촌리의 成佛寺址와[52] 춘천 사북면 고탄리의 法華寺址가 조사되었다. 이 중에서 성불사지는 잔존하는 석축이나 탑재로 볼 때 법화사지 보다 후대인 고려중기 이후로 보여지므로 신라말의 낭공과 연계하기에 무리가 따른다. 따라서 법화사지가 가장 가능성이 높다고 하겠다. 그러나 이 寺址에 대한 정밀조사가 실시되지 않아 유구나 유물 등에 대한 시기 검토가 이루어지지 않은 문제점은 있지만 다행스럽게도 3,000㎡ 이상의 터가 남아 있고 정면 3칸, 측면 2칸(10.5×5.5m)의 금당지가 초석을 포함하여 불상 지대석까지 원형을 그대로 유지하고 있음이 확인되었다. 그리고 고맥이 초석에는 주좌를 표현하였고, 고려초기로 보여지는 석탑 상대갑석, 사자상이 부조된 용도미상의 석조물들이 사지 내에 산재하여 있다.[53]

---

51) 강원대학교 중앙박물관, 2004,『소설암지 및 화악리 절터 지표조사 보고서』, 93~157쪽.

52) 신종원, 1996,「華川郡의 佛教遺蹟」『華川의 歷史와 文化遺蹟』, 江原大學校 博物館, 75~87·110·113쪽.
   江原地域文化研究會, 1998,『華川 成佛寺址 地表調查報告書』, 華川文化院.

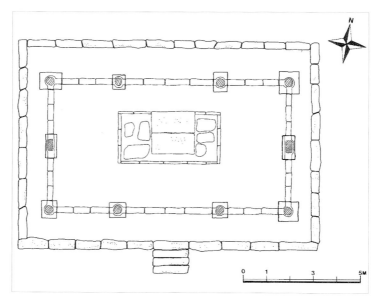

〈도면 1〉 법화사지 금당 평면도

위와 같은 대규모의 사찰이 창건되고 경영되기 위해서는 해당지역의 호족세력에 의해 건립되었다고 볼 수 있다. 그러나 춘천지역에 유력한 호족세력은 잘 알려져 있지 않지만 『高麗史』에 보이는 朴儒가 주목할 만하다.

계해일에 隱士 朴儒가 왕을 뵈러 왔다. 그에게 관과 허리띠를 주었다.54)

왕유의 본 성명은 朴儒이며 자는 文行이니 광해주 사람이다. 성격이 곧으며 경서와 사기에 통달하였다. 처음에는 궁예에게서 벼슬하여 員外로 되었고 東宮記室까지 올랐다. 궁예의 정치가 혼란하여 진 것을 보고 이어 가정을 떠

---

53) 金正基 外, 1997, 「春川의 佛敎遺蹟」 『春川의 歷史와 文化遺蹟』, 翰林大學校 博物館, 121∼123·140∼141쪽. 2004년경에 불상 지대석 하부가 도굴되었다.

54) 사회과학원 고전연구실, 1992, 『北譯 高麗史』 第一册, 新書苑, 78쪽. "癸亥隱士朴儒來見賜冠帶"

나 산골짜기에 은거하였다가 태조가 즉위하였다는 소식을 듣고 찾아와서 현
신하니 태조가 그를 예로서 대접하면서 … 이어 갓과 띠를 주고 機要를 주관
하게 하였는데 공로가 있으므로 王씨라는 성을 주었다.[55]

겨울 11월에 진보성주 洪術이 사자를 보내어 항복을 청하므로 원윤 왕유
와 경 함필 등을 보내어 그를 위유하였다.[56]

예화부인 왕씨는 춘주인으로 대광 柔의 딸이다.[57]

위의 자료를 검토하면 광해주와 춘주는 모두 治所가 춘천인 지방행정
명칭이다.[58] 따라서 박유는 춘천사람으로 궁예의 세력 하에 들어가 원외
에서 동궁기실이 되었으나 정치가 혼란해지자 몸을 피했다가 태조가 즉
위하자 고려에 투항하여 기요를 주관하고 王氏 姓을 받았으며, 후에는
딸을 왕비로 들이게 되었다.

즉, 박유는 춘천을 기반으로 하는 세력으로 궁예에 투탁하였다가 왕건
에게 귀의하였고 비록 박유의 字가 文行이라는 것과 궁예와 왕건에게서
받은 官階로 볼 때 문인이면서 지식인층으로 보이지만 춘천지역에 유력
한 세력을 가진 가문 출신임에는 틀림없을 것이다. 그 때문에 박유의 세
력을 인정한 궁예는 그를 받아 들였고 태조는 그에게 대광이라는 관계를
수여하였을 것이다. 이 시기의 建子若와 관련된 자료를 정리하면 다음의
<표 1>과 같다.

---

55) 사회과학원 고전연구실, 1992, 『北譯 高麗史』 第八冊, 新書苑, 152쪽. "王儒本姓
名朴儒字文行光海州人性質直通經史初仕弓裔爲員外遷至東宮記室見裔政亂乃出
家隱於山谷間聞太祖卽位來見太祖以禮待之道惟在求賢今鄕之來如得傳巖渭濱之
士仍賜冠帶今管機要有功遂賜姓王"
민족문화추진회, 1984, 『高麗史節要』 I, 22쪽에도 동일한 기사가 보인다.
56) 민족문화추진회, 1984, 『高麗史節要』 I, 32쪽. "冬十一月眞寶城主洪術遺使請降
遺元尹王儒卿舍弼等慰諭之"
57) 사회과학원 고전연구실, 1992, 『北譯 高麗史』 第八冊, 新書苑, 8쪽. "禮和夫人王
氏春州人大匡柔之女"
58) 사회과학원 고전연구실, 1998, 『北譯 高麗史』 第五冊, 新書苑, 499쪽.

〈표 1〉 建子若 관련 년표

서기	왕력	弓裔 행적	朗空 행적	朴儒 행적	비고
889년	진성왕 3		朔州에 建子若 개산	궁예의 세력 하에 들어감	梵日 입적
892년	진성왕 6	주천·나성 점령			
894년	진성왕 8	명주 진입			
895년	진성왕 9	인제·화천·김화·철원 점령			
896년	진성왕10		王城으로 감		
897년	효공왕 1	개풍·덕수·김포·강화 점령			
898년	효공왕 2		野郡(건자야)에 돌아옴		
901년	효공왕 5	국호 개칭 : 마진		궁예를 피해 산에 은거	
906년	효공왕10		경주로 감		
911년	효공왕15	국호 개칭 : 태봉			
918년	태조 1			태조에 귀부	

<표 1>을 보면 낭공이 건자야에서 굴산문을 개산할 당시는 궁예가 주변지역을 활발하게 공략하면서 세력을 넓히는 시기이고, 박유는 궁예의 휘하에서 세력을 갖고 있을 때이다. 이러한 정치적인 판세 속에서 춘천의 박유 세력을 바탕으로 낭공은 건자야를 창건하였고 이를 바탕으로 굴산문을 개산할 수 있었던 것으로 판단된다. 즉, 범일국사가 입적하고 낭공이 건자야를 창설하는 시기에 강원지역은 궁예에 의하여 전쟁터로 변하는데 삭주에 특별한 후원세력이 없었다면 경주를 포함하는 강원이남 지역에 자리를 잡았을 것이다. 특히 낭공은 건령 초년(894~897년)에 왕성으로 갔다가 건자야로 돌아오고, 906년에 다시 경주로 돌아가는데, 이는 낭공의 절대적 후원세력이었던 박유가 궁예와 정치적 갈등구조로 변화되는 시기와 관련 있을 것으로 생각된다.59) 그리고 박유가 왕건이 임

---

59) 이 시기의 춘천지역과 낭공에 대한 몇가지의 견해가 있다. 김용선은 원주·영월·평창·명주·인제·화천·김화·금성·철원이 모두 전쟁을 통하여 궁예의 세력하에 들어가고 있으나 춘천만이 기록에서 보이지 않는 것은 박유가 이미 궁예의 세력

금에 즉위하고 7일만에 찾아가 귀부하는 것을 보면 궁예와의 갈등이 첨
예하였음을 반증한다고 하겠다. 또한 광조사 진철대사 보월승공탑비와
오룡사 법경대사 보조혜광탑비에 각기 王濡, 王儒라는 인물이 등장하는
데 모두 박유로 추정되고 있다.[60] 이는 박유가 선종계열의 사찰에 관여
하고 있다는 것은 삭주의 건자야에도 관여하고 있었음을 간접적으로 보
여준다고 하겠다.

한편 낭공이 개산한 건자야의 위치가 알려져 있지 않다. 그런데 문수
원기에 의하면 이자현이 문수원에 주석하면서 인근에 있는 華岳寺에 주
석하던 慧炤國師에게 왕래하며 선리를 자문하였다는 자료가 주목할 만
하다. 앞에서도 살펴보았지만 화악사가 문수원 인근에 있었고, 국사가 머
물만한 규모의 寺格을 지녔으며, 낭공이 개산할 시기인 신라말의 유적이
남아 있는 寺址는 법화사지가 유일하다. 이러한 자료를 바탕으로 한다면
춘천의 청평사 인근에 있던 화악사가 법화사지일 개연성이 높고 법화사
지는 건자야일 가능성이 매우 크다. 이는 낭공에 의하여 굴산문의 건자야
로 초창된 후 어느 시기엔가 화악사로 개칭되었다가 역시 굴산문에 속해
있던 혜소국사가 주석하는 것으로 추정할 수 있다.

그러나 이자현의 법맥이 굴산문에 닿아 있기는 하지만 청평사에 머무
는 것이 반드시 낭공의 영향이라고 볼 수는 없다. 이자현이 청평사로 은

에 편재되었을 것으로 가능성이 있다고 보았고(金龍善, 1997, 「고려 전기의 春川
朴氏 일족 – 朴儒와 王字之·王毅」『春州文化』 제12호, 春川文化院, 65~66쪽),
이경복은 낭공과 낭원의 갈등 속에서 낭원이 왕순식과 궁예의 세력을 바탕으로
강릉에서 굴산문을 계승하는 반면 낭공은 간자야로 옮겼으나 궁예가 춘천을 공략
하자 경주로 도망하였다고 보았으며(李璥馥, 2003, 「弓裔와 闍崛山門」『白山學報』
第66號, 白山學會, 83~87쪽), 김흥삼은 낭공이 삭주의 건자야를 떠나 경주로 옮
기는 것이 궁예 세력을 魔窟로 보았기 때문이라는 견해가 있다(金興三, 2002, 『羅
末麗初 崛山門 硏究』, 강원대학교 박사학위논문, 176~190쪽).

60) 全基雄, 1996, 『羅末麗初의 政治社會와 文人知識人層』, 혜안, 98쪽.
   金龍善, 1997, 「고려 전기의 春川 朴氏 일족-朴儒와 王字之·王毅」『春州文化』
   제12호, 春川文化院, 64·68쪽.

거하게 되는 것은 『破閑集』에도 볼 수 있지만 殷元忠 등에게 은거처를
자문하였다는 점과,[61] 청평사는 그의 아버지인 李顗가 普賢院으로 중창
하였고, 이때 이자현이 8세였으므로 이미 어려서부터 인연있는 사찰이기
도 하였다. 따라서 굴산문과의 인연이 처음부터 있었던 것으로 볼 수는
없으나 화악사에 주석하던 혜소국사에게 선리를 자문하면서 굴산문과 닿
게 되고, 혜소국사의 제자였던 대감국사 탄연이 이자현의 비문을 쓰면서
그의 법을 받았다고 표현된 것으로 추정해 볼 수 있다. 다시 정리하면
청평사가 굴산문의 법을 이은 것은 혜소국사와의 관계 속에서 이루어진
것이며, 혜소국사의 춘천 주석은 낭공이 창건한 건자야에서 비롯되었다
고 판단된다(<표 12> 이자현과 굴산문의 법계도).

2. 청평사의 창건과 변천

학계에서 불교사 연구가 활발히 진행되면서 사찰의 창건주와 창건년
대에 대하여 관심이 높아지고 있다. 그럼에도 불구하고 창건년대가 명확
히 밝혀진 예가 많지 않으나 그간 알려진 창건년대는 사실과 다르게 기
록되고 있음도 확인할 수 있다. 구례 華嚴寺의 경우 544년에 창건되었다
는 설 등이 있었으나 최근 김상현의 연구에 의하여 755년(경덕왕 14)에
창건되었음이 밝혀졌고,[62] 영월 報德寺는 668년(문무왕 8)에 창건되었다
고 알려져 왔으나 보덕사에 전하는 記文類를 검토한 결과 1666년(현종
7)에 창건되었음이 발표되어 사찰의 창건년대가 그간 알려져 왔던 것과
는 다르다는 것을 알 수 있게 되었다.[63]

---

61) 李仁老 著·柳在泳 譯, 1992, 『破閑集』, 一志社, 114쪽.
62) 金相鉉, 2002, 「華嚴寺의 創建 時期와 그 背景」『東國史學』第三十七輯, 東國史
   學會, 89~109쪽.
63) 洪性益, 2005, 「寧越 報德寺 創建年代에 관한 研究」『江原文化史研究』第10輯,
   江原鄕土文化研究會, 93~111쪽.

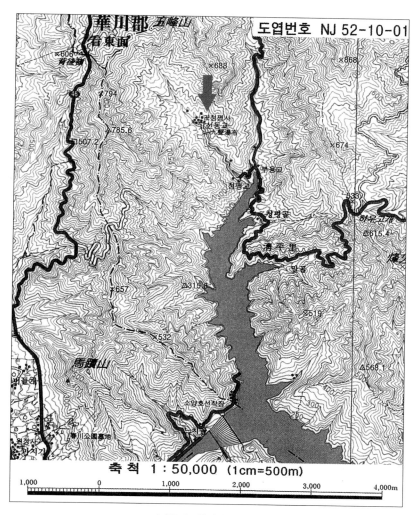

〈지도 1〉 청평사 위치도

그러나 청평사의 창건과 변천에 관해서는 명확한 1차 사료가 전하고 있다. 三創을 한 이자현의 일대기를 기록한 문수원기에 창건에서부터 삼창이 이루어지는 시기까지 정확한 년대가 밝혀져 있다. 이를 보면 935년

〈사진 1〉 청평사 3층석탑

〈도면 2〉 청평사 3층석탑(西측면)

당나라에서 온 永玄에 의하여 973년에 白巖禪院으로 창건되었다고 한
다.64) 현재 청평사 경내에 영현선사와 관련한 자료가 남아 있지는 않으
나 구송폭포 동북쪽 언덕에 이 시기에 건립된 것으로 보이는3층석탑이
있다.65)

　1069년에는 춘주도감창사를 지낸 이의가 백암선원의 옛터에 普賢院
으로 중창하였으며, 李顗의 아들인 이자현이 문수보살의 감응을 받고
1078년에 文殊院으로 삼창을 하였음을 알 수 있다. 이렇게 창건시기부터
三創까지의 창건자와 중창자의 이름과 년도가 기록되어 있어 다른 사찰
과는 달리 명확한 신뢰성을 갖고 있다.

---

64) 永玄禪師가 935년에 입국하고 973년에 白巖禪院을 창건하는 것은 당시는 신라가
　　붕괴되고, 후삼국이 정립하면서 정국이 혼란스러웠기 때문으로 보여진다. 정국이
　　안정된 光宗대에 와서야 백암선원을 창건한 것으로 추정된다.
65) 이 석탑은 2중기단의 3층석탑으로 상층과 하층의 기단에는 우주와 탱주가 2:1로
　　새겨져 있으며, 각 층의 탑신에는 우주를 새겨 놓았다. 옥개받침은 4단이다. 탑신
　　석과 옥개석이 각기 다른 돌로 결구되었고 3층 옥개석 윗면에 찰주를 세웠던 구
　　멍이 남아 있다. 현재의 높이는 약 3m이다.

　이후에는 1327년 이제현이 찬하고 이암이 쓴 장경비에 의하면 문수사
이다. 앞에서도 살펴보았지만 청평사 사명의 변천에 대해서도 현재까지
이견이 없다. 즉, 白巖禪院 → 普賢院 → 文殊院으로 개칭되는 이자현 시
기까지는 문수원기의 내용을 그대로 전제하고 있다. 寺名의 뜻을 보면
白巖禪院은 사찰의 主山인 慶雲山이 흰 바위로 이루어졌기 때문에 붙여
진 이름이라고 판단되고, 普賢院은 普賢信仰으로 지어진 것이며, 文殊院
은 이자현이 文殊菩薩을 친견했다고 해서 붙여진 이름이다.[66] 그리고 淸
平山은 이자현이 경운산에 은거하자 도적과 호랑이가 자취를 감추게 되
었다고 하여 청평산이라 고쳤다고 한다. 그러나 이자현 당시에는 山名이
청평산이고 寺名은 문수원이었다. 이는 이자현이 사망하고 5년 후에 건
립된 문수원기에 명확히 기록되어 있으므로 이자현 당시에는 청평사라는
사명이 사용되지 않았음을 알 수 있다. 그런데 청평사라는 사명은 조선
明宗代 普雨에 의하여 개칭되었다고 알려져 있고 현재까지 이에 대하여
별다른 이견이 없지만 어떠한 사료에 근거한 것인지 알려진 바 없다. 단
지『청평사지』에 보우가 1557
년 '慶雲山萬壽聖淸平禪寺'로
이름을 고쳤다고 하였으며,[67]
<사진 2>와 같이 회전문 내
부의 홍살이 있는 곳에 이와
동일한 「慶雲山萬壽聖淸平禪
寺」라 편액한 사진이 전하고
있다.[68]『春川邑誌』에도 이와

〈사진 2〉 회전문의 청평사 편액
(『韓國の中世建築』)

---

66) 普賢菩薩은 衆生救濟를 원력으로 하는 보살이고, 文殊菩薩은 知慧의 보살로 깨달
　　음을 얻는 상징적 보살이다. 이를 중창자 李顗와 삼창자 李資玄의 불교적 성향
　　으로 살펴 볼 수 있는 寺名이다.
67) 韓國學文獻硏究所, 1977,「淸平寺誌」『楡岾寺本末寺誌』, 亞細亞文化社, 686쪽.
　　이하,『淸平寺誌』.

같은 내용이 전하고 있는데[69] 이 자료들이 명확한 사료를 바탕으로 제시
된 것인지 확실하지 않다.

그러나 이보다 선행하는 元天錫의 『耘谷詩史』에 淸平寺라는 사명이
사용되고 있다.

> 淸平寺
>
> 돌계단 넘고 넘어 솔문에 닿으니
> 낮 염불소리 온 골짜기에 구름과 이어졌네.
> 한적한 곳에 안거하면서 무엇을 하시는가
> 깊은 복을 빌어서 우리 임금께 바치네.[70]

위 시를 살펴보면 詩題가 청평사이다. 여기서 등장하는 청평사라는 사
명에 대하여 두 가지를 살펴볼 필요가 있다. 하나는 청평사라는 사명을
사용한 다른 사찰이 있는가의 문제와 하나는 운곡시사에 나오는 청평사
가 춘천의 청평사인가라는 문제이다. 첫번째로 지리지를 포함하여 사전
류에서도 청평사라는 사명은 춘천의 청평사가 유일하다.[71]

또 하나는 춘천의 청평사가 아니라 다른 市나 郡에 소재하는 미확인
사찰일 가능성이다. 이는 詩題「淸平寺」가 춘천이 아닌 다른 지역과 연
결되고 있는지에 대하여 파악해 보면 밝혀질 수 있다. 즉, 『운곡시사』에

---

68) 杉山信三, 1984, 『韓國の中世建築』, 相模書房, 464쪽.
69) 嚴惶의 『春川邑誌』에 '普雨가 문수원을 중수하였고 이름을 고쳐서 慶雲山萬壽聖
   淸平禪寺라 하였다(嚴惶, 『春川邑誌』 ; 임민혁 역주, 1997, 『春川地理誌』, 春川
   市, 53∼56쪽).『淸陰集』淸平錄에는 편액을 보우가 쓴 것이라 하였다(金尙憲,「淸
   平錄」『淸陰集』 ; 김학수 역주, 1997, 『春川地理誌』, 春川市, 1997, 782쪽).
70) 元天錫 著·李仁在 外 譯, 2001, 『耘谷詩史』, 原州文化院, 131∼132쪽. "淸平寺/
   排鱗松磴到松門/午梵聲連一洞雲/閒寂安居何日用/但將玄福奉明君" ; 元天錫 著·
   운곡학회 역, 2008, 『국역 운곡시사』, 국학자료원, 152∼155쪽.
71) 勸相老, 1979, 『韓國寺刹全書』, 東國大學校 出版部.
   耘虛龍夏, 1991, 『佛敎辭典』, 東國譯經院.
   李政, 1996, 『韓國佛敎寺刹事典』, 불교시대사.

서 詩題인 청평사의 앞 뒤에 나오는 시제를 순서대로 인용하면, 시가 쓰여진 시기가 1368년임을 알 수 있는 「元立」이[72] 실려 있고, 이어서 같은 해의 글들이 행선지를 따라 연재되었는데 이중 「三月二十日 向春州[73]發行」이라는 시가 있다. 이어서 「宿橫川」[74]·「過葛豊驛」[75]·「蒼峯驛」[76]·「沙勿洞中」[77]·「過洪川」[78]·「原壤驛」[79]·「春州」·「淸平寺」로 이어지고 있다.[80] 이를 통하여 볼 때 원천석은 3월 20일에 원주를 출발하여 춘천으로 향한다는 시제가 있고, 이어서 횡성 → 갈풍역 → 창봉역 → 사물동 → 홍천 → 원양역 → 춘천 → 청평사에 도착하였음을 알 수 있다. 이와 같이 원주에서 춘천까지의 여정은 당시의 역로를 따라 온 것이고 대동여지도에서도 동일하게 나타나고 있다. 또한 시가 쓰여지는 시기는 1368년 3월 20일에 원주를 떠나서 그날 밤을 횡성에서 자고 왔으므로 청평사에 도착한 때는 1368년 3월 21일부터 3월 22일 정도로 판단할 수 있다. 따라서 시제에서 보이는 청평사는 춘천의 청평사가 확실하다. 즉, 청평사의 사명

---

72) 元天錫 著·李仁在 外 譯, 『耘谷詩史』, 原州文化院, 2001, 118～119쪽. 이 詩의 全文은 다음과 같다. '원립(元立)/정미년이 끝나고 무신년이 되었으니(丁未年終已戊申)/동군이 태평스런 봄을 선포하였네(東君布下大平春)/설날 아침의 경사를 그대는 기억하시게(元正吉慶君須記)/풍년들 징조로 눈이 내렸으니(先應豊祥密雪新).'이는 새해 아침에 눈이 내리는 것을 보고 읊은 시이다. 원천석의 생존년대에 해당하는 정미년은 1367년이고, 무신년은 1368년이다.

73) 春州 : 현재, 춘천시.

74) 橫川 : 현재, 횡성군.

75) 葛豊 : 현재, 횡성군 횡성읍 갈풍리.

76) 蒼峯 : 현재, 횡성군 공근면 창봉리.

77) 沙勿洞 : 현재, 횡성군 공근면 상창봉리의 삼마치로 추정.

78) 洪川 : 현재, 홍천군.

79) 原壤 : 현재, 춘천시 동산면 원창역으로 추정.

80) 元天錫 著·李仁在 外譯, 2001, 『耘谷詩史』, 原州文化院, 127～132쪽. 『耘谷詩史』의 序文을 보면 1603년 박동량, 1754년 이후 鄭莊, 1800년 丁範祖에 의하여 각기 쓰여지고 있다. 이때 『耘谷詩史』가 어떻게 개판되는지는 알 수 없으나, 이 시기는 普雨보다 후대이므로 이보다 앞선 시기의 판본을 참고할 필요가 있다. 그러나 전반적인 내용을 토대로 볼 때 淸平寺의 寺名이 사용되고 있음은 신빙할 수 있다.

개칭은 보우에 의하여 이루어진 것이 아니고 1368년 이전인 고려말에 이미 청평사로 개칭되었음을 알 수 있다. 이러한 내용은 설잠의 『梅月堂集』에서도 보이는데 이를 살펴보면 다음과 같다.

> 淸平寺에서
> 절 앞의 시냇물은 메아리 울리고
> 높고 낮은 불망에 고판 울린다. (중략)
> 즐겁게 백편을 말해 법리를 궁구하니
> 이선생을 불러 일으킬 사람 없구나.[81]

『운곡시사』에서 청평사는 전국에 춘천의 청평사가 유일함을 밝혔으므로 『매월당집』에서의 청평사 역시 춘천의 청평사이고, 인용문 4행의 이선생은 이자현을 뜻한다. 또한, 설잠이 1483년 청평사에 細香院을 짓고 주석하였기 때문에 이 자료 역시 명확한 자료임에 틀림없다. 또한 『매월당집』에 청평사에 주석하였던 學梅[82] 스님이 여러 차례 등장하고 있어서 청평사의 사명은 1555년 보우에 의하여 개칭되었다고 알려진 것은 사실이 아님을 알 수 있다.

이를 정리하면, 寺名의 변천은 白巖禪院(973년) → 普賢院(1069년) → 文殊院(1078년) → 文殊寺(1327년 이전) → 淸平寺(1368년 이전)이다. 이러한 사명의 변천에는 두 가지의 특징이 발견된다. 첫째는 보현과 문수보살의 신앙에 관련하여 사명이 지어졌고 둘째는 산 이름이 사명으로 변화되고 있는 점이다. 산명이 사명이 되는 용례는 매우 흔하게 있는 예이지만 청평산이 청평사로 변하고 문수원이 문수사로 변하는 것은 사격이나

---

81) 金時習 著·강원향토문화연구회 역, 2000, 『국역 매월당집』, 강원도, 589쪽. "淸平寺/寺前溪水響琮琤/金碧高低鼓板鳴/樂道百篇窮法理/無人喚起李先生"

82) 學梅는 芙蓉靈觀이 龍門寺에서 祖愚대사에게 수학 후 禪理를 배우기 위하여 청평사로 찾아 와 禪理를 자문하는 스님이다. 따라서 학매 스님은 청평사에 수행하던 실존 인물이므로 이 자료의 사료적 가치는 크다.

종파의 변화에서 기인하는 것은 아닌 것으로 판단된다. 즉 이자현에 의하여 지어진 청평산 문수원이라는 산명과 사명이 혼용되면서 현재까지 이어져오고 있다고 하겠다.

역사가 오래될수록 부침의 정도는 심할 수 있어서 청평사 역시 적지않은 변화를 겪었다. 永玄에 의하여 창건된 이후 李顗가 중창을 하기 이전에 이미 폐사되었거나 이와 유사한 상황임을 문수원기에 의하여 알 수 있다. 이의에 의하여 중창된 보현원은 보현신앙에 의하여 중창되고, 다시 문수신앙에 기초하여 문수원으로 삼창되었으며 이후 큰 변화없이 고려말까지 경영되다가 1327년 장경비가 건립되는 시기를 전후하여 다시 사세가 확장되었다고 볼 수 있을 것이다.

장경비에 의하면 청평사를 '궁벽한 산중'이라 표현한 것을 청평사가 실제 궁벽한 절로 전락하고 있다고 보려는 시각이 있으나[83] 이는 元에서 대장경과 돈을 보내온 것에 대한 감사의 표현을 하는 방법이었을 것으로 생각될 뿐이다.[84] 즉, 1215년에 원진국사가 청평사의 문수원기를 보고 크게 깨달은 바가 있어 문성당에서 주석하면서 능엄경을 모두 열람하였다는 것은[85] 이자현 당시에 건립되었던 문성당이 현존하고 있으며 이자현이 소의경전으로 삼고 당시 불교계에 큰 영향을 준 능엄경이 경내에 보관되어 있었던 점 등으로 볼 때 그의 법맥이 계승되고 있음을 알 수 있는 대목이다. 따라서 이는 가람이 궁벽할 정도로 퇴락하지 않았음을 반증하고 있는 것이다. 그러나 청평사에 장경비가 건립되는 것은 청평사가

---

83) 윤기엽, 2004, 「元干涉期 元皇室의 布施를 통해 中興된 高麗寺院」『보조사상』 22집, 보조사상연구원, 315~318쪽.
84) 청평사와 가까운 거리에는 화천군 간동면 간척리, 춘천시 북산면 내평리·신북읍 천전리 등의 곡창지대가 있으며 청평사 동쪽 배치고개는 춘천 - 청평사 입구 - 화천과 양구로 왕래하는 교통로가 개설되어 있었기 때문에 청평사를 지도상에서 보는 바와 같이 궁벽한 곳이라는 표현은 적절치 않다.
85) 李智冠, 2000, 「淸河 寶鏡寺 圓眞國師 碑文」『校勘譯註 歷代高僧碑文』高麗篇4, 伽山佛敎文化硏究院, 105~106쪽.

원나라의 원찰이 되며 이러한 과정 속에서 원과 밀접한 관련을 맺고 있던 나옹이 1367년에 주석하게 되고 이 때, 指空이 나옹에게 편지와 가사를 보내는 결과로 나타나고 있다. 또한 1327년에 장경비를 쓴 이암은 1353년에 청평사를 은퇴소로 삼게 되었다.

고려가 망하고 조선이 건국된 조선초기까지는 청평사에 관련 기사를 확인할 수 없다. 그렇다고 하여도 청평사는 폐사되지 않고 학매스님이 부용영관스님을 만나는 것으로 보아 조선전기에도 경영되고 있음을 알 수 있다. 또한 동시기에 雪岑이 영지의 서편에 세향원을 짓고 주석하면서 학매스님과 교유하고 있으며 1557년에는 普雨가 대대적인 중창을 하여 사찰을 일신하였다. 석축의 장대석과 계단석 등에서 조선시대 왕궁에서 볼 수 있는 기법이 확인되고 있어서 이 시기에 현재의 가람배치가 완성된 것으로 추정된다.

1650년 환적당 의천이 양신암에 주석하면서 사세가 커지는 것으로 판단해 볼 수 있는데 1635년 김상헌과 1687년 정시한이 청평사를 방문하여 사찰이 퇴락하고 있다고 서술하고 있는 것은 보우 당시의 사세에 비하여 퇴락하였음을 상기한 것이 아닌가 한다. 그렇지만 김상헌의 문장 속에는 殿寮廊序가 성대하다고 하였고 丁時翰은 『山中日記』에서 거론한 스님만도 老僧 靈祐[86]·首座 一淸·淸悟·善眼이 있고, 경내에는 2개소의 법당과 요사가 있다고 하였으며, 계곡에는 선동식암이 운영되면서 茅堂도 갖추고 있음을 알 수 있다. 이러한 것은 청평사가 임진왜란으로 피해를 받지 않고 寺勢가 유지되고 경영되었음을 알 수 있다.[87]

---

86) 靈祐는 朴泰淳(1653~1704)의 문집인 『東溪集』, 29쪽에 아래와 같은 시가 전한다. "청평사에서, 영우상인에게 드림(淸平寺贈靈祐上人)/쓸쓸히 남쪽에서 온 선비(落落從南士)/유유히 북관을 향해 간다(悠悠向北關)/세상엔 즐거워할 만한 것 없고(世間無足樂)/세속 밖엔 한가로움 넉넉하여라(方外有餘閑)/눈 속 달빛 비치는 청평사(雪月淸平寺)/봄바람 부는 개골산(春風皆骨山)/스님의 정 받는 것 이미 버릇이 되어(荷師情已慣)/이 곳에 머무르다 한 해가 다 가버렸네(留待歲將闌)"

1711년에 喚惺志安(1664~1729)이 佛殿僧寮를 모두 고쳐지었고, 1728년에는 覺禪 스님이 삼존불상을 봉안하였다. 1861년 대웅전이 불에 타자 1862년 그 자리에 요사를 지었으나 1880년 다시 불에 탔다. 그 해 재차 요사를 중건하고 1900년 翼廊 10칸을 지었다. 1912년 유점사의 말사로 편입되었고 1915년경에 淸平寺誌를 발간하였다. 1932년 靑庵스님이 개금불사와 가사불사를 하였으며, 1936~1937년에 杉山信三에 의하여 회전문과 극락전이 해체 수리되었다. 1950년에는 김동주의 부인에 의하여 극락전이 소실되었다. 시기는 명확히 알 수 없으나 한국전쟁 당시에 대웅전 자리에 있던 요사가 소실되고 청평사는 회전문만 남는 폐허로 변모하게 되었다.

청평사는 1970년대 중반까지 현재의 요사가 있는 주변에 2채의 민가와 같은 요사를 지어 경영되는 상황으로 변모되었다가 최근에 와서 중창을 시작하였는데 1977년, 극락전과 삼성각을 空徹스님이 중건하고 1979년에는 香峯스님이 解脫門·5층석탑·적멸보궁을 건립하였다. 1984년부터 1985년까지 2년간에 걸쳐 정비를 위한 寺址調査가 이루어지고 축대 등을 정비하였다.[88] 같은 해 西旲스님이 요사·청평루·세향원(지금의 고려산장)을 신축하였다. 1990년 石眞스님이 대웅전 중건하였으며 1994년 濟願스님이 범종을 주성하고 범종각을 신축하였다. 靑華스님에 의해 1999년부터 요사 2동, 대웅전 앞의 행각과 누각, 회전문의 동-서로 행각이 모두 중건되었다. 이를 <표>로 정리하면 다음과 같다.

---

87) 丁時翰 著·金成讚 譯註, 1999, 『山中日記』, 國學資料院, 214~217쪽.
88) 江原大學校 附設 産業技術硏究所, 1984, 『淸平寺 實測調査 報告書』, 春城郡.
　　李相弼, 1985, 「春城郡 淸平寺址 整備 및 影池 發掘調査報告」『文化財』第十八號, 文化財管理局, 58~79쪽.
　　趙由典 外, 1987, 「淸平寺 影池 및 能仁殿址 發掘調査」『文化財』第二十號, 文化財管理局, 112~136쪽.

〈표 2〉 청평사 년표

번호	년 도	내 용	전 거
1	935년(태조18)	永玄禪師 唐에서 입국	문수원기
2	973년(광종24)	영현이 白巖禪院 창건	문수원기
3	1068년(문종22)	춘주도감창사 李顗 普賢院으로 중건	문수원기
4	1089년(선종6)	李資玄 文殊院으로 삼창	문수원기
5	1125년(인종3)	이자현 입적	문수원기
6	1130년(인종8)	文殊院記 건립	문수원기
	1197~1208년 (명종28~희종5)	圓眞國師 문성암 주석	원진국사 비
7	1215년(고종2)	圓眞國師 문수원기 읽고 깨우침	원진국사비
8	1327년(고종24)	藏經碑 건립	장경비
	1353~1358년 (공민왕2~7)	李嵓 은거	이암 년보
9	1367년(공민왕16)	懶翁和尙 주석. 指空和尙의 가사와 편지 받음	나옹록
10	1466년(세조11)	雪岑 金時習 청평사 주석	매월당집
11	1555~1562년 (명종10~17)	普雨大師 주석. 가람을 중창하고 능인보전은 수선. 寺名을 慶雲山萬壽聖清平禪寺로 고침	나암잡저. 청평사지
12	1562년(명종17)	地藏菩薩圖 봉안	나암잡저
13	1650년(효종1)	幻寂堂 義天 주석. 養神庵 중건	환적 행장
	1657년(효종8)	환적당 의천 주석	환적 행장
14	1711년(숙종37)	喚惺堂 志安 佛殿僧寮를 모두 고쳐 지음	청평사지
15	1728년(영조4)	覺禪 삼존불상 봉안	청평사지
16	1861년(철종12)	대웅전 소실	청평사지
17	1862년(철종13)	대웅전 터에 요사 건립	청평사지
18	1880년(고종17)	요사 소실, 다시 요사 중건	청평사지
19	1900년	익랑 10칸 지음	청평사지
20	1912년	유점사 말사 편입	사찰령
21	1915년	清平寺誌 발간	청평사지
22	1932년	青庵大師 개금불사와 가사불사	청평사지
23	1936~1937년	杉山信三 극락전 및 회전문 보수	韓國의 中世建築
24	1950년	姜忠伊가 극락전 방화로 소실	동아일보
25	1963년	회전문 번와	
26	1969년	회전문 부분 보수	
27	1977년	香峯스님 극락전 중건	
28	1979년	香峯스님 解脫門·5층석탑·적멸보궁 건립	
29	1984~1985년	西昊스님 요사·청평루·세향원 신축. 寺址調査	
30	1990년	石眞스님 대웅전 중건	
31	1994년	濟願스님 범종 주성, 범종각 신축	
32	1999년 이후	青華스님 요사 2동, 누각·회전문·행각 중건	
33	2008년	弘眞스님 진락공중수청평선문수원기 재건	

제3장

清平寺의 伽藍配置와 그 특성

　이 章에서는 고고자료로 본 가람배치와 문헌에 나타나는 가람배치를
살펴보고 보우에 의하여 중창되는 회암사와 봉은사의 가람배치를 청평사
와 연계하여 살펴보고자 한다. 그러나 발굴조사가 전면조사가 아니라 부
분적으로 진행된 상태였기 때문에 고고학적 자료가 충분하지 않다. 또한
문헌자료가 다른 사찰에 비하여 풍부하게 남아 있음에도 이에 대한 검토
가 이루어지지 않은 상태에서 寺址의 전체가 복원되었기 때문에 현재로
서는 더 이상의 고고학적 자료를 기대할 수 없게 되었으며 복원된 가람
배치도 역사적 사실에 근거하지 못한 한계를 갖고 있다. 따라서 고고자료
와 문헌자료를 각기 나누어 살펴보고 이를 복원된 현재의 가람배치와 비
교 검토하고자 한다.

　가람배치는 각 시대적인 특성과 사찰의 입지적 조건에 의하여 많은 변
화를 가져왔고 사원경제의 측면에서도 이러한 변화를 가져왔다. 청평사
는 文殊院記에 창건시기부터 이자현이 입적하는 시기인 150여년간 비교
적 자세한 년대기가 전하고 있어 명확한 시대편년을 할 수 있는 사찰이
다. 그리고 조선후기에 들면서 가람배치에 관한 문헌이 꾸준히 조사되어
이를 밝혀 볼 수 있다. 이후에도 여러 문헌을 통하여 유구와 비교 검토
하면서 청평사가 가람으로서 완성을 보는 시기로 판단되는 조선 명종대
의 왕실 원당사찰과 비교하면 청평사의 가람배치는 복원적 고찰이 가능
하다. 이 글에서는 고고자료와 문헌자료를 각기 살펴보고 이를 종합검토
하면서 원당사찰 가람배치와도 어떠한 상관관계가 있는지 살펴보고자
한다.

1. 考古資料로 본 가람배치

청평사는 永玄禪師에 의하여 창건되고 李顗에 의하여 중창되기까지는 사찰명만이 알려져 있을 뿐 가람배치에 관한 자료를 찾을 수 없다. 李顗

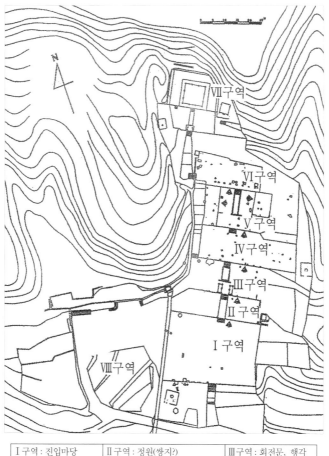

Ⅰ구역 : 진입마당	Ⅱ구역 : 정원(쌍지?)	Ⅲ구역 : 회전문, 행각
Ⅳ구역 : 강선루, 행각	Ⅴ구역 : 환문, 동·서 승당, 행각	Ⅵ구역 : 대웅전
Ⅶ구역 : 극락전	Ⅷ구역 : 유구 없음	

〈도면 3〉 청평사 전체 유구 배치도

의 당시 가람은 別墅의 배치와 관련성이 있을 것으로 보이나 이에 관한 자료가 없기 때문에 이자현이 三創을 하는 시기부터 다루고자 한다. 청평사의 가람배치는 석축으로 이루어진 6단과 극락보전이 있는 별도의 단을 포함하면 7개의 층단으로 배치되었다. 이는 이자현에 의하여 가람배치가 이루어지고 난 이후, 普雨에 의하여 완성된 것으로 추정된다. 전체적인 가람배치는 대웅전을 가장 깊은 곳에 자리하게 하고, 그 앞으로 누각과 중문이 같은 선상에 놓이게 하는 산지 가람배치의 전형을 보여 주고 있으면서 누각과 중문이 홀로 배치된 것이 아니라 좌우로 행각이 놓이는 배치법을 채택하였다.

이 글은 <도면 3> 청평사 전체 유구 배치도에서 보는 바와 같이 편의상 Ⅰ～Ⅷ구역으로 나누어 살펴보겠다. 발굴 당시에 많은 유물이 수습되었으나 크게 기와류, 도자기류, 금속류가 출토되었는데 대체로 유사한 성격의 유물들이 출토되었고 중요성을 띠는 유물 중에서 발굴 당시에 공개된 자료와 강원문화재연구소에서 제공한 자료를 소개하고자 한다.

1) 遺構 檢討

(1) Ⅰ구역

사찰의 가장 앞마당으로 청평사 중심 사역의 입구에 해당하는 지역이다. 현재는 볼 수 없으나 입구의 잣나무 2그루 사이에 계단이 있었던 것을 메웠는데 이것을 볼 때, 현재의 마당은 2단의 층위로 되었던 것을 1945년 이후 어느 시기엔가 축

〈사진 3〉 Ⅰ구역 전경(동→서)

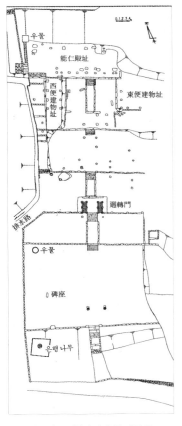

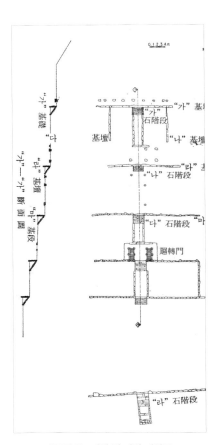

〈도면 4〉 중심권 유구 배치도   〈도면 5〉 기단 및 계단 배치도

대를 쌓아 넓힌 것으로 판단된다. 현재의 동-서 길이는 약 60m, 남-북은 약 27m이다. 동-서로 碑座 2기만 있고 다른 유구는 없다.

　2008년 4월 11일, 문수원기 복원비 건립을 위하여 비좌 하부 유구 조사를 실시하였다. <사진 4·5>에서 보는 바와 같이 비좌 하부층위에서 비신을 지지할 수 있는 흙다짐이나 적심석이 전혀 조사되지 않았다.[1] 이

----

1) 江原地域文化硏究會, 2008,「춘천 청평사 문수원기 비좌 하부 유구 조사결과 보고서」『眞樂公 重修 淸平山 文殊院記碑 復元事業 報告書』, 60~71쪽.

〈사진 4〉 문수원기 비좌 하부 모습(동→서)　〈사진 5〉 문수원기 비좌 하부 모습(근경)

로 보았을 때 문수원기는 이동되었음을 알 수 있으나 김상헌의 문집에서
회전문 밖의 마당에 동서로 문수원기와 장경비가 있었다는 기록으로 볼
때 현 위치에서 크게 이동되지는 않았을 것으로 판단된다. 문수원기와 대
칭을 이루는 동쪽의 장경비는 유구조사를 실시하지 않아 원위치의 문제
는 알 수 없으나 추후 조사의 기회를 가질 때에는 문수원기와 함께 원위
치의 문제에 대하여 살펴봐야 할 것이다.

(2) Ⅱ구역

　회전문 앞의 구역으로 지금은 화단으로 이용되고 있다. 圖錄에는 논으
로 개간되어 있고 2단이다<사진 9>.[2] 그러나 이 사진에서는 Ⅰ구역과
Ⅱ구역의 경계는 확인할 수 없다.
당시의 축대는 잡석으로 허튼층쌓
기로 쌓았고, 현재의 축대는 거칠
게 다듬은 석재로 3단을 쌓았는데
뒷채움이 없다. 윗단에는 서쪽에
水口가 있으며 동쪽에는 남쪽으로
축이 꺾여 있다. 조사 당시에 서쪽

〈사진 6〉 Ⅱ구역 배수구 및 수로

---

2) 國立文化財硏究所, 1998, 『韓國의 古建築』 第20號, 29쪽.

의 수구와 연결되는 탐색트렌치만을 넣었으나 雙池와 관련된 자료는 확인되지 않았으며, 정교하지 않은 수로의 일부 유구가 확인되었고, 바닥층에서 물이 흐른 흔적이 조사되었다. 동-서 길이는 36m, 남-북은 약 10m이다.

<도면 6〉 II구역 남쪽 축대

<사진 7〉 II구역(회전문) 앞 전경(동→서)　　　〈사진 8〉 II구역 답도(북→남)

(3) III구역

사찰의 중심지역이 시작되는 회전문이 있는 구역으로 7단의 장대석 계단이 설치되어 있다. 동-서 길이는 약 27m, 남-북은 약 13m이다. IV구역의 강선루로 오르는 계단과 연결되는 답도가 시설되었는데 길이 5.1m, 폭 3m이다. 동측 끝에는 1994년에 주성한 범종과 범종각이 있다. 동쪽 축대는 대체로 4단으로 축조되었으며, II구역 남측 축대선과 맞닿아 있다. 이는 1995년 무너졌던 축대를 찾아 기존의 석재로 복원한 것이다. 중문으로 생각되는 회전문(보물 제164호)이 있다. 건축구조는 정면 3칸, 측면 1칸의 맞배지붕으로 중앙에는 통로로 사용하도록 하고 내부에는 가운데에 기둥을 하나씩 두어 2칸으로 나눈 뒤 마루를 놓았다. 중앙에

〈사진 9〉 회전문(일제강점기)　　　　　　〈사진 10〉 회전문(현재)

는 상인방을 가로로 대고 상부에
는 홍살을 두었다.[3] 건물은 주심
포계열의 익공계이고 공포는 출
목없이 주두 위에 두공으로 직접
주심도리를 받치고 있다. 천장가
구는 홑처마에 연등천장이다<도
면 8~11>.[4]

〈사진 11〉 Ⅲ구역 발굴 조사 전 모습(동→서)

　양쪽 1칸은 마루로 되어 있다. 마루는 협소하기 때문에 尊像을 안치하
기에는 적합하지 않은 것으로 생각되어 尊王을 봉안하였다면 벽화 또는
탱화로 대신했을 가능성이 높다.

　2001년 8월 3일부터 2001년 9월 12일까지 회전문이 건립된 지역을
제외한 전면적을 발굴조사하였는데 확인된 당시의 자료를 바탕으로 유구

---

3) 사찰의 主出入 施設의 하나인 中門에 홍살을 두는 예로 道岬寺 解脫門, 雙溪寺
　四天王門, 百潭寺 金剛門 등에서 보이고 있다.
4) 回轉門과 極樂殿은 1936년부터 1937년까지 일본인 杉山信三에 의하여 보수작업
　이 이루어졌는데 이에 관한 내용을 정리한 보고서가 있고, 이를 소개한 논문이 있
　다(杉山信三, 1984, 『韓國の中世建築』, 相模書房, 447~470쪽 ; 趙賢貞, 2005, 「韓
　國 建造物 文化財 保存史에 關한 硏究 - 1910년 이후 수리된 목조건조물을 중심
　으로」, 明知大學校 碩士學位論文, 32~37쪽). 회전문 관련 도면은 『韓國의 古建
　築』 第20號(國立文化財硏究所, 1998, 69~70·73~74쪽)를 인용하였다.

를 살펴보면 다음과 같다.5)

회전문 동쪽의 行閣址는 북쪽으로 4개의 적심이 조사되었고 <사진 12>, 남쪽은 축대에 초석을 얹는 기법을 사용하였기 때문에 별도의 적심은 조사되지 않았다. 조사된 적심은 서쪽에서 보면 회전문 동북 모서리 초석 동쪽으로 2.2m에서 적심이 노출되었다. 이 적심은 구들 유구를 파괴하고 설치되었다.

이 적심에서 동쪽으로 2.3m에 대형 석재가 있고 이 석재에서 동쪽으로 1m 지점에 장대석을 사용한 기단석으로 보이는 것이 나타나 동쪽 건물의 동단으로 추정된다. 이 부분은 강선루 남쪽 축대 동편의 流水를 보내기 위한 암거시설과 연접하여 노출되고 있다. 강선루 동쪽 건물지 북쪽 기단이 북절하는 부분에서 서쪽으로 약 1m 서쪽에 집수시설을 설치한 후 남쪽으로 약 5.6m에 지하 암거로 만들어져 강선루 남쪽 축대의 수구를 통하여 빗물이 배출되도록 조성되어 있다. 이 배출된 빗물은 다시 남동쪽으로 직선거리 약 1.3m 정도 지하 암거로 만들어져 있다. 구조는 바닥에 판석을 깔고 양옆에 소형판석을 세우고 판석으로 덮어 마감하였다. 이 암거시설은 동남방향으로 시설되었는데 현재 종각이 건립되어 있으므로 더 이상의 조사를 진행하지 못하였다. 그러나 이 암거시설은 종각하부를 지나 동쪽 산록에서 흘러내리는 물과 합수하여 선동교 방향으로 계곡물이 내려가도록 시설하였을 것으로 판단된다(<사진 13>).

강선루 축대 하부에 별도의 탐색트렌치를 넣어 본 결과 1.3m 정도의 깊이에서 성격을 알 수 없는 유구가 조사되었다. 이는 현재 지표에서 보이는 유구와는 시기를 달리하는 유구로 판단되었다. 이 유구에서는 시기를 판단할 수 있는 유물이 조사되지 않아 명확히 알 수 없으나 이자현

---

5) 江原文化財研究所, 2001, 「淸平寺 降仙樓·回轉門 部分 補修工事에 따른 遺構確認調査 略報告書」, 11~12·27~28쪽. 降仙樓 구역과 回轉門 구역의 발굴조사 사진과 내용은 별도의 표기가 없는 것은 이 略報告書를 주로 인용하였다.

〈사진 12〉 Ⅲ구역 동쪽 발굴조사 후 모습 (북→남)   〈사진 13〉 Ⅲ구역 동쪽 암거시설 (남→북)

이후 계속하여 이어지는 것으로 볼 때 영현선사가 초창했을 당시의 유구로 판단된다.

이 건물은 정면 3칸, 측면 1칸의 건물로 추정된다. 당시에 이 행각지가 회전문과 연결되었는지의 문제는 확인하지 못하였다.

회전문 서쪽 行閣址는 3개의 적심이 조사되었다. 동쪽의 행각지와 같이 남쪽은 축대에 초석을 얹는 기법을 사용하였기 때문에 별도의 적심은 조사되지 않았다. 조사된 적심을 보면 회전문 서쪽 기단석 서면에서 서로 1.8m 부분에 적심 1기가 확인되었고 다시 서쪽 2.5m에서 적심이 확인되었다. 다음의 초석은 대형 암거의 판석면을 적심으로 사용하였고 서쪽 2.5m 부분에 적심이 노출되었다(<사진 14>). 대형 판석을 놓은 암거는 강선루 구역에서 흘러내리는 유수가 서쪽 행각지 중앙 칸의 바닥 하부를 지나 암거를 통하여 아래 구역인 Ⅱ구역으로 흐르도록 시설되었다(<사진 14～15>).

조사 당시에 이와 연결되는 Ⅱ구역의 배수시설에 한하여 조사한 결과 문헌에 나오는 雙池와 관련된 유구는 확인되지 않았다. 건물의 규모는 정면 3칸, 측면 1칸의 건물지로 추정된다. 측면의 규모가 동쪽 행각지와 같은 폭이 확인되었다. 서쪽 행각지는 회전문과 연결되었을 것으로 추정해 볼 수 있다. 이는 회전문의 남서쪽 귀기둥 서쪽면에 상·하인방의 위치

〈사진 14〉 Ⅲ구역 서쪽 발굴조사 후 모습　　〈사진 15〉 Ⅲ구역 서쪽 미상유구 및 암거
(북→남)　　　　　　　　　　　　　(서→동)

에 먼저 사용하였다 폐기한 구멍의 흔적이 남아 있고(<도면 10, 사진 16>), 초석의 주좌를 치석한 상태를 보면 회전문 내측만을 반원형으로 다듬고 외측은 치석하지 않았다(<사진 16·17, 도면 7>).[6] 이로 보았을 때 행각지는 회전문과 건축구조가 연결된 상태로 건축되었을 가능성을 보여주고 있다. 현재 회전문의 기둥은 모두 10개이다. 이중 남서쪽 귀기

---

6) 삼풍엔지니어링, 2002, 『淸平寺 廻轉 門 修理實測報告書』, 춘천시, 83~85 쪽에서도 현재 복원된 건물구조와 달 리 회전문과 행각이 연결되었을 것으 로 추정하고 있다. 원문을 인용하면 다 음과 같다. '특기할 것은 후면 양측의 귀초석의 노출된 부분을 가공할 때에 후면쪽 반원만 가공하고 측면 벽쪽 나 머지 부분은 가공하지 않았다는 점이

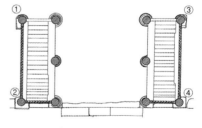

〈도면 7〉 회전문 초석 평면도

다. 이는 회전문의 좌우에 달려 있었던 것으로 보이는 회랑의 흔적 때문인 것으로 추정되며 측면으로 연결되는 초석 상면을 덮는 부재가 아마도 있었을 것이라는 가정하에서 가공을 하지 않았던 것이고, 측면의 회랑은 개방된 형태가 아니라 하 방이 회전문과 서로 결구된 상태로 행랑채와 같은 하나의 室로 이용되었을 가능 성을 보여 준다'고 하였다. 즉, 회전문에 행각을 연결하고 개방형 행각이 아니라, 실내가 있는 구조로 건축하였기 때문에 초석 ①②③④에서 보이는 부분은 치석 을 하고 행각의 내부로 들어가 보이지 않는 부분은 치석하지 않았다고 판단되며 회전문 통로의 초석도 이와같이 치석하였다. <도면7>, <사진 17> 참조.

등만이 오래된 것이고 서북쪽과 동북쪽의 내진기둥이 그 다음으로 오래된 것이며 나머지는 근대에 교체된 것으로 판단된다. 이는 기둥의 부식상태와 나이테의 수축현상으로 볼 때 新材임이 확실히 관찰되고 있어서 남서쪽 귀기둥 외에는 기존의 건축구조를 판단할 수 있는 자료가 남아 있지 않다. 따라서 남서쪽의 기둥에 남아 있는 引枋의 흔적으로 볼 때 이는 행각지와 회전문은 연결된 건축물로 이해된다.

현재 복원된 행각은 회전문과 연결되지 않고 별도의 건물로서 서쪽과 동쪽 모두 정면 3칸 측면 1칸이며, 前面 중간부분은 띠살을 설치하였으며 대웅전 방향인 북쪽은 개방형으로 복원되었다.

〈사진 16〉 회전문 남서쪽
귀기둥(인방 구멍)

〈사진 17〉 회전문 북서쪽 귀기둥 초석
(행각 방향 치석하지 않은 모습)

〈사진 18〉 Ⅲ구역 답도(남→북)

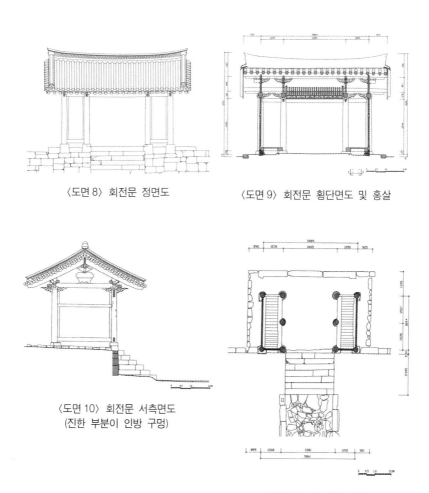

〈도면 8〉 회전문 정면도

〈도면 9〉 회전문 횡단면도 및 홍살

〈도면 10〉 회전문 서측면도
(진한 부분이 인방 구멍)

〈도면 11〉 회전문 평면도

〈도면 12〉 Ⅲ구역(회전문) 남쪽 축대

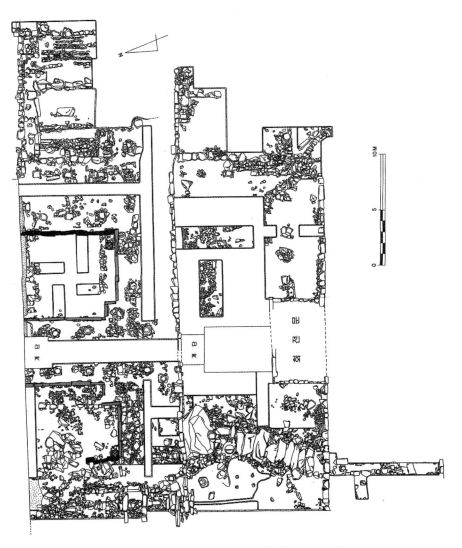

〈도면 13〉 Ⅲ·Ⅳ구역(강선루 및 회전문) 유구 실측도

(4) Ⅳ구역

降仙樓와 行閣이 있었던 구
역이다. Ⅲ구역과 같이 강원문
화재연구소에서 2001년 8월 3
일부터 2001년 9월 12일까지
유구조사를 실시하였다. 당시
의 조사된 내용을 바탕으로 유
구를 살펴보고 복원된 건축물
에 대하여도 살펴보고자 한

〈사진 19〉 청평사 전경(일제강점기)
(『小川敬吉調査文化財資料』:동→서)

다.7) Ⅳ구역으로 본 강선루 구역은 회전문 구역과 같이 강선루를 양 옆
으로 동-서 행각이 있었으며 동-서 행각의 끝 부분에 남-북으로 축을 하
는 또다른 행각이 배치된 구조로 확인되었다. 이 구조가 회랑의 형태인지
는 명확히 조사되지 않았으나 장주초, 원형주좌, 방형주좌 등 초석의 양
식이 달리하는 것으로 보아서 시기적으로는 차이가 있었을 것으로 판단
된다.

〈사진 20〉 극락전에서 본 모습(북서→남동)　　〈사진 21〉 극락전에서 본 모습(북→남)

7) 江原文化財研究所, 2001, 「淸平寺 降仙樓·回轉門 部分 補修工事에 따른 遺構確
認調査 略報告書」, 8～11·22～26쪽 및 유구 도면 인용.

〈사진 22〉 Ⅳ구역 발굴조사 전 유구
훼손 모습(서→동)

〈사진 23〉 Ⅳ구역 발굴조사 전 유구
훼손 모습(동→서)

降仙樓址는 조사결과 수차례에 걸쳐 건물 축조가 이루어진 것으로 확인되었다. 특히 축대를 접한 남쪽면은 초석 및 적심석이 시기를 달리하면서 건축된 것으로 나타났다. 일부 초석은 전 시기의 원형 초석을 재활용하여 원형 주좌

〈사진 24〉 Ⅳ구역 발굴조사 후 전경(동→서)

에 할석을 더 깔아 적심으로 사용한 것이 확인된다. 그리고 일부 적심은 연이어 붙은 상태로 조사되어 이 부분은 여러 시기에 걸쳐 건물 축조가 이루어졌음이 확인되었다.

이와는 달리 강선루에서 법당으로 오르는 계단부 양 측면에 적심이 각각 1기씩 발견되었는데 현 강선루의 건축구조를 이해하는데 단서가 되고 있다(〈사진 25〉). 조사결과 강선루는 대웅전 방향으로 북쪽은 동-서 1칸, 회전문 방향의 남쪽은 3칸, 남-북축의 측면은 4칸으로 확인되었다. 그러나 회전문 방향의 정면 3칸은 초석과 적심이 일부만이 확인되어 행각과 연결되는 구조는 확인되지 않았다. 북쪽의 장대석 기단간의 길이는 동-서 6m, 남-북 1.3m이다. 축대는 자연석을 거칠게 다듬어 5단으로 쌓았는데 일부는 4단으로 축조하였다. 청평사 축대에서 가장 자연스러운 축

〈사진 25〉 IV구역(강선루지) 초석(북→남)

〈사진 26〉 강선루 초석(북→남)

조방식을 채택한 축대로 양쪽의 축대 하부에는 위에서 내려오는 유수를 방류하는 출수구가 시설되었다.

동쪽 行閣址의 서쪽은 장대석으로, 동쪽은 자연석을 이용하여 조성하였다. 초석은 현재 6기가 노출되어 있으며 동-서간의 주칸거리는 약 3.5m, 남-북간은 2.8m이다. 이 초석 중 서북 모서리에 있는 것은 적심과 떨어져 있는 것으로 보아 제자리에서 남으로 약 0.7m 정도 이동한 것으로 보인다. 남쪽 행각의 동쪽 건물지에서 북절한 부분에서 북쪽 축대까지의 거리는 8.1m이다. 동쪽의 남-북축 행각은 남-북 2칸, 동-서 1칸으로 보인다.

서쪽 行閣址는 유구가 매우 교란된 상태로 노출되었다. 이는 V구역의 행각과 축대를 정비하면서 나온 잔여 석재를 매몰하면서 교란된 것으로 추정되는데 발굴 당시에 이와 관련된 많은 양의 폐기물들이 확인되었다. 표토와 잡석을 제거한 결과 서쪽 기단면으로 추정되는 것이 남-북으로 3곳에서 확인되었다. 정밀 조사를 실시한 결과, 중간에 나타난 기단면이 서쪽 행각지의 서쪽 기단면으로 판단되었다. 서쪽 행각지 기단 동-서 폭은 약 3m, 남-북 길이는 약 7.5m이다(<사진 27>).

〈사진 27〉 Ⅳ구역 서쪽 행각 기단(북→남)   〈사진 28〉 강선루 서쪽 암거(서→동)

서쪽 행각지 및 동-서 행각지 장대석 기단의 적심의 상태를 보면 기와 편 또는 소할석을 주로 사용한 것으로 볼 때, 보우 중창 이후에 교란된 것으로 추정된다. 또한 서쪽 행각 서쪽면에서 동으로 약 1.3m에 기단 석열이 남-북으로 형성된 것이 있는데 이 석열은 동·서 행각 건물지 기 단 석열과 동일하게 동-서로 약 6.2m가 형성되어 있다. 이 석열은 동단 에서 다시 북절하는데 길이는 약 6.5m이다.

남쪽의 행각지는 강선루의 양 옆으로 동-서 방향으로 건축되었던 건물 지로서 현재 초석 및 적심석이 북쪽 부분에서 나타나고 있으며 남면은 축대면 상부에 일부의 초석이 잔존한다. 동-서 부분이 초석간 거리 약 2.5m를 유지하고 있다. 이러한 결과로 볼 때 동쪽 건물지는 남-북 1칸, 동-서 4칸이고, 서쪽 건물지는 서쪽 부분이 확실하지는 않으나 최소 동-서 1칸으로 추정된다.

강선루 남쪽 행각 동·서 건물지 장대석 기단이 북절하는 부분 안쪽에 방형 배수구가 노출되어 있는데 조사 결과 원래의 위치에 있는 것으로 확인되었다(<사진 28·29>). 이 배수시설은 강선루 동쪽 및 서쪽의 빗물 과 강선루 북쪽 축대면에서 배출되는 빗물을 처리하기 위한 목적으로 만 들어진 것이다. 이 배수구 남쪽으로는 암거 시설로 되어 있으며 축조는 바닥에 편평한 돌을 깔고 판석을 양쪽에 세운 후 개석을 덮은 형식이다.

〈사진 29〉 강선루 동쪽 암거(남→북)   〈사진 30〉 IV구역 동쪽 최하층 유구(동→서)

강선루 부분의 빗물은 이 암거를 통하여 강선루 남쪽 축대 수구로 배출되도록 시설하였다.

동쪽 行閣址 유구 외곽에서 조사된 지하 유구를 보면 지표 1.2m 아래에서 담장지가 남-북으로 나타나고 서쪽으로는 답석으로 생각되는 잡석들이 깔려 있다. 담장지 동쪽에는 면을 서쪽으로 폭 0.95m 정도의 기단이 나타나고 있다. 그리고 이 기단 동쪽에는 남-북 1.5m, 동-서 0.7m, 두께 0.35m의 장대석 1개가 놓여 있다(〈사진 30〉). 이 유구에서 시대를 판단할 수 있는 유물이 조사되지 않아 명확한 시기를 알 수 없으나 상층유구와 토층상에서 시기를 달리하고 있다. 따라서 이 유구는 II구역의 동쪽 강선루 방향 지표하 1.3m에서 확인된 유구와 같은 시기인 영현선사가 초창한 당시의 유구로 판단된다(〈사진 12〉 북쪽 유구 〈사진 30〉 동쪽 유구).

한편 강선루 북쪽 축대의 장대석 석축에 연이어 막쌓기를 한 축대가 노출되었다. 이 축대는 장대석 축대열에서 동쪽으로 약 1.3m 지점에서 남쪽으로 꺾여 나간 것으로 추정된다. 남쪽으로 꺾인 부분에는 높이 약 1.2m의 장대석이 세워져 있다. 이 장대석 사이에 계단지의 유무를 조사하였으나 확인되지 않았다. 이 축대의 약 1.3m 남쪽에 장대석을 사용한 기단면이 나타나고 있다. 이 기단열은 동쪽 행각 기단 부분이 동쪽으로 꺾이면서 만나고 있다.

〈사진 31〉 IV구역 동쪽 구들(북→남)

구들 유구는 강선루 동쪽 행각 최동단, 남-북 축대면에서 노출되었다(<사진 31>). 구들은 축대 지대석의 서쪽면을 구들로 사용하였으며 남-북으로 조성되었는데 할석을 세워 한면은 점토를 채워 고래둑으로 사용하고 채우지 않은 부분은 연도로 사용하였다. 이 구들의 연도부는 조사결과 기와편으로 덮어 만든 것으로 확인되었다. 이 유구의 범위는 현재 동-서는 약 4.1m, 남-북은 약 6.2m가 확인되었다.

IV구역인 강선루 구역의 남쪽 축대는 앞에서 살펴본 바와 같이 자연석을 다듬어 서로 결구하도록 하였다. 즉, II구역에서는 거친 석재를 사용하고 III구역에서는 이 보다는 정교하게 다듬었으나 V구역 보다는 정교하지 않은 석재를 사용하여 사찰의 입구에서부터 대웅전에 이르는 구역의 석재를 점차 정교하게 치석하여 대웅전과 극락전이 있는 금당의 주변에서 가장 고급스런 축대가 되도록하는 기법이 사용되었다.

현재 중앙계단 동쪽으로 약 22.2m 정도에서 새로운 축대가 노출되었다. 이 축대는 동쪽으로 더 연장될 가능성이 있으나 유구가 교란되고 상부의 토사로 인하여 확장조사를 하지 못하였다. 이 축대의 동쪽 끝은 강선루 동쪽 구들 유구의 축대와 만날 것으로 추정된다.

강선루의 중앙계단 동쪽에서 19m 떨어진 부분에서 계단지가 조사되었다(<사진 32>). 계단지 폭은 약 1.1m, 동-서 길이 약 2.2m이다. 이는 구들 유구가 조사된 지역으로 오르는 유구로 추정되었으나 심하게 훼손되어 전체적인 양상을 파악할 수 없었다.

〈사진 32〉 Ⅳ구역 동쪽 축대 계단지(서→동)   〈사진 33〉 Ⅳ구역 동쪽 축대(서→동)

이외에도 축대 남쪽으로 수기의 유구가 확인되었다. 중앙계단 동쪽면에서 동쪽으로 약 15.3m에서 남-북으로 기단석열이 노출되었다. 이 기단석열은 약 8.3m 남쪽으로 이어지고 있으며, 이 기단 석열에서 서쪽으로 11.5m, 강선루 남쪽 축대 남쪽의 7.8m 지점에서 원형초석이 노출되었다. 또한 기단 석열 서쪽으로 폭 60㎝의 석열이 나타나고 있는데 이것은 배수시설로 생각된다. 이 배수시설은 강선루 남쪽 축대 동쪽의 수구와 연결되는 암거와는 시기를 달리하는 것으로 보인다. 남-북으로 형성된 암거는 직선으로 내려오고 있으나 강선루 남쪽 축대의 수구를 통하여 내려오는 암거시설은 이 남-북 암거를 파괴하고 남동쪽의 종각 남서쪽으로 이어지고 있다.

그리고 강선루 남쪽 축대 동쪽의 수구를 통하여 나오는 빗물 처리 관계를 파악하기 위하여 남-북 중심선에서 동으로 10m 지점에 동-서 폭 2m, 동-서 중심선에서 남으로 9m 지점에서 북으로 축대면까지 남-북 탐색트렌치를 설정하고 조사를 실시하였다. 조사결과 계단 동측면에서 동으로 9m 지점 축대 남면에서 남쪽으로 4m 지점 지표 아래 0.4m에서 암거가 노출되었다. 이 암거는 남동쪽으로 휘어지면서 나아가다가 회전문 동쪽 건물지 지하로 내려가 원형초석 부근에서 시작한 남-북 배수시설과 만나는 것으로 보인다. 이 암거를 남기고 지하로 하강한 결과 소형

기단 석열로 추정되는 유구가 노출되었다.

또한 강선루 남쪽 축대 동편 수구에서 배출되는 빗물처리 시설이 다른 부분에서도 설치되었을 가능성을 확인하기 위하여 남-북 탐색트렌치를 설정하여 조사를 실시하였으나 유구는 조사되지 않았고, 남-북 탐색 트렌치 지하 1m에서 노출된 석열과 비슷한 유구를 확인하였다.

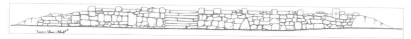

〈도면 14〉 Ⅳ구역(강선루) 남쪽 축대

(5) Ⅴ구역

대웅전 바로 아랫단이다. 산지중정형 가람배치에서는 중정에 불탑이 있고 좌우로 승당이 배치되는 공간이다. 그러나 청평사는 중정의 공간이 매우 협소하여 불탑을 세우기 어려울 정도로 좁고 승당 앞에는 누각이 없으며, 11칸의 행각이 배치되었다. 또한 일반적으로 좌우의 승당이 중정과 거의 같은 높이를 갖되 기단부만 높여 가람이 배치하나 청평사에서는 중정보다 장대석으로 3단으로 높여 단을 만들고 좌우 승당을 배치하였다.[8] 이 축대의 중정 중앙에는 치석하지 않은 잡석으로 채워져 있었으나 복원과정에서 대웅전으로 오르는 중앙계단과 같은 양식의 석조계단이 설치되었다.

1984년 조사 당시에 서쪽에는 측면 1칸 정면 3칸의 건물이, 동쪽에는 측면 2칸 정면 3칸의 건물이 있었던 것으로 조사되었다.[9] 당시에 동쪽의

---

8) 金奉烈, 1989, 『朝鮮時代 寺刹建築의 殿閣構成과 配置型式 硏究』, 서울大學校 博士學位論文, 113~123쪽. 통불교계 사찰의 배치형식에서 가장 특징적인 부분이 4棟의 건물로 에워싸인 中庭의 형성에 있으며 寂默堂은 僧房으로 언어가 필요없는 禪房이고, 禪說堂은 客舍로 看經과 說法을 하는 講堂이라고 하였다. 이는 佛法僧이 하나라는 통불교적인 조선시대의 사상과 통한다고 보았다.

건물지를 보다 더 확장하여 조사
하였다면 하나의 건물지가 아니
라 四聖殿址와 九光殿址로 알려
진 2개의 건물지 전모를 확인할
수 있었을 것이고 동쪽 산구릉 밑
에서도 유구의 존재를 확인할 수
있었을 것이다, 그러나 이 당시에

〈사진 34〉 Ⅴ구역 답도(북→남)

도 이러한 조사가 이루어지지 않았고 이후에도 추가 조사가 실시되지 않
았다.

마당의 중앙에는 Ⅳ구역의 행각과 대웅전으로 연결되는 길이 7.8m,
폭 2.5m의 踏道가 시설되었다(〈사진 34〉).[10] 답도 밖의 중정에도 답
도만큼 정교하지는 않으나 전체적으로 판석을 깔아 정리하였다. 중앙계
단은 7단이며 소맷돌로 양옆을 마감하였고 하단에는 동자주와 4개의
안상을 표현하였다. 끝에는 둥글게 처리하면서 안쪽은 태극문양을 바깥
쪽은 태극문양을 중앙에 두고 주변에 연판문을 돌려 시문하였다(〈사진
35·65〉).

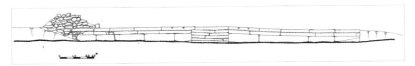

〈도면 15〉 Ⅴ구역(향적당 및 사성전) 남쪽 석축

---

9) 江原大學校 附設 産業技術研究所, 1984, 『淸平寺 實測調査報告書』, 春城郡, 183쪽.
10) Ⅱ구역부터 Ⅴ구역까지 진입하는 공간에 건물이 있어서 비를 맞지 않는 지역은
답도를 시설하지 않았고, 비를 맞는 지역은 답도를 시설하여 젖은 흙을 밟지 않도
록 하였다.

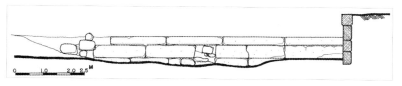

〈도면 16〉 V구역 동쪽 사성전 앞 석축

〈도면 17〉 V구역 서쪽 향적당 앞 석축

(6) Ⅵ구역

대웅전 지역이다. 『淸平寺誌』의 표지 화보에서 가장 큰 건물이 있는 지역이다. 대웅전이 금당으로서 중심 위치를 차지하고 原名은 能仁寶殿으로 단일 건물지이다. 이 건물지는 1987년 6월 6일부터 6월 21일까지 발굴조사가 이루어진 지역으로 동-서 26m, 남-북 10m로 유구가 비교적 잘 남아 있는 동쪽지역은 동-서 13m, 남-북 9m로 면적이 35.4평 정도이다.[11] 이는 능인전이 소실되고 중건된 大房의 면적도 36평이었다.[12] 동측 끝부분은 자연암반을 깎아서 기단으로 이용한 것으로 판단되고 연화문이 있는 활주 초석 3개가 확인되었다. 이 유구의 아래층위에서 조사된 능인전지는 전면이 3칸으로 주칸은 4.8m이며 총 14.4m이고 측면도 3칸으로 주칸의 거리가 2.4·4.5·2.4m로 조사되었다. 내부에는 중앙 뒤편으

---

11) 李相弼, 1985,「春城郡 淸平寺址 整備 및 影池 發掘調査報告」『文化財』第十八號, 文化財管理局, 61～62쪽.
趙由典 外, 1987,「淸平寺 影池 및 能仁殿址 發掘調査」『文化財』第二十號, 文化財管理局, 120～112쪽.

12) 『淸平寺誌』, 688쪽.

로 2개의 高柱가 확인되었다. 이 고주가 조사됨으로써 조선시대 금당에
서 주로 나타나는 후불벽을 만들어 불단을 조성했음을 추정할 수 있게
하였다. 또한 고주초석 주변으로 레벨상으로 낮은 초석이 조사되어 능인
보전 보다 앞선 시기의 또다른 건물지가 있었음도 확인되었다.

기초는 판축기법을 사용하였다. 건물지의 중앙부 토층상태를 보면 표
토층 15㎝, 모래＋갈색진흙 10㎝, 마사토 65㎝, 황색진흙 13㎝, 고운모
래 7㎝, 황색진흙 10㎝, 왕모래층 80㎝, 호박돌 2～3단, 진흙이 포함된
굵은모래층 80㎝ 순으로 판축하였다.

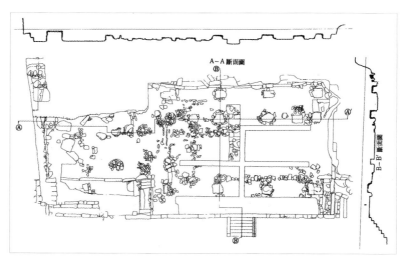

〈도면 18〉 능인전지 발굴 평면도

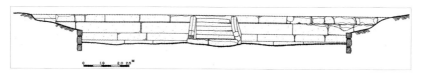

〈도면 19〉 Ⅵ구역(대웅전) 앞 석축

〈사진 35〉 VI구역(대웅전) 앞 석축

(7) Ⅶ구역

극락전과 삼성각이 있는 구역이다. 청평사의 중심지역인 회전문 구역
에서 대웅전까지의 중심축이 짧기 때문에 극락전은 서쪽으로 꺾인 배치
로 산록에 자리잡게 되었다. 극락전을 오르는 석조계단과 전면 기단부,
그리고 극락전 뒷면의 산을 절개한 면을 보호하기 위한 축대는 매우 정
교하게 치석한 장대석으로 쌓았다. 현재 장대석의 석축이 상부층 부재와
중간부재들이 혼재되어 있는 것으로 볼 때 어느 시기엔가 붕괴된 것을
다시 축조한 것으로 판단된다.

<사진 36>에서 보는 바와 같이 소실되기 전의 극락전은 전면과 측면
이 모두 3칸으로 건축되었으나 전면 1칸은 마루로 구성되었다.[13] 그러나
복원된 <사진 37>에서는 전면 1칸의 마루가 없고 전면 3칸 측면 3칸을
모두 벽과 문으로 처리하여 건물의 구조가 변형되었음을 알 수 있다. 三
聖閣은 극락전 동쪽에 위치하고 있었으나 극락전이 소실될 때 함께 소실
되었고[14] 조선고적도보의 사진을 보면 맞배지붕으로 건축되었음을 알

13) 朝鮮總督府, 1932, 『朝鮮古蹟圖譜』 十二, 1703∼1707쪽. 圖5390∼5399.
　　이렇게 金堂의 전면 1칸, 측면 1칸을 마루로 놓은 건물은 안동의 開目寺 圓通殿
　　과 강화의 淨水寺 大雄寶殿 등에서 볼 수 있으나 이들은 모두 추보된 건물이며,
　　청평사 극락전과 달리 맞배지붕이다(國立文化財硏究所, 1984, 『韓國의 古建築』
　　第6號).
14) 東亞日報, 1950년 2月 15日字 2面에 의하면 1950年 1月 29日, 淸平寺 住持 金東
　　週 부인의 방화에 의하여 새벽 6시경, 山神堂과 함께 소실되었다고 하였다(제5장

〈사진 36〉 극락전(『朝鮮古蹟圖譜』: 소실 전) 〈사진 37〉 극락전(복원 후 : 현재)

〈사진 38〉 극락전 공포
(『朝鮮古蹟圖譜』: 소실 전)

〈사진 39〉 극락전 공포
(복원 후 : 현재)

수 있다.

　<사진 38>과 <사진 40>은 『조선고적도보』에,15) <도면 20>은 『韓國の中世建築』16)에 실린 자료로 1950년 소실 이전의 모습이다. 이를 보면 다포계 내외 2출목을 갖추고, 다포의 닫집을 설치한 형태였음을 알 수 있다.

주 14 참조).

15) 朝鮮總督府, 1932, 『朝鮮寶物古蹟調査資料』 十二, 圖5393·5396.

16) 杉山信三, 1984, 『韓國の中世建築』, 相模書房, 316쪽.
　李演魯, 2002, 「韓國傳統木造建築의 보에 關한 硏究 − 栱包와 지붕틀과의 결구를 中心으로 − 」, 高麗大學校 博士學位論文, 102쪽. 이연로는 이 논문에서 청평사 극락전의 창건시기를 조선중기로 본 杉山信三과 달리 고려말∼조선초기로 보고자 하였다.

〈사진 40〉 극락전 닫집
(『朝鮮古蹟圖譜』: 소실 전)

〈사진 41〉 극락전 닫집
(복원 후 : 현재)

〈사진 42〉 극락전 마당 답도(북→남)

〈사진 43〉 극락전 門址

그러나 <사진 39>를 보면, 1977
년 복원하는 과정에서 수서의 형태
를 갖추고 있던 쇠서가 앙서의 형태
로 바뀌고 중간부분에 연꽃을 장식
하는 형태가 되었다. 법당 내부의 삼

〈사진 44〉 극락전 남쪽 축대(서→동)

존불 위에 조성한 닫집에서는 인용한 자료에 동쪽 부분만 촬영된 사진이
남아 있기 때문에 전체적인 양식을 알 수 없으나 3칸의 구조로 판단된다.
그러나 현재는 정면 1칸이면서 '丁'字 형태의 닫집으로 변형되었다. 헛

기둥은 동일하나 연봉이 첨가되
었다.

　이러한 현상은 극락전이 일제
강점기 당시에도 조선중기 건축
물로서 많은 주목을 받아 해체
수리에 관련한 자료가 풍부하게
남아 있었음에도 이를 참고하지
않아 한국건축사에 주목을 받던
조선중기의 고건축이 조선후기
건축물로 복원되는 결과를 가져
오게 되었다.

　또한 <사진 42>에서 보는
바와 같이 극락전지의 마당에는
답도가 시설되어 있으며, 입구에
는 <사진 43>처럼 일주문과

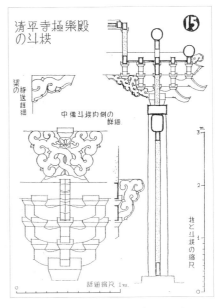

〈도면 20〉 극락전 기둥 및 공포 모습
(『韓國の中世建築』)

같은 문이 있었음을 잔존하는 초석을 통하여 확인할 수 있다. 이러한 답
도 시설은 회전문 앞의 구역에서부터 대웅전 앞 계단까지 지붕시설이 없
는 구역은 모두 답도가 시설되었음을 알 수 있다.

(8) Ⅷ구역

　현재 요사가 건립되어 있는 지역인데 圖錄에는 논으로 개간되어 있
다.[17] 사찰의 중심지역에서 서쪽의 산능선이 끝나는 경사지이다. 본래
요사가 있던 자리인지는 확인할 수 없으나 현재의 요사를 건축하기 위
하여 터파기 공사를 할 때에 관련 유구가 확인되지 않았다. 관련 유구
가 조사되지 않은 것은 이 지역에 건물지 또는 요사가 있었던 지역이

---

17) 文化財管理局 文化財研究所, 1994,『小川敬吉調査文化財資料』, 13쪽.

아니라는 의미이다. 따라서 청평사의 스님이 거처하는 승방은 회전문에서 대웅전에 이르는 경내에 있을 수밖에 없다. 이는 뒤에서 다시 검토하겠다.

청평사의 가람배치는 이와같이 Ⅰ～Ⅶ구역까지만이 배치되었고, Ⅷ구역은 가람이 없었던 지역으로 추정된다. 이상으로 살펴본 가람배치는 잔존하는 유구와 발굴조사를 통하여 확인된 자료를 바탕으로 본 것이다. 1970년대 이전까지 지상에 잔존한 건축물은 Ⅲ구역에 회전문이 유일하였다. 1970년 들어 극락전, 삼성각, 요사, 대웅전, 범종각, 강선루, 행각 순으로 복원이 이루어져 현재는 경내 전체의 복원이 완성되었다. 따라서 고고학적인 자료를 바탕으로 가람배치의 복원적 고찰은 이제 불가능하게 되었으므로 현재로서는 문헌을 통한 가람배치의 재구성을 기대할 수밖에 없는 실정이다.

유규가 훼손되지 않은 암자와 영지를 제외한 경내지에 대하여는 문헌을 토대로 가람배치를 구성하고, 이를 바탕으로 검토된 고고학적인 자료와 함께 가람배치를 재구성하고자 한다. 또한 이렇게 재구성된 가람배치와 현재 복원된 가람배치와 어떠한 차이가 있는지 이러한 차이는 어디서 발생한 것인지를 뒤에서 종합적으로 살펴보고자 한다.

(9) 庵子

문수원기에 의하면 경내에 庵堂亭軒이 10여 곳에 있었다고 기록되고, 청평사지에는 8개의 암자가 나오는데 현재 확인된 유구로는 복희암, 양신암, 청평식암만이 확실하다. 대부분의 암자들이 많은 대중이 거처하기에는 적합하지 않을 정도로 대부분 협소한 공간에 위치하고 있다. 여기서는 유구가 확인된 암자에 한하여 살펴보고자 한다.

① 福禧庵 터

복희암은 影池 옆의 부도 1에서 서쪽으로 산기슭을 따라 200m 정도 지점에 위치한다. 잡석으로 허튼층 쌓기한 축대가 있으며 면적은 150㎡ 정도이다. 잡목과 잡초가 자생하여 건물지와 관련된 유구는 확인되지 않으나 무문·수지문 와편과 조선후기 백자편이 확인되고 있다.

② 養神庵 터

양신암은 경운산정에 있는 천단 동남쪽 절벽 아래에 있다. 암자터로 가는 길은 이용하지 않아 길이 없을 정도이다. 암자터 동쪽에 약간의 물이 흐르는데 좁은 경사지를 정지하고 낮은 축대를 쌓아 터를 만들었는데 면적은 60㎡ 정도이다. 환적당 의천이 수행하던 암자로 그의 行狀에 의하면 火食을 하지 않고 생식을 하였다고 하였는데 암자터 앞에 절구가 남아 있었다. 최근에 현장을 조사한 결과 절벽이 일부 무너져 암자터와 돌절구가 돌무더기에 대부분 매몰되었다.

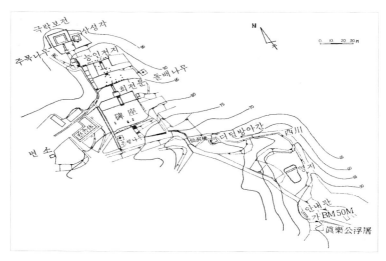

〈도면 21〉 청평사 주변 전체 평면도

③ 淸平息庵 터

청평식암은 부도 3의 서쪽 능선에 위치하며 바위절벽 위에 터를 만들어 건립했던 암자이다. 현재는 적멸보궁이 건립되어 있는데 정면 3칸, 측면 1칸으로 겹처마의 팔작지붕이다. 현재의 건물은 주변을 성토하여 지었기 때문에 당시에는 현재보다 약간 작은 건물이 있었을 것으로 판단된다. 암자 뒤편 절벽에 淸平息庵이라 새긴 암각문이 있다.

청평식암의 계곡 입구 절벽에는 청평선동이 새긴 또다른 암각문이 있는데 이는 청평선동의 계곡을 알려주는 암각문으로 판단된다.

〈사진 45〉 청평식암(刻字)　　　　〈사진 46〉 청평선동(刻字)

〈탑영 1〉 청평식암　　　　〈탑영 2〉 청평선동

④ 암자 터 1·2

청평식암 주변으로 건물지가 2군데에 잔존한다. 2곳은 현 적멸보궁 아래 계곡에 있으며 축대를 쌓아 건물지를 잡았는데 계곡에 위치하기 때문

〈사진 47〉 암자 터(上) 축대   〈사진 48〉 암자 터(下) 축대

에 대부분 유실되어 현재는 그 흔적이 일부만이 확인된다. 석축의 규모로
보면 동쪽 암벽 밑의 계곡을 제외하고 서쪽 구릉지까지 연결하여 건물지
로 사용하였을 것으로 판단된다.

잔존하는 축대는 정면이 5.1m, 측면이 3.8m, 높이는 바닥면에 따라
일정하지 않으나 높은 곳은 약 2.5m이다.

위쪽의 암자터 역시 대부분 유실되고 석축 일부만이 잔존한 상태이다.
길이 약 3m, 높이 1m 내외이다. 축대 옆에는 이자현이 손과 발우를 씻
었다고 전해지는 사각형의 바위홈 2개가 남아 있다.

뒤편의 암석군 중에서 길게 평면을 유지하는 바위가 있는데 이 바위
그늘면에 암자의 중수 사실을 다음과 같이 새겨져 있다.

康熙四十五年丙戌二月日 / 行府使沈重修 / 石手李康金

이를 살펴보면 강희 45년은 1706년으로 숙종 32년이다. 즉, 1706년
2월에 이곳의 건물지를 부사 심씨가 중수하고 이강금이 새겼다. 이 시기
의 춘천부사는 1704년 9월 24일에 부임하여 1706년 2월에 병으로 파직
되는 沈仲良이다. 따라서 심중량이 중수하였음을 알 수 있다.[18]

---

18) 嚴惺, 『春川邑誌』 春川府先生案.
　　春川百年史編纂委員會, 1996, 『春川百年史』, 2234쪽.

또 하나의 암자터는 암자터 1
과 부용봉 중간에 있으나 잡목과
토사에 매몰되어 전체적인 규모
를 파악할 수 없다.

⑤ 등운암 터(추정)

환적당 부도와 부도 2가 있는

〈사진 49〉 등운암 터(추정)

지점에서 서쪽으로 해탈문 방향의 중간지점 산록에 있다. 잡석으로 허튼
층쌓기한 축대가 있으며 면적은 150㎡ 정도이다. 무문과 수파문 기와가
보인다. 청평사에는 이외에도 몇 곳에서 산록을 정지하여 작은 건물을 지
었을 것으로 추정되는 터가 몇 곳이 있으나 잡목이 우거지고 토사에 매
립된 곳이 많아 지표조사만으로는 판단이 어려워 제외하였다.

(10) 정원

정원은 영지를 비롯한 청평사 경내 전체를 지칭하고 있다. 정원학계에
서는 여러 개의 권역으로 나누어 살피고 있다.

남쪽에서부터 권역별로 살펴보면 九松瀑布권역에는 자연유산으로 구
송대, 폭포, 쌍폭, 거북바위 등이 있으며, 인공유산으로 3층석탑이 남아
있다.

이곳은 청평계곡의 입구로 이자현이 생존하였을 때에도 이와 같은 환
경을 하고 있었을 것으로 판단된다.

福禧庵권역은 복희암 터만이 남아 있는데 여러 개의 작은 폭포들로 구
성되었다고 하지만 현재 폭포로 보여지는 곳은 없다.

影池권역은 南池라고도 불리는 연못이 있는데 天壇의 주변에 건립되
었던 見性庵의 그림자가 비춘다고 해서 이름 지어졌다. 현재 견성암은
없어졌고 그 위치도 확인되지 않고 있다. 그러나 천단이 있는 부용봉의

〈사진 50〉 영지(발굴 조사 전: 북→남)

〈사진 51〉 영지(발굴 조사 중: 북→남)

〈사진 52〉 영지 전경(2000년대 : 남→북)

그림자는 투영되고 있다.

　청평사권역은 현재의 경내를 말하며 西川권역은 공주탕이라 불리우는 곳과 부도 2기가 남아 있다.

　仙洞권역은 청평선동과 청평식암이라고 새긴 암각문이 있으며 2곳의 건물지와 적멸보궁이 신축되었다.

　見性庵권역은 천단과 견성암, 양신암이 있었던 구역으로 현재 견성암은 터조차도 확인할 수 없고 10여년 전까지 남아 있던 養神庵址는 뒤의 암벽이 무너져 그 터가 매몰되었다.

　이러한 정원의 권역별 구분에서 현재 영지권역만이 옛 자취를 찾을 수 있는데 1985년 7월 5일부터 동년 7월 29일에 시굴조사가 있었고, 1986년 8월 23일부터 9월 20일까지 전면발굴조사가 이루어졌다.

　이 당시의 자료를 인용하면[19] 시굴조사 당시의 호안 뒤쪽 1～1.5m에서 전시대의 석열 5단이 지표에서 0.6m에서 노출되었으며 높이는 1.4m

---

19) 李相弼, 1985,「春城郡 清平寺址 整備 및 影池 發掘調查報告」『文化財』第十八號, 文化財管理局, 61～62쪽.
　　趙由典 外, 1987,「清平寺 影池 및 能仁殿址 發掘調查」『文化財』第二十號, 文化財管理局, 112～136쪽.

였다. 기초석은 북쪽 호안의 끝에 맞추어 가공을 하지 않은 높이 0.18m, 길이 0.8m의 장대석 같은 화강석을 사용하였으며 위로는 0.2～0.3m의 자연석으로 평쌓기를 하였다. 최상단에는 두께 0.1m의 자연석 판석을 놓았다. 뒷채움은 호박돌과 황갈색 점토로 다졌으며 서쪽 호안도 교란되었지만 기초석은 동일한 기법으로 축조되었음이 확인되었다. 남쪽은 더욱 교란되었으나 기초석은 서쪽보다 더욱 큰 돌을 사용하였고 남서쪽 모서리는 긴 냇돌로 마감하였다.

남동쪽 모서리 부분은 큰 돌 몇 개만 남아 있었으며 이 부분에서 암거로 물이 흘러 들어가고 있었는데 연못의 배수시설을 알 수 있는 목재로 된 물홈통이 노출되었다. 홈통은 길이 1.7m, 폭 0.2m, 높이 0.2m로 나무의 절반을 쪼개어 양쪽을 파내고 엎어 놓았는데 부식이 심했지만 당시까지 제기능을 발휘하고 있었다. 분석결과 수종은 버드나무였고 옷칠 흔적으로 보이는 검은색을 띠었다.

이 배수구와 남동쪽 호안의 연결선이 만나는 것으로 볼 때 조사 당시의 호안은 후대에 변형된 것으로 판단하였다. 호안의 동쪽은 개울이 흐르고 있는데 이곳은 축대를 쌓아 영지를 보호하고 있었으나 대부분 붕괴되어 2～3단만이 잔존하였다. 호안 남쪽으로 경사진 면을 따라 황매화가 식재되어 있고 6단의 축대가 노출되어 이 축대선은 남서쪽 모퉁이까지 연결되는데 남서쪽에서는 자연경사에 따라 축대를 보축하고 있었다. 북쪽 호안에 연결된 입수구는 북쪽으로 10.5m까지 크고 작은 자연석을 0.5～0.8m 두께로 중첩되게 깔았으며 그 아래에는 굵은모래층이 형성되어 있었다. 입수구의 북쪽 끝은 높이 1.15m를 4단의 석단으로 쌓아 토사가 유입되는 것을 방지한 것으로 보인다. 입수구의 유구를 확인하기 위하여 북쪽 호안 끝에서 선동교가 있는 곳까지 정밀조사를 하였으나 물을 유입하는 시설은 확인되지 않았고, 영지 주변에서는 亭子 등의 건물지는 조사되지 않았다.

　　연못 내부와 上池 사이에 있는 축대를 조사한 결과 축대 하부는 부식
토층 위에 축조되었음이 확인되어 이는 후대에 변형된 것으로 판단되었
다. 연못내에 있는 대형 자연석은 서쪽 호안에 접하여 있는 큰돌과 3개의
돌은 원위치로 판단되었고 서쪽 호안에 접해 있는 다음 돌은 균형을 잡
기 위하여 작은 돌을 끼워 넣은 것이 조사되어 인공적으로 갖다 놓은 것
으로 추정되었다.

〈도면 22〉 영지(上) 남쪽 호안 축대

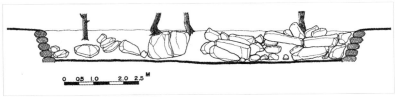

〈도면 23〉 영지(上) 북쪽 호안 축대

〈도면 24〉 영지(下) 동쪽 호안 축대

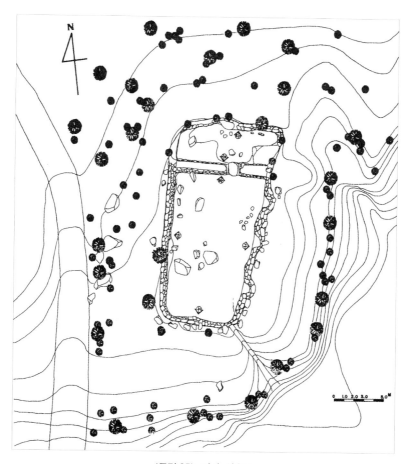

〈도면 25〉 영지 실측도

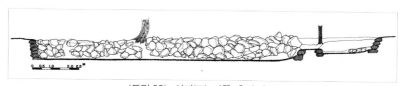

〈도면 26〉 영지(下) 서쪽 호안 축대

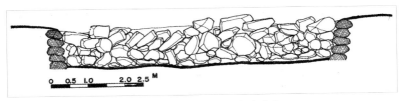

〈도면 27〉 영지(下) 남쪽 호안 축대

〈도면 28〉 영지(下) 북쪽 호안 축대

2) 유물 검토

청평사는 시굴, 발굴, 유구확인조사가 각기 부분적으로 1차례씩 조사가 진행되었고, 이 과정에서 많은 유물이 수습되었다. 그러나 보고서가 발간되지 않아 유물에 대한 각기의 성격을 명확히 알 수는 없으나 중요 유물들은 약보고서로 발표되었다. 이 글에서는 유구확인조사에서 발표된 유물과 지표조사를 통하여 수습된 기와 등을 중심으로 살펴보기로 하겠다.

초석들은 발굴조사를 통하여 수습되었으나 현재는 모든 건물지가 복원되었고 초석들은 새로운 부재로 교체되어 원위치와 관련없는 곳에 흩어져 있는 상태이다. 따라서 원위치를 명확히 파악할 수 없고, 당시의 사진 자료들의 상태가 좋지 않아 어느 건물지에서 이동되었는지를 확인할 수 없다. 단지 대웅전지와 강선루지의 초석은 장주초를 사용하였고 강선루지가 좀더 높은 장주초를 사용하였다. 수습된 초석들이 대부분 장주초가 많이 남아 있고 모서리에 쓰이는 초석이 있어서 조선시대의 건물지에서 일반적으로 보이는 덤벙주초와 비교를 할 수 없을 만큼 고급스런 초석들임을 알 수 있다. 또한 초석들이 매우 다양한 형태인데 이는 건물지마다 초석이 다르게 사용되었음을 알 수 있다.

〈사진 53〉 초석 1

〈사진 54〉 초석 2

기와류는 2회에 걸쳐 조사된 유물을 검토하였다. 막새류는 1986년 발굴 당시에 수습된 자료이다. 암막새는 2점이 소개되었는데 역시 조선시대 기와로 판단되며 1점은 드림새에 약식화된 향로를 양각하였고, 옆으로는 범자문을 두었다. 1점은 양손을 합장을 하고 하늘을 나르는 가릉빙가를 새겨 놓았다. 수막새는 길상문과 범자문이 양각되어 있다. 조선시대 기와로 판단된다.

〈사진 55〉 능인전지 출토 수막새

〈사진 56〉 Ⅲ·Ⅳ구역 출토 숫키와

〈사진 57〉 Ⅲ·Ⅳ구역 출토 암키와

2001년에 발굴된 자료는 유구가 여러 차례 중건되면서 교란되어 안정된 층위에서 수습되지 않아 시대편년을 하는데 어려움이 있다. 그러나 대체로 조선 중기에 제작된 것으로 판단되는 수지문과 수파문 기와편이 주종을 이루고 있다. 1935년에 「嘉靖三/十六年丁/巳春淸平/寺法堂蓋瓦/施主金孫李/▽孫趙際▽/▽▽▽▽▽/玄孫金▽▽/大化主比/丘大▽」銘 암

〈사진 58〉 전돌

〈사진 59〉 연봉

막새가 수습되어[20] 1557년 봄에 번와되었음을 알 수 있다. 그런데 이 시기는 보우가 주지로 있으면서 능인보전만을 수선하고 나머지는 대대적으로 중수할 때이므로 청평사의 중수가 완성되는 시기가 이 때임을 알 수 있는 자료이다. 전돌은 수점이 출토되었는데 모두 무문이다. 청평사 경내지의 외곽에는 현재도 종각 서쪽 산록에 와적무지가 있으나 매몰되어 실물을 확인할 수 없다.

자기류에서는 고려시대 순청자와 상감청자편과 국화문이 시문된 분청사기 등이 10여점 수습되었으며, 백자류에서는 도립삼각굽, 죽절굽 등 다양한 백자가 출토되었다. 그러나 대부분 굵은 모래받침의 조질의 백자가 주종을 이루고 있다. 명문이 시문된 자기로 「立」, 「云」, 「土」, 「人」, 「不」, 「率」, 「主」, 「之」, 「介」, 「志」, 「大」, 「月」, 「木」, 「下」, 「中」, 「化」, 「三」 등 매우 다양한 종류의 명문자기편이 출토되었다. 그러나 분청사기에서 보이는 명문과 달리 모두 단편적인 자료에 불과하여 이들이 뜻하는 의미는 파악할 수 없다. 완형의 연봉 1점과 등잔으로 쓰였던 것으로 판단되는 토기완도 수습되었다.

---

20) 杉山信三, 1984, 『韓國の中世建築』, 相模書房, 463쪽.

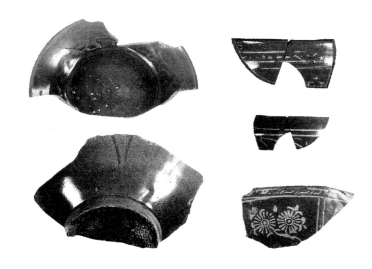

〈사진 60〉 청자 및 분청사기

〈사진 61〉 백자류

금속류로는 상평통보 3점이 수
습되었는데 표면에 녹흔이 남아 있
으며 대부분의 명문이 마손되어 명
확한 자는 「文」字 뿐이나 판독은
가능하다. 명문은 「訓·文」, 「營·
三」, 「三」 등이 있다. 이는 訓練都監과 御營廳에서 주조되었음을 알 수

〈사진 62〉 토기 완

있으며 3점 모두 겉테가 넓고 속테의 방곽은 얇게 주조되었다. 어영청에
서 주조한 1점은 좌측에 月標를 넣었다.

〈사진 63〉 상평통보

2. 문헌자료로 본 가람배치

청평사에 관련한 문헌은 다른 사찰에 비하여 풍부한 편이다. 또한 많은 연구자들이 오랜기간 동안 자료를 수집하고 이를 번역하여 기초조사가 이루어진 상태이다. 따라서 문헌에 의한 가람배치의 재구성이 어느 정도는 가능하다. 홍성익이 초보적인 수준에서 정리한 바 있고,[21] 이후 지속적으로 암자터와 진락공 장골처를 비롯한 암각문을 조사하였으나 큰 성과는 거두지 못하였다.

이 章에서는 그동안 확인된 문헌에 나타나는 기록을 발췌·요약하고 이를 바탕으로 현재의 遺構를 통하여 가람배치를 추정하고 전체적인 복원적 고찰을 시도하고자 한다. 그러나 문헌자료는 복합적인 자료가 혼합되어 있기 때문에 구역로 나누어 검토하기에는 어려운 점이 있어서 경내와 암자를 크게 나누어 살펴보겠다.

---

21) 洪性益, 1992, 「淸平寺蹟에 대한 새로운 接近(上)」 『春州文化』 第7號, 春川文化院, 44~59쪽.
洪性益, 2004, 「春川 淸平寺 伽藍配置의 綜合的 檢討」 『江原史學』 19·20합집, 江原大學校 史學會, 19~49쪽.

1) 境內

邑誌에 221칸으로 기록하고 있으나 전체적인 가람의 배치나 규모에 대하여 전하는 바가 없다.[22] 그동안 가장 많이 인용한 것으로 판단되는 『淸平寺誌』와 이 자료가 인용한 것으로 보이는 보우의 『나암잡저』에 다음과 같이 기록하고 있다.

> 嘉靖三十六年 西紀一五五七年:丁巳에 虛應普雨禪師가 寺宇를 一新重建하고 能仁寶殿을 修繕하며 이름을 고쳐 慶雲山萬壽聖淸平禪寺라 하였다.[23]
>
> 청평사 중창기. 정사년 봄에 삼가 국왕의 어머님의 교지(慈旨)를 받들어 많은 시주(施主)를 거두어 들여서, 여러 요사(寮舍)들을 한꺼번에 모두 새롭게 수리하였으나 오직 능인보전(能仁寶殿)만은 그대로 둔 채 겨우 서까래만 갈았을 뿐이다.[24]

이는 보우 때에 능인전만을 수리하고 나머지는 모두 새로 지어진 것으로 보인다. 따라서 喚惺志安 이전의 기록물들은 普雨가 지은 것에 대한 설명으로 보여진다.

宋柟壽(1537~1626)의 『海東山川錄』에는 다음과 같은 기록이 있다.

> 영지는 좌우 봉우리가 거꾸로 보이기 때문이고 영지 주변에는 赤木이 있다. 수백보 올라가면 폭포가 있어서 上淵에 떨어지는데 5~6길이 되고 두개로 나뉘어져 中淵에 떨어지는데 이것이 龍淵이다. 數里를 올라가면 청평사이다. 절의 동쪽에는[25] 극락전이 있다. 서천의 물을 月坮의 좌우에다 끌어 들여 큰 연못을 만들었다. 청평선동·청평식암이 새겨져 있다. 암자의 앞 기둥은 까마득한 골짜기에 임해 있고 이자현이 살던 곳이다.[26]

---

22) 韓國學文獻硏究所 編, 1986, 『韓國地理志叢書:邑誌』 十八(江原道①), 영인본, 亞細亞文化社, 247쪽 ; 『韓國地理志叢書:邑誌』 十九(江原道②), 영인본, 262쪽.
23) 『淸平寺誌』, 676쪽.
24) 김상일 譯, 1996, 『大覺國師文集 外』, 동국대학교부설 동국역경원, 631쪽.
25) 원문에 東쪽이 아니라 西北쪽이다.

이는 경내의 가람배치에서 Ⅶ구역인 극락보전을 언급하고 청평식암의
위치를 설명하여 지금의 적멸보궁 자리가 청평식암 터임을 암시하고 있
다. 月始의 좌우로 물을 끌어 들어 만들었다는 연못은 현재 확인할 수
없으나 경내에 연못이 있었음을 알 수 있다.[27]

金尙憲(1570~1652)의 『淸陰集』은 1635년 3월 8일 남양주를 출발하
여 청평산에 와서 남긴 기행문으로 이를 발췌 요약하여 정리하면 다음과
같다.

> 11일에는 소양정을 지나 우두산에 오른 후 청평동에 도착하였다. 지금의
> 3층석탑이 있는 환희령에서 폭포를 구경하였다. 절 앞의 雙池에는 두개의 비
> 가 있는데 서쪽이 문수원기이고 동쪽이 장경비이다. '慶雲山淸平寺'[28] 문액
> 은 보우가 쓴 것이며 殿寮廊序가 성대한 대찰이다. 役이 번거로워지자 僧이
> 수백명이 안되니 폐찰 위기에 있다. 법당 서북쪽의 극락전 역시 보우가 지은
> 것이다.
> 절 남쪽 洞中에 김시습이 머물던 細香院은[29] 없어졌다. 12일에는 서천을
> 보고 서천으로부터 오른쪽으로 7~8리 돌아 선동에 들어갔는데 작은 암자가
> 있고 청평식암이란 글씨가 석벽에 있다. 진락공 필적이라 한다. 암자 뒤에는
> 나한전이 있다. 나한전의 앞에는 물줄기가 떨어지는 비스듬한 석벽이 있으며
> 석대에는 두 구멍이 있는데 진락공이 세수하던 곳이다. 臺 북쪽 바위 사이에
> 古器는 빗줄기에 무너져 드러나 있고 진락공의 유골로 전해진다. 식암으로부
> 터 산허리를 도는데 겨우 한사람 지나갈 정도로 협소하며 견성암은 부용봉
> 아래 있고 지대가 높다.[30]

---

26) 宋枏壽, 『海東山川錄』淸平山 ; 김학수 역주, 1997, 『春川地理誌』, 春川市, 774~
  776쪽.
27) 雙池와 관련있는 것인지 현재로서 알 수 없다.
28) 原名은 「慶雲山萬壽聖淸平禪寺」이다.
29) 細香院은 瑞香院과 盛香院 등으로 혼용되고 있다. 『梅月堂集』에서는 細香院이라
  기록되어 있다. 원문 자료는 원문대로 인용하되, 인용문이 아닌 경우에는 細香院
  으로 사용하겠다.
30) 金尙憲, 『淸陰集』淸平錄 ; 김학수 역주, 1997, 『春川地理誌』, 春川市, 777~786쪽.

이 기록을 보면 청평사는 임진왜란 중에도 화를 면한 것으로 확인되는 자료이다.31) 극락전, 대웅전, 회전문이 남아 있으며 전료랑서가 성대하다는 것은 보우 당시의 당우가 남아 있다고 보여지기 때문이다. Ⅰ구역에 동·서로 문수원기와 장경비가 당시에는 원래의 위치에 세워져 있었고 이곳에는 雙池가 있으며 대웅전과 요사, 행각, 담 등이 모두 갖추어진 상태임을 알 수 있다. 細香院은 폐지되고 寺僧도 줄어서 寺勢가 기울고 있음을 알 수 있다. 그러나 뒤에서 살펴볼 자료를 보면 息庵 등에도 寺僧이 주석하고 있으므로 폐찰의 위기는 아님을 알 수 있다.

嚴惶(1580~1653)의 『春川邑誌』를 발췌 요약하여 인용하면 아래와 같다.

　　普雨가 문수원을 중수하였고 慶雲山萬壽聖淸平禪寺라 하였다. 法殿은 能仁殿, 전의 동쪽에 九光殿과 四聖殿이 있으며 구광전은 日月星辰을 그려서 놓고 사성전은 儒佛仙道의 네가지 책을 수장하였다고 한다. 북쪽에는 극락전이 있고 보우가 세웠다고 기록하고 있으며 굉장히 화려하며 황금으로 불좌를 조성하고 집의 사면 기둥과 서까래는 모두 가는 모시로 먼저 싸고 다시 전체를 옻칠하고 마지막으로는 주홍으로 윤색하니 접촉하는 물상이 비치는 바 빛나는 것이 거울과 같다. 법당 남쪽은 降仙閣이 있고 선왕 세분의 위판을 봉안하였다.32) 북쪽으로 불전을 향하고 있는데 보우가 지었다고 한다. 나옹의 철장은 청평루33) 위에 있다.

　　瑞香院의 옛터는 影池의 서쪽 골짜기에 있는데 김시습이 살던 곳이다. 영지는 절 아래 1리에 있다. 견성암은 먼봉우리에 있고 스님이 지나가면 못 속에 있는 듯하다.

　　古骨은 선동에 있고 질그릇 네모통이에 乾坤坎离의 괘를 새기고 주홍색을 메워서 돌 사이에 갈무리하였는데 진락의 유해는 정두원이 방백일 때34)

---

31) 춘천에 왜군이 침입한 것은 1592년 5월부터 1593년 1~2월까지이며, 정유재란과 병자호란 당시에는 피해가 없었던 것으로 알려져 있다(최영희, 1997,「春川의 沿革」『春川의 歷史와 文化遺蹟』, 翰林大學校 博物館, 25쪽).
32) 『承政院日記』효종 9년 6월 14일(경진)에 의하면 3위판은 中宗·仁祖·明宗이다.
33) 降仙閣은 누각이므로 淸平樓가 있을 공간이 없다. 따라서 강선루를 두개의 명칭으로 불렀던 것으로 추정된다.

기와와 벽돌에 명을 새기고 승 文玉에게 개장토록 하였다고 한다.[35]

이는 V ~ Ⅵ구역에 대한 기록으로 법당은 능인전이고 법당의 동쪽에 日月星辰을 그려 놓은 구광전과 儒佛仙道 네가지의 책을 수장한 사성전이 있으며 북쪽에는 극락전이 있다. 법당의 남쪽에는 강선루가 있는데 법당을 향해 있다. 이 건물들은 모두 보우가 지었다고 했다.

張維(1587~1638)는 『溪谷先生集』에서 轉經臺가 암자 앞에 있었다고 하였다. 이를 인용하면 아래와 같다.

> 청음의 유청평록에 화운하다.
> 진락선옹 한번 떠나 돌아 올 줄 모르고
> 암자 앞엔 전경대만 외로이 남았고려
> 속인의 발길 싫어하는 우리 산신령
> 청음 노인 찾아가니 얼마나 기뻤을까[36]

여기서 진락선옹은 청평사에서 평생을 보낸 진락공 이자현을 말한다. 또한 전경대의 위치를 「庵前」이라 표현하였는데 직역을 한다면, 전경대는 청평사 산내 암자에 있었던 것으로 판단할 수 있으나 현재까지 확인된 암자들은 전경대를 설치할 수 없을 정도의 좁은 공간에 위치하고 있다. 예천 용문사 대장전과 같이 작은 건물내에 설치된 것이라 하여도 암

---

34) 鄭斗源(1581:선조14~?)은 1632년 8월부터 1633년 9월까지 강원도관찰사를 역임하였다.

35) 嚴惶, 『春川邑誌』; 임민혁 역주, 1997, 『春川地理誌』, 春川市, 53~56쪽. 嚴惶은 1645년(인조 23) 7월부터 1648년 9월까지 춘천부사를 역임하였다.

36) 민족문화추진회, 1994, 『국역 계곡집』, 550쪽. "和淸陰遊淸平錄/眞樂禪翁去不廻/庵前獨有轉經臺/山靈每壓塵蹤到/應喜淸陰老子來"
이경미, 2006, 「고려·조선전기 法寶信仰과 經藏建築의 변천 연구」, 이화여자대학교 박사학위청구논문, 67~70쪽.
崔榮淑, 2007, 「龍門寺 輪藏臺 硏究」 『미술사 연구』 제21호, 미술사연구회, 276~277쪽.

자의 성격보다는 청평사 경내를 庵前이라 표현으로 이해하고 경내에 있
는 回轉門을[37] 윤장대를 돌린다는 의미로 해석할 때 경내로 보는 것이
타당할 것이다.

朴長遠(1612~1671)의 『久堂集』에는 1651년 8월 청평사에 와서 다음
과 같이 기록하고 있다.

> 영지에 산봉우리의 작은 암자가 거꾸로 비치는 것을 보았다. 법당에서 나
> 와 서쪽의 선방에서 쉬고 사미를 養神庵에 보내 義天의 안부를 물으니 와서
> 함께 좌정하고 담설을 나누었다. 비가 내려 물레방아 소리가 들렸다. 극락전
> 은 普雨가 지은 것으로 金碧에 朱漆을 하였다. 저녁밥이 되었다하여 돌아오
> 다 비석을 보았는데 비는 圓解門 앞에 동-서로 배치하였다.
> 남쪽으로 몇리에 瑞香院이 있는데 등나무와 잡초가 우거졌다. 4~5리 올
> 라가면 식암이 있는데 암옥은 두서너 사람이 같이 들어갈 정도인데 벼랑 끝
> 에 매달려 어지럽다. 내가 자랑스럽게 생각하는 文玉이 여기에 산다. 곧바로
> 석대에 올랐는데 석대는 암자의 기와와 잇닿아 있다. 와봉은 석대 아래에 있
> 고 서북쪽으로 몇걸음 올라가자 羅漢殿이 있다. 또 몇 걸음 나아가자 고요히
> 숨은 듯 고라니 알처럼 생긴 암자의 터가 보존되어 있고 조금 앞쪽에 네모로
> 뚫은 구멍 두개는 회이자가 손발을 씻던 곳이다.[38]

---

37) 回轉門의 명칭에 대한 기원을 청평사
   의 창건 연기설화에 해당되는 공주설
   화와 연계하여 이해하려는 인식이 오
   래전부터 있어 왔다. 그러나 회전문은
   청평사에 있었던 轉經臺 즉, 輪藏臺
   에서 기인하는 것으로 추정된다. 윤장
   대는 국내에 전하는 유일한 사찰인
   醴泉 龍門寺 大藏殿에 2기가 현존하

〈사진 64〉 예천 용문사 회전문

   고 있다. 이는 사람이 직접 돌릴 수 있는 藏經臺로서 사천왕문을 회전문이라고
   한다. 현관에도 廻轉門이라고 편액하였는데 청평사 역시 윤장대가 있었기 때문에
   윤장대가 회전한다는 의미로 사천왕문 성격의 중문을 회전문이라고 지칭한 것으
   로 판단할 수 있다. 『順興邑誌』에 浮石寺에도 회전문이 있었다고 한다.
38) 朴長遠, 『久堂集』 遊淸平山記 ; 임민혁 역주, 1997, 『春川地誌』, 春川市, 787~
   794쪽. 박장원은 1649년부터 1652년까지 춘천부사를 지냈고 1658년에 강원도관
   찰사를 역임하였다.

위의 인용문을 정리하면 박장원은 양신암을 중건하고 주석한 환적당 의천을 만났으며 경내에 물레방아가 있었고 식암에 文玉이[39] 살고 있다. 그런데 이 자료에서 비문이 원해문 앞에 동-서로 배치되었다고 한다. 세향원은 잔존하고 있으나 이미 폐허가 되어 가고 있었다. 식암은 2～3인이 들어갈 정도로 작았고 그 지붕은 뒤편의 석대와 같다고 하였는데 이는 신축한 적멸보궁도 규모가 작게 복원되었다. 서북쪽에 나한전이 있다고 하였는데 이는 몇걸음 앞에 암자터가 있으며 다시 조금 앞에는 희이자 이자현이 손발을 씻던 곳이 있다고 하였다. 희이자가 손발을 씻던 곳이 지금도 남아 있는데 이를 중심으로 본다면 서쪽에 암자터가 있다. 나한전 터는 이곳과 식암 사이 어디엔가 있었을 것이다.

丁時翰(1625～1707)은 1687년 8월 7일부터 11일까지 4박 5일간 청평사를 다녀가면서 남긴 『山中日記』에서 다음과 같이 기록하고 있다.

> 초 7일: 승도의 숫자는 적고 절은 파손되어 정해진 치수와 모양을 갖추고 있지는 못하였다. 서쪽에 있는 행랑을 돌아 내려와 甲戌과 선동식암을 올라, 수좌 淸悟(1637년생)스님을 만났는데 진락공의 장골처에서 나온 誌石을 보여주었다. 글자가 마모되어 모두는 해석할 수 없으나 처음 면에 진락공의 諱字가 있었다. 청오스님이 유골을 꺼내 보여주려는 것을 만류하였다. 지석은 두 개로 항아리와 함께 돌 틈에 넣어 두었는데 왕래하는 監兵이나 守令이 꺼내 본다고 하였다. 아래에는 茅堂이 있고 옆에는 폭포와 너럭바위, 立巖이 있다. 너럭바위에 우묵하게 파인 두 곳 중의 하나는 손을, 아래는 발을 씻는 곳이다. 茅堂은 폭포물이 졸졸 흐르고 돌계단은 네모 반듯하다.
> 10일: 淸平仙洞이라 새긴 글을 보고 청평사로 와서 서쪽 요사의 一淸스님 방에서 잤다.[40]

정시한의 기록은 김상헌이 다녀간지 52년 후인 1687년의 일이다. 김

---

39) 文玉은 鄭斗源이 강원도관찰사로 부임하였을 때 이자현의 遺骨을 갈무리 한 스님이다.

40) 丁時翰 著·金成讚 譯註, 1999, 『山中日記』, 國學資料院, 212～218쪽.

상헌이 殿寮廊序가 성대하나 役이 많아 승려가 떠나간다고 하였으며 정
시한은 승도는 적고 절은 파손되어 정해진 치수가 없다는 것으로 보아
寺勢가 기울고 있음을 알 수 있다. 이렇게 寺運이 기울어가던 때에 喚惺
志安(1664~1729)이 와서 크게 중수하였다고 하는데『淸平寺誌』를 보면
다음과 같다.

辛卯에 喚惺志安 講伯이 佛殿僧寮를 全部 修葺하다.[41]

신묘는 1711년으로 지안에 의하여 청평사의 가람은 일신하게 된 것을
알 수 있다. 이는 뒤에서 보는 서종화의 기록에서 여러 개의 門과 강선루
와 능인전이 굉려하다는 것에서도 확인되고 있다.

徐宗華(1700~1748)의 『淸平山記』의 자료를 요약하여 인용하면 아래
와 같다.

김부철이 찬한 비는 回轉門[42] 밖의 서쪽 뜨락 동쪽에 있는데, 또 하나의
비문은 읽을 수 없고 그 사이에 帝釋壇이 있다. 정원 위에는 雙池가 있으나
마르고 막혀 있다. 회전문으로 들어가면 또, 圓解門이 있는데 문의 위는 降仙
樓로 되어 있다. 樓의 기둥은 10개이다. 幻門을 지나면 불전에 이른다. 능인
전과 강선루가 상대하며 단청이 서로 비추어 굉려하다. 불전 서측이 香積
堂[43]이고 동측은 四聖殿 및 九光殿이 있다. 兩廡중 좌측은 齊霞이며 우측은
宴寂이라 한다. 아래 동남쪽은 요사이고 회전문을 끼고서 좌우의 회랑이 배
치되고 모두 승려가 거처한다. 남쪽의 북측 창고에는 三寶라 전하고 물건이
수장되어 있다. 향적당 뒤쪽에는 감로천이 있으며 회랑의 서쪽으로 샘물을 끌
어들이고 회랑을 따라 흐르도록 하였다. 이곳의 서측에 十王殿이 있고 殿의
아래쪽에 慈蔭閣이 있다. 서남쪽 70보 가면 西川이며 臼潭이 있고 위쪽은 김

---

41)『淸平寺誌』, 686쪽.
42) 회전문은 廻轉門과 回轉門을 혼용하고 있다. 이 글에서는 현재까지 확인된 가장 오
    래된 자료인 서종화의 청평산기에 나오는 回轉門으로 통일하여 사용하고자 한다.
43) 대웅전의 향과 초를 관리하는 스님이 거처하는 곳으로 노전, 응향각으로도 불리
    운다.

시습이 정자를 지어 놓고 거처하던 곳이다. 대 서측은 비를 기원하던 곳으로 종종 감응이 있다.[44]

이는 현재까지 알려진 자료에서 가장 자세히 기록한 문헌이다. 서쪽 뜨락에는 문수원기가 있고 동쪽에는 읽을 수 없는 또다른 비석이 있으며 그 사이에는 제석단이 있다고 하였다. 정원에는 다른 기록에서도 보이는 쌍지가 있으며 회전문, 원해문, 강선루가 줄지어 있고 樓의 기둥은 10개라는 구체적인 규모까지 지적하고 있는데 발굴조사 결과 강선루의 어칸 초석은 10개였다. 불전 앞에는 환문이 있고 그 사이에 서쪽은 향적당, 동쪽은 사성전과 구광전이 있다고 하였다. 이러한 기록을 토대로 이 章의 마무리 부분에서 다시 다루기로 하겠다.

2) 庵子

文殊院記에 見性庵과 仙洞息庵이란 두개의 암자명이 보이고 淸平寺誌에는 8개의 암자명이 기록되어 있다. 影池는 이자현이 청평사를 수도처로 정하면서 경내에 연못과 폭포를 이용한 수도공간으로 활용하고 있다. 청평사 최초의 기록이자 1차 사료인 文殊院記에 의하면 이자현이 지었다는 몇 개의 堂宇 이름이 나오는데 이를 보면 아래와 같다.

그는 산에 거처하면서 오직 채소로 만든 음식과 누비옷으로 검소하고 절제하며 청정한 것을 낙으로 삼았다. 절 밖에는 다른 골짜기에 한가로이 지낼 수 있는 거소를 지었으니 그 庵·堂·亭·軒 등이 10여개소나 되었다. 堂은 聞性堂이라하고 庵子는 見性庵·仙洞息庵 등으로 각기 그 이름이 있다.[45]

---

44) 徐宗華,『藥軒遺稿』淸平山記 ; 오강원 역주, 1997,『春川地理誌』, 春川市, 854~860쪽.

45) 文殊院記의 8行. "… 院外別洞構閒燕之所其庵堂亭軒凡十有餘處堂曰聞性庵曰見性曰仙洞息庵等各有其名 …"

위의 인용에서 Ⅰ~Ⅷ구역의 중심 가람배치에 관한 기록은 없고 다른
골짜기에 별도로 지은 건물만이 나온다. 堂은 聞性堂이라 하였는데 '院外
別洞'에 거소를 지었다하고 堂과 廡는 승려가 거처하는 요사로 알려져
있다.[46] 이는 스님이 거처하는 寮舍로 보여지고 견성암과 선동식암 등은
암자라 하였다. 견성암은 부용봉에 있어서 영지에 그림자가 비친다고 하
였다. 聞性堂과 같은 것으로 생각되는 聞性庵은 또한 경북 寶鏡寺의 圓
眞國師 碑文에 다음과 같이 기록하고 있다.

> 이어 청평산으로 진락공의 유적을 답사하면서 문수원기를 살펴보니 공이
> 문인에게 이르기를 수능엄경은 心宗을 證印하는 것이므로... 드디어 聞性庵에
> 주석하면서[47]

仙洞息庵은 문수원기 외에도 다른 기록에서 보이고 있다.

> 6칸으로 縣 북쪽 4~5리의 청평산에 있다.[48]

따라서 선동식암은 경내에서 북쪽으로 4~5리에 6칸의 규모로 지어졌

---

46) 李炳熙, 1999, 「高麗時期 伽藍構成과 佛敎信仰」 『文化史學』 第11·12·13號, 韓
　　國文化史學會, 695쪽.
　　이자현의 아버지인 이의가 보현원으로 중창할 때에도 願刹과 別墅의 성격이 있었
　　을 것으로 추정하였으나 文殊院도 단순히 이자현이 수행 또는 은거의 목적만이
　　있었던 것이 아니라 고려시대에 보이는 별서의 성격도 있었을 것으로 추정된
　　다. 院外別洞에 庵堂亭軒이 10여개소이고 影池를 조성하는 것으로 보아도 알 수 있
　　다. 李承休의 別墅였던 三陟 天恩寺에서도 이러한 면을 찾을 수 있다.
47) 李智冠, 2000, 「淸河 寶鏡寺 圓眞國師 碑文」 『校勘譯註 歷代高僧碑文』 高麗篇
　　4, 伽山佛敎文化硏究院, 105~106쪽.
48) 國史編纂委員會 編, 1973, 『輿地圖書』, 영인본, 514쪽.
　　韓國學文獻硏究所 編, 1986, 『韓國地理志叢書:邑誌』 十八(江原道①) 영인본, 亞
　　細亞文化社, 247쪽 ; 1986, 『韓國地理志叢書:邑誌』 十九(江原道②) 영인본,
　　亞細亞文化社, 262쪽.

던 암자이다. 이는 뒤에서 청평식암과 비교하여 보겠다.

見性庵은 여러 자료가 남아 있다.

> 절 북쪽 2리에 있다.[49]

> 6칸으로 부 북쪽 45리 청평산에 있다.[50]

> 영지는 절 아래 1리에 있는데 홍수나 가뭄에도 물이 늘거나 줄지 않고 먼 봉우리의 견성암 그림자가 비추고 스님이 다니는 것이 연못에 있는 것과 같다.[51]

> 견성암은 부용봉 아래에 있고 그림자가 영지에 비춘다.[52]

> 6칸으로 … 청평산 남쪽 절벽 위에 있다. 지금은 없다.[53]

> 견성암에 도착하니 암자는 부용봉 아래에 있고 지대가 가장 높아 마을의 모든 골짜기가 보이고 소나무의 꼭대기가 발 아래에 있었다.[54]

> 산봉우리의 정상에 있는 작은 암자가 물밑으로 거꾸로 비췄다. 戶牖가 선명하여 모발이 비치는 듯하여 봉우리와 암자의 이름을 물으니 각각 부용봉·견성암이라 했다. 또 암자의 승려가 말하기를 '암자의 승려가 금란가사를 입고 磬을 울리며 예불을 드릴 때 그림자가 가장 기이합니다'라 하였다.[55]

> 동쪽으로 數里가면 견성암이 있으며 견성암과 선동 사이에는 천단이 있는데 승도가 기도하는 곳이다. 壇으로 부터 북쪽의 암벽이 부용봉을 싸고 도는데 부용봉 허리 아래부분이 옷주름과 같고 그 터에 견성암이 지어졌다.'[56]

---

49) 『淸平寺誌』, 715쪽.
50) 韓國學文獻硏究所 編, 1986, 『韓國地理志叢書:邑誌』 十八(江原道①) 영인본, 亞細亞文化社, 247쪽 ; 1986, 『韓國地理志叢書:邑誌』 十九(江原道②) 영인본, 亞細亞文化社, 262쪽.
51) 『淸平寺誌』, 717쪽.
52) 『淸平寺誌』, 718쪽.
53) 『春川邑誌』 淸平錄 ; 김학수 역주, 1997, 『春川地理誌』, 春川市, 202쪽.
54) 金尙憲, 『淸陰集』 淸平錄 ; 김학수 역주, 1997, 『春川地理誌』, 春川市, 784쪽.
55) 朴長遠, 『久堂集』 遊淸平山記 ; 김학수 역주, 1997, 『春川地理誌』, 春川市, 790쪽.
56) 徐宗華, 『藥軒遺稿』 淸平山記 ; 오강원 역주, 1997, 『春川地理誌』, 春川市, 857쪽.

위의 자료를 보았을 때 견성암은 6칸으로 부용봉 암벽에 있었으며 견성암의 그림자가 영지에 비추기 때문에 영지라 하였다. 부용봉은 지금의 천단이 있는 봉우리로 영지가 비추는 지역은 30m 이상 되는 바위 절벽이다. 현재 부용봉의 남쪽 단애가 있는 지역으로서 터를 찾을 수 없고 와편이나 석재도 발견하지 못하였다. 김상헌이 유람하던 1635년까지는 남아 있었고, 『春川邑誌』가 쓰이는 순조년간에는 없다고 하므로 이전 시기에 폐사된 것으로 보인다.

養神庵은 기록을 보면 아래와 같다.

　　절 좌측 1리에 있다.[57)]

　　부용산 동쪽 산록에 있다.[58)]

　　산등성이를 하나 더 돌아가면 양신암이 있으나 퇴락하여 볼만한 것이 못된다.[59)]

이 자료들을 종합하여 보면 양신암은 사찰 좌측이며 부용봉 동측의 1리 지점에 있다고 볼 수 있다. 이 암자터는 부용봉의 단애가 끝나는 지점에 있으며 와편과 무너진 축대 일부가 남아 있다. 환적당이 수도하던 암자로 돌절구 확이 남아 있다. 김상헌이 다녀간 1635년에는 몹시 퇴락하였으나 1650년에 환적당이 중수하고 1657년에 다시 양신암으로 돌아오므로[60)] 양신암은 이후에도 계속하여 경영되고 있음을 알 수 있다.

仙洞庵에 대한 자료는 아래와 같다.

---

57) 『淸平寺誌』, 715쪽.
58) 『淸平寺誌』, 718쪽.
59) 金尙憲, 『淸陰集』 淸平錄 ; 김학수 역주, 1997, 『春川地理誌』, 春川市, 784쪽.
60) 金豊起, 1992, 「淸平寺 幻寂堂 浮屠에 대한 一考察」 『江原文化研究』 第11輯, 江原大學校 江原文化研究所, 96쪽.

절의 서쪽 5리에 있고 벽에 淸平仙洞 4字가 새겨져 있다. 일명 鵠卵이다.[61]

현재, 청평선동이라 새겨진 곳은 적멸보궁이 있는 계곡 입구이다. 인근지역은 가파른 암벽과 언덕으로 이루어져 암자를 지을 만한 공간이 없다. 문수원기의 선동식암과 연관된 듯하나 그 터를 찾을 수 없다.

騰雲庵은 짧게 기록되어 있다.

선동 위에 있고 의상조사가 설법하던 곳이다.[62]

의상조사는 625년에 출생하여 702년에 입적하였으나 청평사는 973년에 창건되었으므로 이는 기록자의 착오로 생각된다. 선동 위에는 암자터로 생각되는 지역이 있으나, 소량의 와편이 발견될 뿐이다. 주민에 의하면 한국전쟁 이전까지 논으로 경작되었다고 하므로 등운암 터인지는 알수 없다.

福禧庵은 나옹화상과 관련 있는 것으로 기록되어 있다.

절 남쪽 1리에 있고 나옹화상이 복을 빌던 곳이다.[63]

절 남쪽 1리는 影池가 있는 지역이다. 현재 알려진 복희암 터는 현재 대웅전을 복원하고 입적한 각산당 석진 스님의 부도 서쪽 계곡에 있는데 석축과 와편이 보이는 지역으로 비정되어 왔으며 진락공이 이곳에도 정원을 조성하였다고 한다.[64] 임금의 명에 의하여 1367년에 나옹이 청평사

---

61) 『淸平寺誌』, 715쪽.
62) 『淸平寺誌』, 715쪽.
63) 『淸平寺誌』, 715쪽.
64) 閔庚玹 1982, 外, 「文殊院 庭苑의 構成과 그 特徵」『韓國庭園學會誌』 創刊號, 韓國庭園學會, 87쪽.

에서 주석할 때에 普庵 長老로부터 지공스님의 書信과 袈裟를 받았다는 行狀과 塔銘으로 보아 사실로 보인다.[65]

七星庵은 기록에 의하면

太古國師가 머물던 곳이다.[66]

고 하였는데, 태고국사의 行狀이나 詩文에 태고국사가 청평사에 머물렀다는 기록은 보이지 않는다.[67] 그렇다고 하여도 太古國師가 청평사에 머물지 않았다고 확언하기 어렵다. 행장이나 시문에 스님의 모든 행적을 기록하는 것이 아니기 때문이다.

地藏庵은 기록에

절의 동남쪽에 있다.[68]

고 하였다. 절의 동남쪽이란 공주탑 방향으로 추정되나 현재까지 그 터를 확인하지 못하였다.

息庵의 기록은 다음과 같다.

선동 위에 있고 암자 뒤의 석벽에 淸平息庵 4字가 새겨져 있다. 바위 위는 좌선처이다.[69]

청평식암의 글자는 현재도 남아 있는데, <사진 45, 탑영 1>이 새긴 글자 옆이라고 판단된다. 지금은 적멸보궁이 신축되어 있는데 위가 이자

---

65) 藏經閣, 1991, 『懶翁錄』, 海印寺 白蓮庵, 28·49쪽.
66) 『淸平寺誌』, 715쪽.
67) 藏經閣, 1991, 『太古錄』, 海印寺 白蓮庵.
68) 『淸平寺誌』, 715쪽.
69) 『淸平寺誌』, 715쪽.

현의 좌선처이고 적멸보궁 자리가 청평식암 터로 추정된다.

羅漢殿에 관한 기록은 여러 곳에서 확인되는데 아래와 같다.

… 서천을 보고 서천으로부터 오른쪽으로 7~8리 돌아 선동에 들어갔는 데 작은 암자가 있고 청평식암이란 글씨가 석벽에 있다. 진락공 필적이라 한 다. 암자 뒤에는 나한전이 있다. 나한전의 앞에는 물줄기가 떨어지는 비스듬 한 석벽이 있으며 석대에는 두 구멍이 있는데 진락공이 세수하던 곳이다.'[70]

4~5리 올라가면 식암이 있는데 암옥은 두서너 사람이 같이 들어갈 정도 인데 벼랑 끝에 매달려 어지럽다. 내가 자랑스럽게 생각하는 文玉이 여기에 산다. 곧바로 석대에 올랐는데 석대는 암자의 기와와 잇닿아 있다. 와봉은 석 대 아래에 있고 서북쪽으로 몇걸음 올라가자 羅漢殿이 있다. 또 몇 걸음 나아 가자 고요히 숨은 듯 고라니 알처럼 생긴 암자의 터가 보존되어 있고 조금 앞쪽에 네모로 뚫은 구멍 두개는 희이자가 손발을 씻던 곳이다.[71]

이곳에서 꺾어지면 2기의 부도가 있으며 북쪽 수리의 절벽에 암자가 있 다. 바위 곁 두단의 폭포가 있는데 위쪽에 나한전이 있고, 물가에 진락공의 유골이 담긴 석함이 있다.[72]

이러한 기록을 바탕으로 나한전의 위치를 추정하여 보면 淸平息庵이 란 글씨 앞에 암자가 있고 그 뒤에 나한전이 있는데 나한전 앞에는 작은 폭포와 이자현이 세수를 하던 두 구멍이 있다고 한다. 여기서 암자는 청 평식암이며 두 구멍은 계곡 반석 위에 뚫어 놓은 유적이 현재도 남아 있 으므로 이곳의 동측 축대가 남아 있는 지역으로 추정된다. 이외에도 仙 洞 북쪽에 圓通庵, 그 북쪽에 上庵, 慶雲山 자락에 慶雲庵이 있었다고 한 다.[73]

---

70) 金尙憲, 『淸陰集』 淸平錄 ; 김학수 역주, 1997, 『春川地理誌』, 春川市, 784쪽.
71) 朴長遠, 『久堂集』 遊淸平山記 ; 임민혁 역주, 1997, 『春川地理誌』, 春川市, 787~
    794쪽. 박장원은 1649년부터 1652년까지 춘천부사를 지냈고, 1659년부터 1660
    년까지 강원도 관찰사를 역임하였다.
72) 徐宗華, 『藥軒遺稿』 淸平山記 ; 오강원 역주, 1997, 『春川地理誌』, 春川市, 852~
    860쪽.

이상으로 암자에 대한 검토를 하였다. 암자는 대체로 소규모로 지어졌
고 대웅전을 중심으로 사찰 전역에 분포하고 있다. 이외에도 金時習이
은거하던 곳으로 전해지는 細香院은 嚴惶의『春川邑誌』등의 기록을 보
면 다음과 같다.

> 청평산 세향원 남쪽 창에서 쓰다.
> … 이웃 절 종소리 은은하게 산 잔등 저 너머로 듣네
> … 네모진 못엔 천층 봉이 봉마다 거꾸로 꽂혀 있고
> 절벽에선 만 길 물소리가 곤두박질쳐 날아 드네
> 이것이 바로 청평산의 신선 지경 취미인걸 …74)

> 瑞香院의 옛터는 영지의 서쪽 골짜기에 있는데 김시습이 살던 곳이다.75)

> 절 남쪽 洞中에 김시습이 머물던 細香院은 없어졌다.76)

> 구송대는 돌로 쌓고 나무 9대가 있는데 1대는 지난해 쓰러졌다. 북쪽으로
> 오르면 石燈이 있으며 오른쪽의 언덕에는 석탑이 있다. 이로부터 수십보 지
> 역에 盛香院이 있다.77)

위의 내용을 종합하면 세향원을 지은 설잠 김시습의 문집을 1차 사료
로 볼 때 細香院이 정확한 명칭으로 그간 瑞香院, 盛香院 등으로 불리워
진 명칭은 정정되어야 할 것이다. 위치의 문제도 위의 자료를 볼 때 첫째,
종소리가 산너머에서 들린다고 하므로 경내가 아니고, 둘째, 네모진 연못
에 천층봉이 거꾸로 비춘다는 것은 영지에 천단이 비춘다는 뜻이므로 영

73) 徐宗華,『藥軒遺稿』淸平山記 ; 오강원 역주, 1997,『春川地理誌』, 春川市, 859쪽.
74) 金時習 著·강원향토문화연구회 역, 2000,『국역 매월당집』, 강원도, 187쪽. "題淸
平山細香院南窓/隣寺疎種隔巚聞/方塘倒挿千層岫/絶壁奔飛萬丈淙/此是淸平仙境
趣"
75) 嚴惶,『春川邑誌』; 임민혁 역주, 1997,『春川地理誌』, 春川市, 56쪽.
『淸平寺誌』, 717쪽.
76) 金尙憲,『淸陰集』淸平錄 ; 김학수 역주, 1997,『春川地理誌』, 春川市, 782~783쪽.
77) 徐宗華,『藥軒遺稿』淸平山記 ; 오강원 역주, 1997,『春川地理誌』, 春川市, 853쪽.

지의 주변이며 셋째, 절벽에선 만길의 물소리가 들린다고 하므로 현재의 구성폭포의 물소리가 들리는 곳이고 넷째, 공주탑에서 수십보 떨어진 곳에 있으며 영지의 서쪽에 있다고 하였으므로 이를 종합하여 보면 현재 고려산장이 있는 주변 어느 곳이 세향원 터로 추정된다.

3) 庭園

청평사의 정원에 관한 자료는 影池에 관한 자료만이 전하고 있는데 영지에 관하여는 다음과 같은 기록이 있다.

> 영지는 절 아래 1리에 있다. 연못의 물이 홍수와 가뭄에도 늘거나 줄지 않고 견성암이 먼봉우리에 있는데 그림자가 분명하게 비춘다. 스님의 가는 모습이 마치 연못 속에 있는 것 같다.[78]

> 산봉우리의 정상에 있는 작은 암자가 물밑으로 거꾸로 비쳤다. 戶牖가 선명하여 모발이 비치는 듯하여 봉우리와 암자의 이름을 물으니 각각 부용봉·견성암이라 했다. 또 암자의 승려가 말하기를 '암자의 승려가 금란가사를 입고 磬을 울리며 예불을 드릴 때 그림자가 가장 기이합니다'라 하였다.[79]

影池란 견성암의 그림자가 비춘다는데서 이름 지어진 것으로 청평사 정원의 중심지이다. 그러나 조경학자들은 청평사 경내 전체를 정원이라 하고, 총면적은 43,200여㎡이며 연장거리는 2.2km로 보고 있다. 이러한 정원을 세구역으로 구분하고 있다.[80] 影池가 있는 지역을 中苑이라하고

---

78) 『淸平寺誌』, 717쪽.
79) 朴長遠, 『久堂集』 遊淸平山記 ; 김학수 역주, 1997, 『春川地理誌』, 春川市, 790쪽.
80) 金鎬然, 1981, 「文殊院 庭苑에 관한 학술세미나」 『月刊 文化財』 通卷115號, 月刊 文化財社, 64~67쪽.
   韓國庭苑學會, 1982, 『韓國庭園學會誌』 創刊號.
   閔庚玄, 1991, 『韓國庭園文化』 始原과 變遷論, 藝耕産業社, 161~171쪽 ; 1992, 「淸平寺 文殊院」, 月刊 『太白』 通卷59號, 江原日報社, 138~143쪽.
   尹張燮, 1996, 『韓國의 建築』, 서울대학교 출판부, 359~365쪽.

복희암 터가 있는 지역을 南苑으로, 청평식암이 있는 지역을 北苑이라 부른다. 중원은 중앙에 영지가 있다. 넓이는 180㎡이고 영지를 포함한 권역은 남-북 길이 170m, 동-서의 폭은 남쪽이 80m, 북쪽이 120m이다. 연못 안에는 수개의 자연 거석이 있으며 연못 위에서 물이 스며들도록 설계하고 동북쪽에는 정자를 지었다.[81] 남원은 복희암 터가 있는 지역으로 7,000㎡ 정도이다. 계천변에 座禪石과 樹石群이 있고 폭포가 조성되었다고 보았다. 북원은 적멸

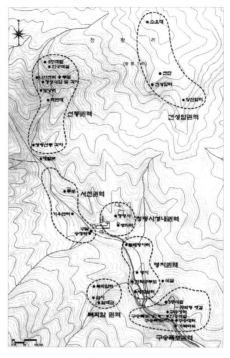

〈도면 29〉 조경학계에서 본 청평사 新권역도

보궁을 중심으로 이루어진다. 이곳에는 암벽에 淸平仙洞과 淸平息庵이라 새긴 글이 남아 있으며 입구의 폭포 아래에는 바위를 깎아 놓은 흔적이 보이며 이자현 거사가 손과 발우를 씻었다는 작은 바위 구멍이 남아 있는 지역으로 疊石成山과[82] 좌선석이 남아 있고 이곳에 나한전이 있었다

---

81) 閔庚玹 外, 1982,「文殊院 庭苑의 構成과 그 特徵」『韓國庭苑學會誌』第1卷 第1號, 90쪽에서는 영지 동북쪽에 있다고 하였으며, 趙由典 外, 1987,「淸平寺 影池 및 能仁殿址 發掘調査」『文化財』第二十號, 文化財管理局, 118쪽에서는 건물지를 확인하지 못하였다고 하였다.

82) 일부 조경학자들은 人工石으로 보고 있으나 조선시대 徐宗華는 自然石으로 보았다(徐宗華,『藥軒遺稿』淸平山記 ; 오강원 역주, 1997,『春川地理誌』, 春川市, 858~859쪽. "그 서쪽에 7층의 석대가 있는데, 처음엔 누가 이렇게 기교스러운 것을 만들었는가 생각하였다. 그러나 자세히 꼼꼼하게 들여다 보니 자연적으로

는 지역이다. 최근에는 7개의 권역으로 세분화하여 연구가 진행되고 있
다(<도면 29>).

이러한 정원은 일본의 고산수식정원보다 200년 앞선다고 알려져 왔
고, 현재도 조경학계가 큰 관심을 갖고 있는 유적이다.

3. 가람배치에 대한 종합적 검토

이상으로 청평사 능인보전, 강선루 구역, 회전문 구역, 영지 구역에 대
한 발굴 성과와 사지에 잔존한 유구 등의 고고자료를 바탕으로 한 가람
배치를 살펴보고 문수원기와 기행문 그리고 지리지 등에 기록된 문헌 자
료를 바탕으로 한 가람배치를 살펴보았다. 청평사는 충분하다고는 할 수
없지만 고고자료와 문헌자료가 풍부한 편이어서 대체적인 가람배치를 살
펴볼 수 있었다.

이 단원에서는 고고자료와 문헌자료를 통하여 밝혀진 청평사의 가람
배치를 종합적으로 살펴보고자 한다. 나아가 청평사는 조선전기에 명종
의 원찰로서 기능하면서 가람배치에도 영향을 주어 당시의 산지가람배치
와 다른 특징을 갖게 되었다. 이 단원에서는 이러한 문제들에 대하여 살
펴보고자 한다.

1) 考古·文獻資料로 본 가람배치의 비교·종합 검토

현재까지 조사된 고고·문헌자료를 바탕으로 밝혀진 청평사의 가람배
치는 대체적으로 다음과 같이 정리할 수 있다. 청평사의 입구에 위치한
구송폭포부터 살펴보면, 九松臺가 있기 때문에 폭포 이름이 구송폭포가
되었고[83] 폭포 동북쪽 단애상에 있는 3층석탑 앞에는 石燈이 있었다고

만들어진 것이었다(其西七層石臺衲謂誰能作此奇巧謫視之乃天作也)"

한다. 영지가 이자현에 의하여 조성된 후 청평사의 정원으로 기능하는 하한년대는 알 수 없지만 박장원의『구당집』에서 영지에 산봉우리의 작은 암자가 비친다는 것으로 볼 때 박장원이 다녀간 1651년까지는 연못으로서 기능을 하고 있었던 것으로 볼 수 있다. 설잠 김시습이 지은 세향원은 서종화(1700~1748)가 다녀간 시기를 알 수 없으나 사망년대를 하한년대로 보았을 때 1748년 정도까지는 어떻게든 남아 있었으며 I구역에 장경비와 문수원기 사이에 제석단이 있었다고 하나 지금은 그 흔적을 찾을 수 없다.

　II구역인 화단에 雙池가 있으나 이때에는 말라서 막혀있고 회전문으로 들어가면 원해문이 있다고 했다. 이 원해문이 III구역 입구의 회전문과 IV구역 강선루가 있는 사이의 문인지 아니면 회전문 안에 설치된 홍살문처럼 강선루의 아래층 입구에 또다른 문이 설치되었는지는 알 수 없다. 단지 원해문 위의 강선루 기둥은 10개라고 하였는데 현재도 10개의 초석이 남아 있으며 회전문과 강선루 사이가 공간이 좁아서 문을 세우기 어려우므로 IV구역 남쪽 축대선인 강선루의 누각을 지나는 통로에 설치되었을 가능성이 높다. 강선루는 청평루라고도 불리웠던 것으로 보인다. 엄황의 기록에 나옹의 철장이 청평루에 있다는 기록으로 보았을 때 신빙성이 높다.[84] 강선루는 IV구역 남쪽 축대 끝 선에서 V구역 향적당 구역의 중앙 행각과 맞닿아 있었을 것으로 추정된다. 幻門은 이 행각의 중앙 통로에 있었을 가능성이 높다. III과 IV구역의 남쪽 축대선은 모두 행각을 겸한 승방으로 이용되었다. 현재는 降仙樓와 回轉門의 左右로 중건된 행각은 벽체시설이 없고 단순히 개방형 통로와 같은 구조로 중건되었는데 앞의 회전문 남서쪽 귀기둥을 살펴보면서 언급하였지만 회전문 지역

---

83) 현재는 아홉가지의 소리가 난다고 하여 九聲瀑布라고 부르고 있다.
84) 乾鳳寺의 鳳棲樓는 山映樓, 龍珠寺의 天保樓는 弘濟樓, 鳳亭寺 萬歲樓는 德輝樓라고도 하는 것처럼 하나의 누각이 2개 이상의 명칭으로 부르는 경우가 있다.

은 회전문과 행각이 서로 연결되도록 건축되었을 가능성이 있다. 이는 회전문이 솟을대문과 같이 건축되고 행각은 이와 낮게 붙어서 지어진 배치법을 사용하였을 가능성이 있고 또한 뒤에서 살펴보겠지만 원당가람의 배치처럼 승려가 거처할 수 있는 구조일 가능성이 있으며[85] 기록에서도 회전문을 끼고서 좌우에 회랑이 배치되고 승려가 거처한 것으로 확인되고 있다.[86] 이러한 가능성은 <도면 9·11>, <사진 16·17>에서 보는 바와 같이 기둥의 서쪽면에 하인방과 상인방이 시설되었을 것으로 추정되는 장부구멍이 남아 있는 것으로 추정해 볼 수 있다.

Ⅳ구역의 중앙통로 역할을 했을 것으로 추정되는 강선루에는 中宗·仁祖·明宗의 위패를 봉안하였으며,[87] 나옹의 鐵杖이 있다고 한다.[88] 서종화의 기록에 의하면 강선루의 기둥은 10개라 하였는데 이는 어칸의 구조를 말하는 듯하며 현재 복원된 건물은 전면이 3칸이고 뒷면은 1칸 구조로 복원되었다. 행각 역시 사람이 거처할 수 있는 구조로 복원되어야 했음에도 벽체시설이 없어서 사람이 거처할 수 없는 구조로 건축되었다.

Ⅴ구역은 환문이 중앙 통로로 사용된 것으로 보여지며 양쪽으로 행각이 연결되고 대웅전 방향으로 서쪽에는 香積堂, 동쪽은 儒佛仙道를 그려서 봉안한 四聖殿과 日月星辰을 안치한 九光殿이 있다고 하였다. 東쪽과 西쪽의 건물을 兩廡라고 하였는데 좌측을 齊霞라 하고 우측을 宴寂이라 부르며 1개의 단을 지은 아래인 Ⅴ구역 축대선을 중심으로 Ⅲ·Ⅳ과 같이 동-서로 요사가 있었다.[89] 이 외에 香積堂 뒤쪽에 감로천이 있고 서쪽

85) 徐致祥, 1992,「朝鮮後期 陵寢寺刹의 造營에 관한 研究」『大韓建築學會論文集』 通卷47號, 大韓建築學會, 131～138쪽.
　　사찰문화연구원, 1993,『경기도Ⅰ』, 157쪽.
86) 徐宗華,『藥軒遺稿』淸平山記 ; 오강원 역주, 1997,『春川地理誌』, 春川市, 855쪽.
87) 『承政院日記』효종 9년 6월 14일(경진).
88) 徐宗華,『藥軒遺稿』淸平山記 ; 오강원 역주, 1997,『春川地理誌』, 春川市, 855쪽에서 香積堂의 首座 妙暎이 보여주었다고 한다. 이외에도 지리지를 포함하여 많은 기록이 보이나 실제로 본 사람은 徐宗華 뿐이다.

에 十王殿이 있다고 한다. 현재는 시왕전의 위치가 어디인지 확인하기
어려우나 감로천의 서쪽은 협소하고 구릉지여서 건물지로 파악하기에는
부적합하다. 또, 시왕전의 아래쪽에 慈蔭閣이 있다고 하였는데 이도 현재
의 지형으로 보아 지극히 작은 전각이었을 것으로 추정된다.[90]

Ⅵ구역은 1987년에 발굴조사 결과 맞배지붕으로 추정하여[91] 1989년
에 정면 3칸, 측면 3칸으로 복원되었다. 그러나 발굴조사자였던 이상필은
활주 초석 3개가 노출되었다고 보고하였는데[92] 활주 초석은 맞배지붕구
조에서는 나타나지 않고 팔작지붕에서만 사용되는 초석이므로 당시 대웅
전 건축양식에 대한 판단에 문제가 있었던 것으로 생각된다. 복원 당시에
동쪽은 확장 증축되었다.

Ⅶ구역은 극락전이 있는 지역으로 극락전은 1936~7년에 걸쳐 완전
해체보수를 거쳤다.[93] 1950년 1월 29일 소실되기 전에는 정면 3칸 측면

---

89) 徐宗華, 『藥軒遺稿』 淸平山記 ; 오강원 역주, 1997, 『春川地理誌』, 春川市, 855쪽.
90) 文化財管理局 文化財研究所, 1994, 『小川敬吉調査文化財資料』, 13쪽을 보면 降
　　仙樓 터의 서쪽에 정면 3칸의 맞배지붕 건물이 있다. 그러나 이는 후대의 건축물
　　이다. 앞에서 살펴본 건물들이 각기 다른 시기에 멸실되고 나서 세워지는 전각들
　　에 대한 방문객의 기록물일 수도 있으나 서종화가 기록한 시기는 喚惺志安이 대
　　대적인 중창을 한 시기의 건물들일 것이므로 이러한 가능성은 적다. 전각명이 바
　　뀌었을 가능성도 없지 않으나 앞에서 香積堂 등의 기본 전각들이 대부분 언급되
　　어 있으므로 이러한 가능성도 크지 않다. 또한 청평사의 가람은 석단을 기본적인
　　축선으로 하기 때문에 가람배치의 변동은 쉽지 않다.
91) 趙由典 外, 1987, 「淸平寺 影池 및 能仁殿址 發掘調査」 『文化財』 第二十號, 文化
　　財管理局, 116쪽.
　　지도위원회의 당시에 개진된 의견에 대한 대화록이 없어서 맞배지붕으로 판단한
　　근거를 알 수 없으나, 원당 사찰인 봉선사·봉은사·용주사·낙산사·신륵사·영월
　　보덕사의 금당이 모두 팔작지붕이다. 능찰 또는 원찰로 알려진 사찰에서 금당이
　　맞배지붕으로 건축되었다고 보고된 사례는 현재까지 1곳도 없다.
92) 李相弼, 1985, 「春城郡 淸平寺址 整備 및 影池 發掘調査報告」 『文化財』 第十八
　　號, 文化財管理局, 62쪽.
93) 杉山信三, 1984, 『韓國の中世建築』, 相模書房, 410~425쪽.
　　趙賢貞, 2004, 「韓國 建造物 文化財 保存史에 關한 硏究」, 明知大學校 碩士學位

3칸 중에서 전면 1칸이 마루로 만든 건물구조였으나 1977년에 복원하면서 이 마루구조는 두지 않고 실내구조로 건축하였다. 동쪽으로는 산신각이 있었는데 소실된 것을 정면과 측면 1칸인 맞배지붕으로 空徹스님이 1977년에 복원하였다. 『朝鮮古蹟圖譜』의 극락전 사진에 삼성각 처마 끝이 보이게 실려 있다(<사진 36>).[94]

다시 정리하면 Ⅰ구역은 사찰의 진입공간이고 Ⅱ구역은 중심구역의 쌍지가 있는 정원으로 꾸며졌던 것으로 추정되며 Ⅲ구역은 중문인 회전문과 행각을 두어 승려가 거처하는 공간으로 이루어졌다. Ⅳ구역은 조선시대 가람배치에서 흔히 보이는 누각과 청평사지의 표현대로 翼廊인 승당이 있고 Ⅴ구역은 중심구역의 앞마당인 중정을 이루면서 환문 양옆으로 향적당과 사성전 그리고 구광이 있는 구역이다. Ⅵ구역은 사찰의 금당인 능인전이 있던 곳으로 지금은 대웅전이 건립되었다. 지금도 서북쪽에는 감로천이 있다.

이러한 가람배치는 대웅전을 중심으로 대체적인 좌우대칭을 이루는 형식으로서 金堂, 樓閣, 中門을 일직선상에 두어 주축선을 남-북축으로 배치하였다. 또한 Ⅲ~Ⅴ구역은 주축선에 둔 문을 중심으로 좌-우축인 동-서축에는 승방으로 이용되는 행각이 배치되고 Ⅴ구역의 대웅전 방향에는 중정을 가운데 두고 양쪽에 향적당과 사성전을 배치하였다. 이는 조선시대의 산지중정형 가람배치를 충실히 따르고 있다.[95] 짧은 남-북축으로 인해 Ⅶ구역의 극락전은 서북측으로 축선이 꺾인 자리에 위치하는 가람배치법을 사용하였다. 특히 극락전은 앞마당을 들어오는 중앙에는

論文, 32~37쪽.

94) 朝鮮總督府, 1932, 『朝鮮寶物古蹟調査資料』 十二, 1703쪽. 圖5390.

95) 金昌彦, 1986, 「韓國寺刹立地類型別 主佛殿 앞 中庭空間의 空間的 特性에 關한 研究」, 檀國大學校 碩士學位請求論文.
金奉烈, 1989, 『朝鮮時代 寺刹建築의 殿閣構成과 配置型式 研究－敎理的 解釋을 中心으로』, 서울大學校 博士學位論文.

답도를 두고 입구에는 별도의 문을 두어 대웅전이 있는 중앙구역과 구별
할 수 있는 또하나의 구역으로 삼고 있었음도 알 수 있다.

　암자는 앞에서 살펴본 바와 같이 선동식암, 견성암, 양신암, 선동암,
등운암, 복희암, 칠성암, 지장암, 식암이 여러 기록에 보이고 있으며 원통
암, 상암, 경운암은 일부의 문헌에서 찾아 볼 수 있다. 이는 기존의 庵子
名이 다른 이름으로 기록되었는지 아니면 별도의 암자인지는 또는 시기
를 달리하면서 창건된 암지인지는 확인하지 못하였다. 影池는 청평사 전
체에 걸쳐 조성된 庭苑 중의 일부로 정원학회에서는 세구역 즉, 영지가
있는 지역을 中苑, 복희암 터가 있는 지역을 南苑, 적멸보궁이 있는 지역
을 北苑으로 나누어 설정하고 있었으며 최근에는 이를 더욱 세분화하여
구송폭포권역, 복희암권역, 영지권역, 청평사 경내권역, 서천권역, 선동권
역, 견성암권역 등으로 보고 있다. 그러나 이러한 세분화는 오히려 이자
현을 중심으로 보려는 정원의 개념이 시기를 달리하는 유적을 동시기로
보는 오류를 갖고 있다. 즉, 설잠 김시습이 창건한 세향원, 조선시대로
보여지는 기우단터, 자연석으로 보이는 소위 첩석성산, 조선후기 환적당
의천이 주석한 양신암터, 전설로 전해지는 천단 관련 시문 등 시대를 달
리하는 주제가 같은 권역별의 주제로 되어 논의되는 것은 재검토되어야
할 것이다.

2) 조선시대 願堂寺刹과 비교·검토

　청평사의 현재 가람배치는 조선 명종대의 보우에 의하여 중창된 가람
배치로 추정되고 있음을 앞에서도 살펴보았다. 청평사가 영현에 의하여
973년에 창건되고, 1069년에 이의가 백암선원의 옛터에 중창한다는 표
현으로 보면 영현이 창건하고 나서 적어도 사찰이 폐사 위기에 있었음을
알 수 있다. 강원문화재연구소의 발굴 자료를 보면 회전문 구역과 강선루
구역에서는 현재의 유구보다 약 1.5m 아래층에서 조사되었기 때문에 현

재의 유구와 관련지을 수 없다. 청평사는 이의에 의하여 폐사되거나 폐사
위기의 백암선원을 보현원으로 중창하고 이자현에 의하여 가람이 크게
삼창되었으며 조선시대의 普雨가 능인보전만을 수선하고 나머지는 모두
새로 짓는다는 자료를 보아서 이자현 시기의 기본적인 가람은 크게 변화
하지 않고, 다만 보우가 의도한대로 원찰이 갖는 배치법을 완성한 것으로
볼 수 있다. 따라서 지하의 유구는 백암선원 또는 보현원의 유구로 보여
지고 현재 지표에서 보여지는 중첩된 유구들은 이자현과 보우 이후에 중
창을 거듭하면서 잔존한 것으로 판단된다. 그런데 청평사의 가람배치는
조선시대에 일반적으로 보여지는 산지중정형 가람배치와는 또 다른 배치
법을 사용하고 있다.

산지중정형 가람배치는 <도면 30·31>에서 보는 것처럼 금당을 가장
안쪽에 배치하고 앞에는 마당을 두며 양 옆으로는 승당을 두고 그 앞에
는 문의 역할을 하는 누각을 배치하는 것이 일반적인 예이다. 다시 말하
면 누각인 萬歲樓 좌우에 행각이 없이 독립적인 건물로 배치되고 있다.
그러나 청평사에서는 누각과 중문을 포함하여 환문에 이르기까지 모두
행각을 배치하였다(<도면 37>). 청평사가 이러한 산지중정형 가람배치
를 따르지 않은 것은 보우에 의하여 중창될 당시에 왕실의 원찰로 설계
되었기 때문이다. 따라서 청평사의 가람배치를 이해하기 위하여는 왕실
의 원당사찰로서 보우에 의하여 중창된 회암사와 봉은사, 그리고 시기를
달리하지만 청평사와 비교할 수 있는 또다른 원당사찰의 가람배치와 비
교하여 볼 필요가 있다.

그러나 원당사찰로 알려진 가람들이 현재까지 원상을 유지하고 있는
예는 그다지 많지 않다. 하지만 원당사찰의 가람을 유지하고 있는 용주사
와 일제강점기에 촬영된 다른 원당사찰 사진 자료들을 바탕으로 이를 검
토할 수 있다. 따라서 청평사는 보우가 중창한 가람배치이면서 원당사찰
이기도 하기 때문에 두가지의 문제가 함께 검토되어야 할 것이다.

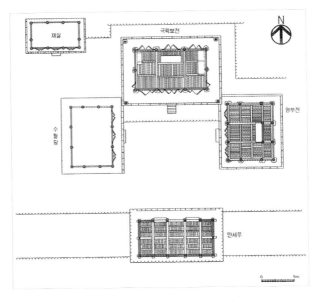

〈도면 30〉 황해도 월정사 가람배치도

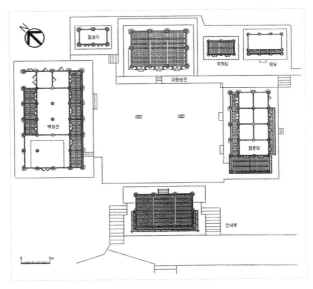

〈도면 31〉 평안북도 금광사 가람배치도

〈사진 65〉 청평사 석조계단 　　　〈사진 66〉 회암사지 석조계단

먼저 보우가 중창한 가람으로 檜巖寺가 있다. 회암사는 경기도 양주시 회암동 산14번지에 소재한 폐사지로 사적 제128호로 지정되어 국가로부터 보호되고 있다. 회암사는 발굴조사가 진행되어 가람배치를 비롯한 많은 고고학적 자료가 확인되고 있으며 문헌조사도 병행되었다.96) 고려말 懶翁 등에 의하여 대대적으로 중창되고 다시 普雨가 주석하면서 무차대회를 여는 등 번창의 기회를 갖게 되는데 이 때 어떻게 회암사가 중창되거나 변화되는지에 대하여는 알 수 없으나 횡축으로 사람이 거처할 수 있는 행각을 둔 배치법에서는 동일한 점을 발견할 수 있다(<도면 32>). 배수구의 모양이나 계단의 소맷돌에 새겨진 안상과 태극문양 등에서 서

---

96) 金泓植, 1991,「楊州 檜巖寺址의 殿閣配置에 대한 研究」『文化財』第二十四號, 文化財管理局, 101∼113쪽.

　崔成鳳, 1992,「檜巖寺의 沿革과 그 寺址 調査」『佛教學報』9輯, 東國大學校 佛教文化研究院, 1∼42쪽.

　金澈雄, 1997,「고려말 檜巖寺의 중건과 그 배경」『史學志』第30輯, 檀國史學會, 167∼191쪽.

　새한건축문화연구소, 1985,『檜巖寺址現況調査 一次調査 報告書』, 楊州郡.

　張慶浩, 1997,「朝鮮時代 寺刹建築의 型式變遷」『佛教美術』14, 東國大學校 博物館, 25∼26쪽.

　金潤坤, 2001,「懶翁 慧勤의 檜巖寺 중창과 反佛論의 制壓企圖」『大丘史學』第62輯, 大丘史學會, 61∼106쪽.

　경기도박물관, 2003,『묻혀 있던 조선 최대의 왕실사찰 檜巖寺』.

　京畿道博物館, 2001,『檜巖寺Ⅰ 試掘調査報告書』.

　경기도박물관, 2003,『檜巖寺Ⅱ-7·8단지 발굴조사 보고서』.

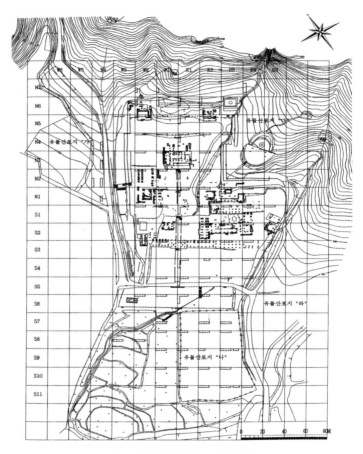

〈도면 32〉 회암사지 가람배치도

로의 친연성을 발견할 수 있으며(<사진 65・66>)[97] 또한 축대의 치석 방
법에서도 왕궁에서 보여지는 동일한 기법이 나타나고 있다.

　보우가 중창한 또하나의 사찰로 봉은사를 들 수 있다.[98] 봉은사는 서

97) 杉山信三, 1984, 『韓國の中世建築』, 相模書房, 414쪽에서 봉은사의 석조계단도
　　청평사와 동일하다고 하였다. 현재는 멸실되고 없다.
98) 봉은사의 자세한 역사는 아래의 자료가 참조된다.
　　三成建築士事務所, 1990, 『修道山 奉恩寺 實測調査報告書』, 서울特別市.

〈사진 67〉 봉은사(일제강점기:소실 전)

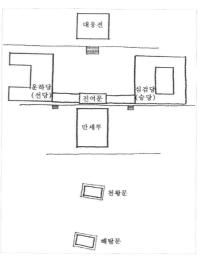

〈도면 33〉 봉은사 가람배치도
(일제강점기:소실 전)

울특별시 강남구 삼성동 73번지에 소재한 사찰이다. 봉은사는 성종 능인 宣陵의 원찰로 중창된 후 문정왕후에 의하여 중종의 능인 靖陵이 선릉 동편으로 천장된 후 보우는 봉은사를 현재의 위치로 이전하면서 크게 중창하여 정릉의 능침수호사찰이 되었다. 임진왜란과 병자호란을 거치면서 화를 당하고 1637년(인조 15)에 재건된 후 1665년(현종 6)에 다시 화재로 소실되어 1692년(숙종 18)에 다시 복구되었다. 1757년(영조 33)에 왕실의 도움으로 일신 중건하였다고 한다. 이후에도 여러차례 중건이 있어 왔으나 대체로 원당이 지니는 가람배치는 유지했던 것으로 판단된다.

현재 봉은사의 가람배치는, <도면 34>에서 보는 바와 같이 중심축선의 건물이 모두 신축되어 보우 당시의 가람배치는 남아 있지 않다. 그러나 일제강점기에 촬영한 사진 자료가 남아 있기 때문에 이를 바탕으로

대한불교조계종 유지재단 문화유산발굴조사단, 2004, 『수도산 봉은사 지표조사보고서』.

박선영, 2001, 「봉은사 조경설계」, 서울대학교 석사학위논문.

金炳佑 外, 1994, 『서울』 전통사찰총서 4, 사찰문화연구원, 41~76쪽.

李政 編, 1996, 『韓國佛敎寺刹事典』, 불교시대사, 270~271쪽.

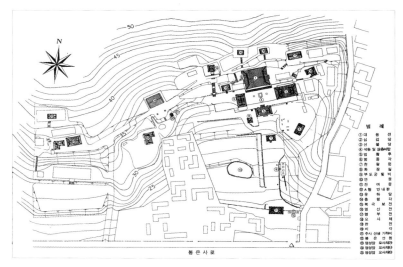

〈도면 34〉 봉은사 가람배치도(현재)

가람배치를 추정할 수 있다. 이 당시의 가람배치는 입구에서부터 보면 解脫門 → 天王門 → 萬歲樓 → 眞如門·行閣 → 雲霞堂·尋劍堂 → 大雄殿으로 중심축이 배치되었다(<사진 67, 도면 33>). 사진에서 촬영되지 않은 공간은 현재로서 알 수 없다고 하여도 이러한 중심축선으로 가람이 배치되었음을 알 수 있다. 이 축선에서 주목되는 부분은 천왕문 다음에 건립되어 있는 만세루의 건축적인 특징과 진여문과 횡축에 연결된 행각이다. 이러한 가람배치는 청평사의 환문이 봉은사에서는 진여문으로 명칭만이 다르게 건축되고 있다.

  그런데 봉은사의 진여문은 양옆의 행각보다 지붕선이 조금 높게 솟을 대문과 같이 건축하여 진여문과 행각을 구별하였지만 청평사에서는 복원 과정에서 환문을 개설하지 않았고 지붕선도 행각과 동일하게 처리하여 변화를 주지 않았다. 강선루는 일반적인 누각의 축선을 따르지 않고 있다. 즉, 산지중정형 가람배치에서는 누각의 축선이 횡축으로 배치되나 청평사에서는 주축선 방향인 종축을 하고 있다. 이러한 건축구조는 봉은사와 부석사에서 볼 수 있다. 봉은사에서는 만세루라는 누각명으로 명칭만이 다를 뿐 동일한 가람배치를 보이고 있다. 따라서 강선루의 건축양식을 유추해 볼 수 있는 중요한 자료이다. 두 사찰에서는 누각이 종축으로 건축되었기 때문에 지붕구조가 횡축의 구조가 같을 수 없다. 또한 봉은사 만세루의 전면은 팔작지붕이며 뒷면은 맞배지붕이다. 이는 전면에서 맞배지붕의 양식을 채택하였다면 건물의 서까래가 보이거나 이를 가리기 위하여 풍판을 설치했을 때 미관상으로 팔작지붕과 같은 가람을 연출하지 못하였을 것이다. 이러한 건축적 한계를 극복하기 위하여 전면은 미관을 고려하여 팔작지붕을 채택하고 뒷면은 진여문을 건축하기 위하여 지붕선이 진여문의 추녀선을 넘지 않는 맞배지붕으로 채택되었을 것이다. 이러한 건축은 경상북도 부석사의 범종루에서도 볼 수 있다(<사진 68·69>).

그러나 청평사의 강선루는 대웅전 방향에는 맞배지붕을 하면서도 남쪽의 前面에는 「⊥」字 형태가 되어 회전문 방향으로 팔작지붕이 있지 않고 동쪽과 서쪽에 팔작지붕이 되도록 하였다. 이는 발굴조사 결과 회전문 방향에 잔존한 초석을 3칸의 구조로 해석하였기 때문인데 이는 잔존하는 초석과 청평사가 갖는 지형적인 문제를 함께 검토해야 한다.

〈사진 68〉 부석사 범종루
(한국불교연구원:북→남)

〈사진 69〉 부석사 범종루
(빛깔있는 책들:남→북)

즉, 봉은사의 만세루나 부석사의 범종루처럼「ㅣ」자형으로 건물의 형태를 잡지 않고「⊥」字型으로 판단했기 때문에 발생한 문제이다. 서종화의 일기문에 강선루의 기둥이 기둥의 숫자를 10개라고 명확히 기록하고 있는데,[99] 이는 강선루 기둥 전체를 헤아리지 않고 회전문에서 환문에 이르는 통로의 기둥 수만을 계산한 것으로 보인다. 봉은사의 만세루와 부석사의 범종루는 모두 정면 3칸 측면 4칸으로 전체적인 지붕의 형태가「ㅣ」字型이다. 그러나 청평사에서는 북쪽의 환문 방향이 1칸인 건물로 건축된 것으로 추정한 것인데 이는 복원된 강선루의 지붕선을 따라 지면에 장대석으로 연결한 기단석을 가지고 판단한 듯하다. 즉, 환문 방향에서는 초석이 모두 남아 있는 상태이고, 기단석도 초석열을 따라 잔존하고 있기 때문이다.

그러나 남쪽인 회전문 방향에서는 적심과 초석이 정확한 칸수를 확인하기가 어렵다. 그리고 행각의 적심석과는 성격을 달리하는 적심석이 확인되고 있어서 이를 바탕으로 강선루의 구조를 판단하였을 때 앞면 3칸, 뒷면 1칸, 측면 4칸으로 추정되었다. 전면과 후면의 칸수가 다른 것은 청평사의 동-서 폭이 좁기 때문에 전체적으로 3칸을 건축하기 어렵고 전면을 1칸으로 할 경우 팔작지붕 구조의 건물을 짓기가 어렵기 때문에 행각이 있는 부분만이라도 3칸으로 지은 건축구조의 누각으로 복원한 것으로 보인다. 또한, 팔작지붕의 합각부를 남-북의 축선을 따르지 않고 동-서 방향으로 둔 것은 앞·뒤의 칸수가 일정하지 않아 지붕선 처리에 문제가 발생하기 때문인 것으로 판단된다.

현재 복원된 강선루 양 옆에는 행각이 일렬로 연결되었으나 장대석으로 놓은 기단석 끝 열에 동·서로 같은 위치에 배수구가 설치되었고, Ⅵ구역에 설치된 배수구의 뚜껑과 동일한 뚜껑이 놓여 있다. 이는 강선루와

---

99) 徐宗華,『藥軒遺稿』卷5, 淸平山記 ; 오강원 譯註, 1997,『春川地理誌』, 春川市, 854쪽.

〈사진 70〉 강선루 복원 모습(북쪽·동→서)   〈사진 71〉 강선루 복원 모습(남쪽·동→서)

행각을 건축할 당시에 Ⅵ구역에서 배출된 유수를 Ⅴ구역에서 Ⅲ구역으로 다시 배출되는 암거를 시설하였다고 믿어진다.

　이는 동쪽과 서쪽에 동-서로 행각만이 있는 것이 아니라 남-북축으로도 행각이 건축되었을 가능성을 보여주고 있는 것이다. 이는 발굴 당시에 조사 목적이 유구확인조사로 전면발굴을 하지 않아 그 성격을 밝히지 못한 아쉬움이 있다. 그러나 여기서 2가지의 의문점을 발견할 수 있는데 동쪽의 행각이 끝나는 지점에서 남-북축으로 또다른 적심석 일부가 노출되었다. 이는 남-북축의 건물지가 있었음을 반증한 것이다. 또하나는 서쪽의 건물지가 Ⅵ구역의 무너진 축대를 새로 조성하면서 폐자재를 매몰하는 과정에서 대부분의 유구가 훼손되어 발굴조사 당시에 유구를 확인하기 어려웠다. 그러나 서쪽에 남-북축의 행각이 없었다면 행각의 지붕에서 중정으로 흘러 내리는 빗물을 모으는 암거시설을 하지 않아도 되었을 것이다. 서쪽 끝에 극락전 쪽에서 흘러 내리는 소계곡을 따라 자연스럽게 산 밑으로 흘러보내는 구거가 있기 때문이다. 즉, 서쪽의 남-북축의 행각이 없었다면 동·서로 같은 위치에 암거를 시설할 필요가 없고 이 암거가 있는 것은 남-북축의 행각이 있었다는 것을 알 수 있다. 이는 강선루와 행각을 건축할 당시에 전체적인 가람배치를 구상하여 강선루 좌우의 행각이 끝나는 곳에 남-북축의 요사를 건축하였고 비록 좁은 공간이지만

〈사진 72〉 용주사 삼문과 행각

동·서의 중정에 대칭이 되도록 기단석과 암거를 시설한 것이라 추정된다.

　다음으로 원당사찰을[100] 검토하고자 한다. 원당사찰로서 청평사와 비교할 수 있는 가람배치를 원상대로 유지하고 있는 사찰은 현재 용주사뿐이다. 그러나 선조의 능찰인 봉선사도 소실 이전의 사진 자료가 남아 있어서 참고할 수 있다. 먼저 용주사의 진입공간을 보면 三門 → 天保樓 → 大雄寶殿을 축으로 하고 있다(<사진 72·73, 도면 35>).[101] 중심축으로 하는 중정형 가람배치와 다른 점이 발견되지 않는다. 그러나 삼문과 천보루가 독립적인 건물로 배치되지 않고 횡축으로 모두 행각이 배치되어 있다. 행각이 창건초기보다 확장되기는 하였지만[102] 모두 寮舍로 사용할 수 있도록 방으로 꾸며졌는데 이는 봉은사의 진여문, 청평사의 환

---

100) 願堂寺刹의 종류로는 여러 분류방법이 있으나 陵寢守護寺刹, 爲祝願堂寺刹, 內願堂寺刹, 國家願刹, 先王眞影奉安寺刹, 胎室守護寺刹 등으로 구분할 수 있다. 그러나 先王眞影奉安寺刹은 현존하지 않고, 胎室守護寺刹로는 直指寺(定宗), 禪石寺(世宗 18王子), 鳴鳳寺(文宗·莊祖), 龍門寺(昭憲王后·文孝世子), 銀海寺 百興庵(仁宗), 法住寺(純祖) 등이 있다(洪性益, 1998,「江原地域 胎室에 관한 硏究」『江原文化史硏究』, 江原鄕土文化硏究會, 110쪽). 그러나 이러한 사찰들의 태실 수호기능은 소멸되었다.
101) 寺刹文化硏究院, 1993,『경기도』I , 130∼157쪽.
　　최완수, 1994,「용주사」『명찰순례』①, 대원사, 306∼327쪽.
　　趙美惠 外, 2000,「龍珠寺의 陵寢寺刹的 特徵에 關한 硏究」『韓國庭苑學會誌』18권 1호, 韓國傳統造景學會, 52∼59쪽.
　　박천우, 2003,「융릉과 용주사」『人文社會科學硏究』第12輯, 장안대학 인문사회과학연구소, 483∼505쪽.
102) 徐致祥, 1992,「朝鮮後期 陵寢寺刹의 造營에 관한 硏究」『大韓建築學會論文集』通卷47號, 大韓建築學會, 132쪽.

문과 강선루의 좌우 횡축에서 보여지는 배치양식과 동일하게 나타나고 있다. 그러나 청평사에서는 환문을 두지 않고 행각만을 복원하였다.

경기도 남양주시의 奉先寺도[103] 예종 원년(1469) 창건된 이후 근세기까지 꾸준히 중수를 거쳐 왔다. 그러나 기존에 갖추어져 있던 축대를 그대로 이용하여 중창되었기 때문에 원래의 가람에서 크게 벗어나지 않았을 것으로 판단된다. 하지만 한국전쟁으로 전소되어 능침찰

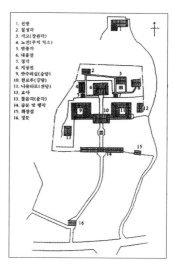

1. 선방
2. 칠성각
3. 서고(장송각)
4. 노전(주지 숙소)
5. 범종각
6. 대웅전
7. 경각
8. 지장전
9. 만수리실(승당)
10. 천보루(강당)
11. 나유타료(선당)
12. 요사
13. 불음각(종각)
14. 승문 및 행각
15. 매장실
16. 정문

〈도면 35〉 용주사 가람배치도

용주사 가람 전경

1. 일주문/매표소
2. 사적비
3. 효행박물관
4. 대련대선사부도비
5. 삼문
6. 화장실
7. 세존사리탑
8. 불음각
9. 서림당
10. 나유타료
11. 천보루
12. 만수리실
13. 범종각
14. 대웅보전
15. 천불전
16. 법고각
17. 부모은중경탑
18. 효성전
19. 지장전
20. 효행교육원
21. 전강대종사사리탑
22. 시방칠등각
23. 중앙선원

〈사진 73〉 용주사 가람배치도

103) 寺刹文化硏究院, 1995, 『인천·경기도의 전통사찰』 Ⅱ, 180~203쪽.

〈사진 74〉 봉선사(소실 전)

의 원상을 확인할 수 없게 되었다. 그러나 일제강점기에 촬영된 〈사진 74〉를 보면 서쪽에 솟을 대문이 있고 동쪽으로는 행각과 층단을 이루는 문이 있으며, 한 단 위에도 횡축으로 행각이 연결되어 봉은사와 같이 「□」字 형태를 갖추고 있다. 이때 행각은 모두 사람이 거처할 수 있도록 건축되었다.

이러한 가람배치는 원당사찰은 아니지만 왕실과 관련된 사찰로서 누각에 행각이 연결되어 가람이 형성된 예를 평안북도 영변군의 天柱寺에서도 찾아 볼 수 있다.104)

천주사는 중앙에 금당인 보광전을 두고 앞의 중정 양 옆으로 요사를, 정면에는 천주루를 배치하였다(〈도면 36〉). 이는 조선시대 산지중정형

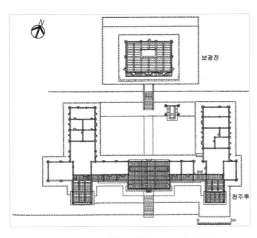

〈도면 36〉 평안북도 천주사 가람배치도

가람배치법과 동일한 기법이 적용되었다. 그러나 누각인 천주루의 횡축으로 행각을 요사로 지었기 때문에 사람이 거처할 수 있는 구조를 지니고 있다. 이러한 배치법은 천주사가 산지가람을 따르면서도 왕실의 원찰형 가람배치법을 취했음을 알 수 있는 부분이다. 천주

<hr />

104) 리화선, 1989, 『조선건축사』 I, 과학백과사전종합출판사, 397·400쪽.
국립문화재연구소, 1998, 『北韓文化財解說集』 II 寺刹建築篇, 167쪽.

〈사진 75〉청평사 Ⅲ구역 행각 전경
(남→북)

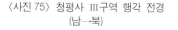

〈사진 76〉청평사 Ⅴ구역 행각 전경
(환문이 복원되지 않은 모습: 동→서)

사는 임진왜란으로 소실된 후에 선조가 피난을 오자 숙소가 마땅치 않아
어려움을 겪었기 때문에 왕이 다시 영변에 올 것을 대비해 임금이 쉴 수
있는 숙소로 사용하고자 1682년 방백 이광한이 중건한 것으로 알려져 있
다.[105] 이로 보았을 때 천주사가 비록 왕실의 원찰은 아니지만 왕실에서
천주사를 방문하였을 경우 왕실의 대중이 거처할 수 있도록 행각을 요사
로 지었음을 알 수 있다. 이때 천주사도 천주루의 양쪽 옆으로 지은 행각
은 누각과 연결하여 건축하였다. 최근 발굴조사가 완료되어 복원작업이
진행 중인 세조의 원찰이었던 양양 낙산사 가람배치에서도 이와 같은 양
상의 유구가 조사되었다.[106]

  앞에서 살펴본 조선시대의 대표적인 산지중정형 가람배치법은 금당 -
중정과 좌우 승당 - 문루 - 중문을 배치하여 문루의 양쪽이 트인 中庭型
가람배치에서 청평사를 포함하여 왕실의 원당사찰에서는 門의 횡축으로
행각을 연결함으로써 「□」字의 형태를 갖추는 궁궐양식을 띠게 되었

---

105) 權相老 編, 1979, 『韓國寺刹全書』 下, 東國大學校 出版部, 1083쪽.
    寺刹文化硏究院, 1993, 『北韓寺刹硏究』, 韓國佛敎宗團協議會, 83쪽.
    李政 編, 1996, 『韓國佛敎寺刹事典』, 불교시대사, 582～583쪽.
    이광표 해설, 1997, 『북한의 문화유산』, 東亞日報社, 85쪽.
    국립문화재연구소, 1998, 『北韓文化財解說集』Ⅱ 寺刹建築篇, 166～169쪽.
106) 국립문화재연구소, 2008, 『洛山寺發掘調査報告書』本文, 200·241·249쪽. 이 유
    구에서도 온돌구조가 조사 보고되었다.

다.107)

　이상으로 위에서 검토한 문제를 가지고 현재 청평사에 복원된 전각 구
조의 문제점을 지적하면 첫째, Ⅱ구역의 회전문과 행각은 떨어진 별도의
건축물이 아니라 서로 연결되도록 건축되었어야 하며 둘째, Ⅴ구역의 행
각 지붕이 모두 동일한 높이이고 환문의 구조를 지니는 건축물이 없다.
이는 중간의 어칸은 환문으로 지어지면서 지붕이 옆의 행각보다는 높게
건축되었어야 할 것이다. 셋째, 행각이 寮舍의 기능이 배제된 빗물만 피
하는 단순한 형태의 행각으로만 복원되었으나 조선후기 기록에서 보이는
'아래 동남쪽은 요사이고 회전문을 옆에 끼고서 좌우에 회랑이 배치되고

---

107) 최완수, 1994, 「봉선사」『명찰순례』②, 대원사, 89~91쪽.
　　　趙美惠 外, 2000, 「龍珠寺의 陵寢寺刹의 特徵에 關한 硏究」『韓國庭苑學會誌』
　　　18권 1호, 韓國傳統造景學會, 56쪽.
　　　원당사찰로 孤雲寺, 法住寺, 海印寺, 松廣寺, 仙巖寺, 通度寺, 乾鳳寺 등은 사찰
　　　경내지에 별도의 願堂을 건축하여 가람배치상으로 다른 면모를 나타내고 있다.
　　　별도의 조사를 거치지는 않았으나 이러한 사찰은 요사가 충분한 거찰이기 때문
　　　이 아닐까 한다. 원당 사찰에 관한 연구서로 아래의 글들이 있다.
　　　徐致祥, 1990, 「朝鮮王朝 願堂寺刹의 造營에 관한 硏究」, 釜山大學校 博士學位
　　　論文.
　　　金奉烈, 1996, 「朝鮮王室 願堂寺刹建築의 構成型式」『大韓建築學會論文集』通
　　　卷93號, 大韓建築學會, 97~106쪽.
　　　李善和, 1996, 「朝鮮後期 地方 爲祝願堂의 配置構成과 建築的 性格」, 蔚山大學
　　　校 碩士學位論文.
　　　朴昞璇, 2001, 『朝鮮後期 願堂 硏究』, 嶺南大學校 博士學位論文.
　　　탁효정, 2004, 「조선후기 王室願堂의 사회적 기능」『淸溪史學』19, 淸溪史學會,
　　　149~214쪽.
　　　門에 연결된 행각은 평지가람에서 보이는 완벽한 좌우대칭의 회랑의 잔영으로
　　　고려시대에 전라북도 남원의 萬福寺址 등에서 행각이 보이고, 조선시대에는 봉
　　　은사와 용주사처럼 출입 부분의 익랑만이 유지되는 가람배치가 되었다고 보았으
　　　며 기능과 의미가 약화되거나 의례공간과 생활공간의 다양한 요구에 의해, 회랑
　　　을 필요한 공간으로 사용하게 되었다고 보는 견해가 있다(李廷國, 1997, 「高麗
　　　時代 寺刹建築의 空間構成에 관한 硏究-文獻硏究를 中心으로」, 漢陽大學校 博
　　　士學位論文, 57~163쪽).

모두 승려가 거처한다'는 徐宗華의 기행문을 인용한다면 현재의 복원된
건축구조는 유구 및 사료를 충실히 반영한 복원이라고 할 수 없을 것이다.

〈사진 77〉 청평사 전경(일제강점기)
(『韓國の中世建築』:남→북)

〈사진 78〉 청평사 전경(『춘천의 어제와 오늘』:1980년대)

〈사진 79〉 청평사 전경(『韓國의 建築』:1990년대)

〈사진 80〉 청평사 전경(2004년)

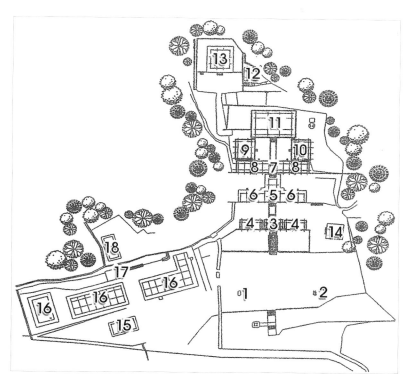

1. 문수원기 비좌	2. 장경비 비좌	3. 회전문	4. 행각	5. 경운루
6. 행각	7. 행각	8. 행각	9. 관음전	10. 나한전
11. 대웅전	12. 삼성각	13. 극락전	14. 종각	15. 해우소
16. 요사	17. 수각	18. 세면장		

〈도면 37〉 복원된 청평사 가람배치도(2004년 현재)

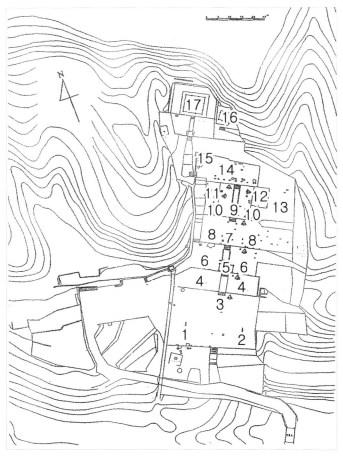

1. 문수원기 비좌	2. 장경비 비좌	3. 제석단	4. 쌍지	5. 회전문
6. 승방	7. 강선루	8. 행각	9. 환문	10. 행각
11. 향적당	12. 사성전	13. 구광전	14. 능인전	15. 감로천
16. 산신각	17. 극락전			

〈도면 38〉 고고자료와 문헌자료로 본 가람배치도

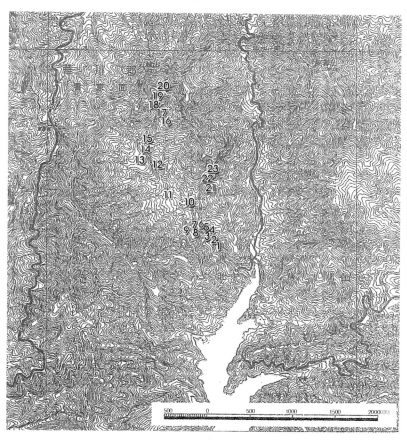

1. 거북바위	2. 쌍폭	3. 구송폭포	4. 환희령	5. 3층석탑
6. 영지	7. 부도 1	8. 세향원 터	9. 복희암 터	10. 청평사 경내
11. 공주탕	12. 부도 2	13. 등운암 터(추정)	14. 해탈문	15. 청평선동(刻字)
16. 부도 3	17. 청평식암	18. 청평식암(刻字)	19. 나한전 터	20. 암자 터
21. 양신암 터	22. 견성암 터	23. 천단		

〈지도 2〉 청평사역내 유적 위치도(1:25,000)

제4장

清平寺의 法脈

청평사는 973년 영현선사에 의하여 창건된 이후 1069년 李顗에 의하여 보현원으로 중창되기까지 90여년간이 명확하지 않으나 이후에는 폐사되지 않고 1,000여년간 존속하여 왔다. 이 기간 동안 주석한 스님의 일관된 법맥을 확인할 수 없으나 역사서에 등장하는 스님의 법맥을 찾아 이를 정리하여 보고자 한다. 청평사에는 출가승만이 거처한 것이 아니라 이자현과 같이 출가하지 않은 거사의 신분으로 중창하여 거사불교[1]의 중심지로 만든 독특한 성격을 지니고 있다. 그러나 이자현을 포함하여 원진, 나옹, 이암 등 많은 고승과 거사가 주석하였고 조선시대에는 설잠 김시습, 학매, 부용영관, 환적의천, 환성지안 등 당대의 최고 수행승들이 청평사에 머물렀다. 이러한 스님과 거사들의 생애를 정리하여 청평사의 법맥을 찾고자 한다.

1. 청평사의 출가승

1) 高麗

(1) 永玄[2]

문수원기에만 등장하는 스님으로 생몰년대도 알려진 바 없다. 단지 문수원기에 935년 당나라에서 신라로 입국하여 973년 청평사를 백암선원

---

1) 居士佛敎의 개념과 범위에 대하여 연구자들 간에 약간씩의 차이가 있으나 대체로 출가하지 않은 거사의 신분과 학식이 높고 재산이 많은 남자로서 사회에 대한 관심보다는 자신의 수행에 집중하는 계층을 뜻하고 있다.

2) 『신증동국여지승람』에는 承賢, 『동문선』에는 永賢이라 하였으나, 비문에 의하면 永玄이 옳다.

으로 창건한 사실만이 알려져 있다. 이러한 기록으로 보았을 때 신라로 입국하고 39년 후인 973년에 백암선원을 창건하므로 영현선사가 30대에 입국하였다고 하여도 창건 시기는 70세에 가까운 노년기에 해당된다고 추정된다. 그리고 1069년 李顗가 춘추도감창사로 부임하여 옛터에 보현원을 지었다는 자료를 보면 백암선원은 이미 폐사되었거나 폐찰의 위기에 있었음을 알 수 있다. 따라서 973년에 창건하고 96년 후인 1069년에 적어도 폐찰의 위기를 맞고 있으며 개성에서 관리로 임명된 이의에 의하여 중창되므로 영현의 법맥은 단절된 것으로 판단된다.

(2) 大鑑國師(1070~1159)

탄연의 호는 默庵, 휘는 坦然, 시호는 大鑑國師이다. 왕희지의 필법에 능해 신품사현의 한사람으로 알려져 있다. 그의 탑비문에 기록된 내용을 정리하면 아래의 표와 같다.[3]

〈표 3〉 대감국사의 생애

나이	시 기	행 적
1	1069년(문종24)	父 肅, 母 安氏 사이에서 출생
8~9	1076~1077년 (문종31~32)	文章을 엮으며, 詩를 지음
13	1081년(문종36)	六經을 배워 大義를 통달
15	1083년(선종1)	明經生에 합격하여 명성을 얻음
		肅宗이 잠저에 있을 때 세자인 후일의 睿宗을 가르침
19	1087년(선종5)	聖居山 安寂寺에서 삭발
		廣明寺 慧炤國師에게 수학
		洞口 밖에 작은 절을 지어 老母를 봉양함
36	1104(숙종10)	肅宗이 開城으로 부름
		大選僧科에 합격하고 中原 義林寺에 머물게 함
39	1107년(예종3)	開頓寺로 옮김
40	1108년(예종4)	重大師의 법계를 받음

---

3) 李智冠, 2000,「山淸 斷俗寺 大鑑國師 塔碑文」『校勘譯註 歷代高僧碑文』高麗篇 3, 伽山佛敎文化硏究院, 398~420쪽.

46	1114년(예종10)	三重大師의 법계를 받고 法服을 하사
49	1117년(예종13)	禪嚴寺로 옮김
52	1120년(예종16)	禪師의 법계를 받음
54	1122년(인종원년)	금란가사를 받음
58	1126년(인종5)	天和寺 주지를 맡음
59	1127년(인종6)	菩提淵寺로 옮김
60	1128년(인종7)	법회를 개최하여 독사를 없앰
60~63	1128~1131년(인종7~10)	인종이 스님의 절에 행차하여 道를 묻고 金剛子 염주를 바침
62	1130년(인종9)	문수원기를 씀
63	1131년(인종10)	大禪師 법계를 받고 금란가사를 하사받음
67	1135년(인종14)	普濟寺 帝釋院의 주지와 瑩原寺 주지를 겸함. 9월 瑩原寺로 옮김
69	1137년(인종16)	조칙으로 개성에 나아감
71	1139년(인종18)	廣明寺로 옮김 宋의 介諶禪師의 認可書 보내옴. 道膺, 行密, 戒環, 慈仰 등과 교류함
77	1145년(인종24)	3차례의 王師 제안을 사양하고 5월 6일에 조서를 내리자 받아들임. 9월 7일 普濟寺로 돌아감. 11월 5일 임금이 행차하여 금란가사를 내림
79	1147년(의종2)	斷俗寺로 하산을 허락받고 3월5일 출발하여 天和寺에 머무름. 9월 3일 단속사에 도착함
86	1154년(의종9)	병이 남. 게송 1수를 지음
90	1158년(의종13)	입적. 7월 15일 大鑑 시호를 내리고 16일 晉州 少男驛 북쪽 산에서 다비. 28일 유골을 斷俗寺 북쪽 獨立山頂에 봉안
-	1172년(명종2)	정월 塔碑 건립

위의 표를 보면 탄연이 청평사에서 주석한 사실은 없다. 또한 사상적으로 어떻게 이자현과 직접적인 관계가 있는지를 밝혀줄 자료가 남아 있지 않다. 단지 이자현이 굴산문에 속하였고 탄연도 그의 비문에서 「高麗國 曹溪宗 崛山下 斷俗寺 大鑑國師」라 한 것처럼 탄연은 굴산문의 스님임에는 재론의 여지가 없다. 또한 비문을 보면 다음과 같다.

그 때 나이 19살이었다. 스님은 평소 禪悅을 좋아하였으므로 廣明寺로 나아가 慧炤國師에 의지하여 부지런히 불법을 배워서 마침내 心厚를 전해 받았다.[4]

4) 李智冠, 2000, 「山淸 斷俗寺 大鑑國師 塔碑文」 『校勘譯註 歷代高僧碑文』 高麗篇

이는 탄연이 19세에 혜소국사에 의지하여 불법을 배우고 그의 법을
계승했음을 알 수 있다. 혜소국사는 문수원 인근의 화악사에 주석하였을
때 이자현이 방문하여 선리를 자문한 스님이다. 또한 탄연은 이자현의 일
대기를 새긴 문수원기를 썼는데 비양과 비음에서 탄연은 이자현의 門人
이라 스스로 말함으로써 이자현의 제자이기도 하였음을 밝히고 있다.[5]
이는 탄연이 혜소의 법을 이으면서도 이자현의 법도 동시에 계승하였음
을 알 수 있다. 그러나 이자현에게서 사상적으로 어떻게 영향을 받았는지
에 관한 자료는 현재까지 전혀 알려진 바가 없지만 이자현이 청평사를
떠난 것은 몇차례에 지나지 않고 탄연의 스승인 혜소가 청평사 인근에
있었으므로 이자현을 만나기 위하여 청평사에 왔을 개연성은 높다고 할
것이다.

(3) 圓眞國師(1171~1221)

원진국사는 휘가 承逈, 자는 永廻이고 속성은 申氏이다. 경북 문경시
산양 출신이다. 父는 通漢으로 금성군수를 역임하였다. 원진국사의 비문
을 정리하면 아래와 같다.[6]

〈표 4〉 원진국사의 생애

나이	시 기	행 적
1	1171년(명종2)	경북 문경 산양에서 출생
3	1173년(명종4)	부는 금성군수 재직 시 순직하고 어머니 사망으로 孤兒가 되어 叔父에게 양육됨
7	1177년(명종8)	雲門寺 淵實禪師를 은사로 하여 출가함
13	1183년(명종14)	문경 鳳嵓寺 洞純스님을 은사로 삼음
14	1184년(명종15)	김제 金山寺 戒壇에서 比丘戒를 받음

3, 伽山佛敎文化硏究院, 399·410쪽.
5) 朝鮮總督府, 1919, 『朝鮮金石總覽』 上, 327쪽.
6) 李智冠, 2000,「淸河 寶鏡寺 圓眞國師 碑文」『校勘譯註 歷代高僧碑文』高麗篇4,
  伽山佛敎文化硏究院, 92~118쪽.

27	1197년(명종28)	普濟寺 談禪法會 참석. 洞純스님 입적. 廣明寺 選佛場에 나아가 名答을 하고 上上品 僧科에 발탁됨
		曹溪山 普照國師 참방. 강릉 오대산에서 문수보살에게서 冥感을 받음. **청평사의 문수원기를 보고 크게 감동**을 받고 문성암에 주석하면서 능엄경의 妙旨를 알게 되었고 이를 으뜸으로 삼게 됨
38	1208년(희종5)	금강산 楡岾寺 주지를 맡음
		郭注寺에 머무름
		금강산 普德窟에 머무름
40	1210년(희종7)	演法寺 법회에 나아감
43	1213년(강종3)	三重大師 법계를 받음. 강종이 秘殿으로 초빙하여 禪錄을 문답함
44	1214년(고종2)	곽주사를 중수하고 낙성법회를 베품. 禪師의 법계를 내림
		秘殿으로 불러 徐稚의 아들을 고종 대신 제자가 되게 함
45	1215년(고종3)	**淸平山 文殊寺와 雪嶽山 寒溪寺 주지를 사양함**
46	1216년(고종4)	大禪師의 법계를 내리고 강권으로 寶鏡寺 주지를 맡음
		雲門山 伏安寺에서 법회를 열자 群賊들이 감화를 받음
		청도 七葉寺·팔공산 念佛蘭若에서 기우제를 지냄
50	1220년(고종8)	강종의 4子를 스님에게 출가시킴(珍丘寺 주지 鏡智스님이 됨)
51	1221년(고종9)	능엄경을 설함. 6월에 가벼운 병을 얻음. 7월 팔공산 念佛寺로 옮김. 9월 2일 입적. 10월 10일 팔공산 남쪽에서 다비. 신귀산으로 이장하고 탑을 세움
-	1224년(고종12)	탑비 건립

원진국사는 13세에 능엄경을 중요시 여기던 봉암사에서 동순대사를 은사로 출가하였다.[7] 청평사에 와서 문수원기를 보고 크게 감동을 받고 수능엄경에 대한 중요성을 재인식하고 있다.[8]

드디어 조계산으로 가서 보조국사를 참방하고 법요를 물은 다음 강원도

---

[7] 魯權用, 1993, 「楞嚴經의 禪思想 연구」『韓國佛敎學』 18, 韓國佛敎學會, 98쪽.
金煐泰, 1985, 「曦陽山 禪派의 成立과 그 法系에 대하여」『韓國佛敎禪門의 形成史 硏究』, 民族社, 177쪽.
李璥馥, 2003, 「圓眞國師 承逈의 活動과 崔忠獻」『湖西史學』 第36輯, 湖西史學會, 73~93쪽.

[8] 『首楞嚴經』은 『大佛頂如來密因修證了義諸菩薩萬行首楞嚴經』의 약칭이다. 중국에서 僞經이라는 설도 있으나 그 내용 가운데 50여종의 禪의 魔境을 지적하여 禪病의 구폐에 주안을 두는 부분이 있어서 선종에서 극히 중요시하는 경전이다.

강릉군 오대산으로 가서 문수보살 앞
에서 예배 기도를 하고 冥感을 받았다.
이어 청평산으로 진락공의 유적을 답
사하면서 김부철이 지은 문수원기를
살펴보니 공이 문인들에게 이르기를
"수능엄경은 心宗을 證印하는 것이므
로 불교의 진리를 發明함에 있어 중요
한 내객이다"라는 말을 보고 크게 감동
을 받았다. 드디어 문성암에 주석하면
서 능엄경 10권을 모두 열람하고 諸相
이 虛妄임을 통달하고.[9]

〈사진 81〉 원진국사 부도
(보경사 소재)

이로 보아 원진은 굴산문의 보조국
사 지눌에게 법을 묻고 굴산문에 속하던 청평사에 와서 능엄경을 중시한
이자현의 사상에 큰 감화를 받아 청평사에 주석하면서 수능엄경을 소의
경전으로 삼았음을 알 수 있다. 따라서 원진국사는 이자현이 수능엄경을
통하여 수행하였던 경전을 그대로 이어받았다고 할 수 있을 것이다.

(4) 懶翁王師(1320~1376)

나옹의 휘는 慧勤, 호는 懶翁이며 본 이름은 元慧로 거처하는 방을 江
月軒이라 하였다. 속성은 牙氏이며 寧海府 사람이다. 아버지의 휘는 瑞
具이며 膳官署令의 벼슬을 지냈다. 어머니의 속성은 鄭氏이다. 나옹의 비
문과 행장을 통하여 일생을 정리하면 <표 5>와 같다.[10]

---

9) 李智冠, 2000,「淸河 寶鏡寺 圓眞國師 碑文」『校勘譯註 歷代高僧碑文』高麗篇4,
   伽山佛敎文化研究院, 94·105쪽.
10) 백련선서간행회역, 1991,『懶翁錄』, 장경각, 21~51쪽.
   李智冠, 2000,「楊洲 檜巖寺 禪覺王師碑文」『校勘譯註 歷代高僧碑文』高麗篇4,
   伽山佛敎文化研究院, 348~402·440~442쪽.

〈표 5〉 나옹왕사의 생애

나이	시 기	행 적
1	1320년(충숙왕8)	父 牙瑞具, 母 鄭氏 사이에서 1월 15일 출생
20	1339년(충숙왕8복)	친구가 죽은 것을 보고 공덕산 妙寂庵 了然스님에게 출가
25	1344년(충혜왕6복)	檜巖寺에서 참선. 日本僧 石翁의 법을 듣고 게송을 지음
28	1347년(충목왕4)	4년간 정진하여 갑자기 깨우치고 북을 향해 떠남
29	1348년(충목왕5)	3월 13일 元나라 法源寺에서 指空을 만나 2년간 수학
31	1350년(충정왕2)	3월 大都를 떠나 평강부 休休庵에서 하안거 지냄. 8월 淨慈禪寺의 蒙堂 및 平山 장로에게 문답수학
32	1351년(충정왕3)	평산에게 하직. 明州 補陀洛迦山에서 관음 친견. 悟光·雪窓·無常·枯木 스님 등에게 수학
33	1352년(공민왕2)	婺州 伏龍山 千巖元長 스님에게 수학. 법원사로 돌아와 지공을 만남
35	1355년(공민왕4)	手書와 偈頌을 무학에게 줌
36	1355년(공민왕5)	廣濟禪寺에 머묾
37	1356년(공민왕6)	開堂法會를 열음. 원 황제가 금란가사와 비단을 내림
38	1357년(공민왕7)	연계의 명산을 주유하고 법원사로 돌아옴
39	1358년(공민왕8)	지공을 하직하고 평양과 동해 등에서 설법함
40	1359년(공민왕9)	천성산 원효암에 無學대사가 찾아 옴
41	1360년(공민왕10)	오대산 상두암에 머묾
44	1363년(공민왕13)	주지직의 사퇴를 허락하지 않자 구월산 금강암에 머묾. 왕명으로 신광사로 돌아옴
46	1365년(공민왕15)	글을 올려 신광사를 떠나 주유함
47	1366년(공민왕16)	금강산 정양암에 들어감
48	1367년(공민왕17)	가을 청평사에 머무름. 지공스님의 가사 한 벌과 편지 한 통을 받음
50	1369년(공민왕19)	병으로 청평사를 물러나 오대산 靈感庵에 머무름
51	1370년(공민왕20)	1월 1일 지공 스님의 영골과 사리를 받음. 3월 사리를 모시고 산에서 나와 성안의 廣明寺에 안거. 8월 회암사에 머물기를 청함
52	1371년(공민왕21)	회암사를 출발하여 송광사에 도착
53	1372년(공민왕22)	회암사로 옮김. 9월 26일 회암사의 북쪽에 지공스님의 사리탑 세움
54	1373년(공민왕23)	송광사로 돌아옴
55	1374년(공민왕24)	회암사를 중창 함. 가을 송광사에 머무는 무학에게 의발을 전함. 王師인장을 반납하자 다시 책봉함
57	1376년(우왕3)	공사를 마치고 낙성식을 함. 瑩原寺 주지를 명받음. 5월 15일 신륵사에서 입적. 다비를 하고 사리를 5월 29일에 회암사로 옮김. 8월 15일에 부도를 세우고 신륵사에는 석종 안에 안치함
-	1377년(우왕4)	회암사에 탑비 건립
-	1379년(우왕6)	신륵사 보제존자 석종비 건립
-	1384년(우왕11)	안심사에 지공과 나옹의 사리석종비 건립

　　나옹은 1367년부터 1369년까지 청평사에 주석하였으며 太古普愚와 함께 고려말 불교계를 이끈 선승으로 인도승인 指空의 법을 이어 받았다. 그의 생애와 사상에 관한 연구는 오랜 기간 축적되었으며 현재까지도 활발한 연구가 진행되고 있다.[11] 나옹의 생애를 보면 지공과 왕실과의 관계가 대부분을 차지하고 있지만 나옹의 선맥을 알 수 있는 사찰로는 그가 52세와 54세에 주석한 송광사를 들 수 있다. 송광사는 보조국사 지눌 이후 꾸준히 굴산문의 법맥이 이어져 오고 있는 산문이었고, 이 절에 주지를 하는 것으로 보면 나옹은 굴산문중으로 파악된다. 또한 그의 제자를 비문에서 찾아 볼 수 있는데[12] 무학자초와 환암혼수가 있다. 환암혼수는 繼松선사에게 의탁하여 총명과 근면으로 崛山下에서 2座에 올랐고 1341년 禪試에서 上上科에 올랐다고 하였다.[13] 무학은 나옹에 이어 굴산문의 송광사 주지를 하고, 이때 나옹이 그의 의발을 무학에게 전수하고 있음을 볼 때 나옹과 그의 제자는 굴산문에 닿고 있음을 알 수 있다. 따라서 1367년부터 1369년까지 청평사에 주석하면서 지공스님의 가사 한벌과 편지 한통을 받은 나옹은 청평사에 주석한 굴산문의 마지막 법맥을 이은 스님이 되었다.

---

11) 황인규, 2004, 「懶庵普雨의 생애와 불교계 문도」『東國史學』第40輯, 東國史學會, 247~282쪽.
　　허흥식, 2001, 「나옹화상의 생애와 계승자」『나옹선사 학술발표대회 논문집』, 동국대학교 사찰조경연구소, 11~56쪽.
　　南東信, 2007, 「여말선초기 懶翁 현창 운동」,『韓國史研究』139호, 韓國史研究會, 161~203쪽. 나옹부도에 관련한 자세한 내용이 포함되어 있다.
　　영덕군, 2008,『영덕이 낳은 고승 나옹왕사 재조명 학술세미나』.
12) 李智冠, 2000,「驪州 神勒寺 普濟禪師 舍利石鐘碑文」『校勘譯註 歷代高僧碑文』高麗篇4, 伽山佛敎文化研究院, 375·390~391쪽.
13) 민족문화추진회, 1985,『陽村集』, 72·176쪽.
　　李智冠, 1999, 「忠州 靑龍寺 普覺國師 幻庵 定慧圓融塔碑文」『校勘譯註 歷代高僧碑文』朝鮮篇1, 伽山佛敎文化研究院, 31·46쪽.
　　허흥식, 2001, 「나옹화상의 생애와 계승자」『나옹선사 학술발표대회 논문집』, 동국대학교 사찰조경연구소, 52~53쪽.

〈사진 82〉 나옹 진영
(『회암사 보고서』)

〈사진 83〉 나옹 부도
(국립중앙박물관 소재)

〈사진 84〉 나옹 부도(회암사 소재)

〈사진 85〉 나옹 부도(신륵사 소재)

2) 朝鮮前期

(1) 雪岑(1435~1493)

설잠 김시습은 19세에 入山하고 21세에 출가하여, 47세에 安氏와 결혼하면서 환속하였다가, 안씨가 3년만에 사망하자 다시 승려의 길을 걸

었다. 설잠의 생애를 간단히 정리하면 아래 <표 6>과 같다.[14]

〈표 6〉 설잠의 생애

나이	시 기	행 적
1	1435년(세종17)	서울 성균관 북쪽에서 출생
2	1436년(세종18)	외조부로부터 한학을 배움
3	1437년(세종19)	외조부로부터 작시법 배움
5	1439년(세종21)	세종이 장차 크게 되리라 함
13	1447년(세종29)	제자백가에 이르기까지 섭렵
15	1449년(세종31)	모친상을 당함
18	1452년(문종2)	竣上人과 禪談을 나눔. 상경하여 南孝禮의 딸과 결혼
19	1453년(단종1)	增廣試에 낙방하여 重興寺로 감
21	1455년(세조1)	출가하여 雪岑이라 함
24	1458년(세조4)	동학사에 가서 조상치와 사육신의 초혼제서 지냄. 묘향산 보현사와 평양 광법사에 머뭄
25	1459년(세조5)	장안사, 심원사, 소요사, 회암사 등을 유력
26	1460년(세조6)	오대산에 머물며 순노·여노·전선노와 담논
27	1461년(세조7)	내소사와 불사선방에서 진표율사의 剝皮圖像에 참배함
28	1462년(세조8)	보살사와 송광사의 준상인을 만나 불법을 깨우침
29	1463년(세조9)	용장사에서 지냄. 효령대군의 청으로 세조의 불경언해사업을 도와 내불당에서 교정을 봄
31	1465년(세조11)	경주 남산에 금오산실을 짓고 독서. 용장사에서 금오신화 지음
37	1471년(성종2)	상경함
38	1472년(성종3)	수락산에 머뭄. 잡저 10여편 지음
41	1475년(성종6)	정업원에서 불경을 가르침
47	1481년(성종12)	봄, 환속하여 안씨와 결혼함. 7월, 남효온과 봉선사에 감
49	1483년(성종14)	안씨와 사별. **낙산사의 학열과 청평사의 학매와 교유**. 이 시기의 7~8년간 관동지역에 머뭄
57	1491년(성종21)	중흥사에 머무름. 김일손과 남효온이 방문
59	1493년(성종24)	무량사에 머무름. 2월 묘법연화경의 발문을 지음. 3월 입적.
-	1495년(연산군1)	화장하여 부도에 봉안

---

14) 鄭炳昱, 1958,「金時習 硏究」『論文集』제7집, 서울대학교, 177~178쪽.
　　강원대학교 인문과학연구소 편, 1989,『梅月堂－그 文學과 思想』, 江原大學校 出版部.
　　陳商元, 1993,「梅月堂 金時習(1435-1493)의 生涯와 思想-朱子性理學과 관련해 서」, 釜山大學校 碩士學位論文.

위의 <표 6>에서 볼 수 있듯이 설잠은 평생을 승려로서 사찰을 돌아다니며 살았다. 따라서 김시습은 설잠이라는 승려로 봐야하는 것이다. 설잠은 청평사에 49세가 되던 해에 머문 것으로 추정되는데, 그의 문집 여러 곳에 청평사 詩題가 분산되어 등장하는 것으로 보면 이 시기 이외에도 몇차례에 걸쳐 방문한 것으로 추정되기도 한다.

『매월당집』15)에 수록된 淸平寺 관련 시가 제1권에 「淸平山」, 제3권에 「示學梅」, 「梅大師」, 「逢梅又別」, 「題淸平山細香院南窓」, 제13권에 「淸平寺」 외 3수 등이 수록되어 있다. 春川과 관련한 시가 제1권에 「牛頭原」, 「昭陽江」, 「母津」, 제6권에 「重送」, 「醉遊春城」 외 9수, 제13권에 「昭陽引」, 「春思」, 「登昭陽亭」, 「宿牛頭寺」 외 2수 등이 있다. 이들을 통하여 설잠이 청평사에 머문 대체적인 시기를 1483년 이후로 보는 견해가 지배적이다.

설잠이 청평사에 머물면서 청평사에 관한 인식은 어떠했는가에 대하여 살펴보면 다음과 같다.

〈사진 86〉 설잠 진영
(무량사 소장)

〈사진 87〉 설잠 부도
(무량사 소재)

---

15) 金時習 著·강원향토문화연구회 역, 2000, 『국역 매월당집』, 강원도.

　　청평산
　청평산 푸른빛 사람 옷에 비치는데
　어둑한 안개 기운 속으로 석양진다.(중략)
　띠풀 베어 초가 짓고 높은 곳에 살고지고
　이제부터 다시는 이곳 벗어나지 않으리16)

　설잠은 청평사에 머물면서 이곳을 떠나지 않으리라 노래한다. 그만큼
설잠은 청평계곡에 애착을 갖고 있었음을 알 수 있다. 제3권에서는 학매
와 관련한 시가 3題에 7首이다. 이는「示學梅」2수,「梅大師」1수,「逢
梅又別」4수이고, 이외에「題淸平山細香院南窓」2수,「淸平寺」·「仙洞」·
「息庵練若」1수 등이 있다. 또한 청평사와 춘천지역으로 추정되는 시가
수십편에 이를 정도로 많은 작품이 청평사와 춘천을 중심으로 지어졌다.
설잠은 청평사에 머물면서 학매와 교유하였고 이는 청평사의 사상적 흐
름에 영향을 주었을 것으로 판단된다. 즉, 설잠 김시습이란 당대 최고의
시인이자 학자였고, 출가승으로 청평사에 머물던 학매 이외의 수행승과
도 교유하였을 것이며 이는 다른 사찰의 분위기도 전하면서 승풍 진작에
영향을 주었을 것으로 판단해 볼 수 있다. 이는 부용영관이 용문사에서
학매를 찾아오게 하는 계기가 되었다고 볼 수 있다. 설잠의 생애에 관하
여는 많은 연구가 진행되었고 설잠을 승려로 보는 시각에서 그의 활동과
교유승려에 관하여는 황인규의 연구가 있다. 이 연구를 보면 청평사의
學梅, 낙산사의 學悅과 교유하였다고 하였다.17)

　　(2) 學梅(?~?)

　學梅의 생몰년대에 관하여는 알려진 바 없고 청평사에 주석한 사실도
최근에서 알려진 스님이다. 학매에 관한 자료는『梅月堂集』과『東師列

16) 金時習 著·강원향토문화연구회 역, 2000,『국역 매월당집』, 강원도, 53쪽.
17) 黃仁奎, 2005,「淸閑 雪岑의 僧侶로서의 活動과 交遊僧侶」『韓國佛敎學』第四十
　　輯, 韓國佛敎學會, 107~150쪽.

傳』에 짧게 언급되어 있다. 먼저 雪岑항에서도 보았듯이『매월당집』에 설잠이 1483년경에 청평사에 와서 학매스님에게 여러 수의 시를 지어 주고 있는데「示學梅」를 보면 학매에 대하여 다음과 같이 읊고 있다.

> 학매에게 주다
> … 학매라는 까까머리가 시와 글을 배우는데
> 집은 소양강 가 초가집 그 것일세
> 짜던 베 끊은 어미 있어 근친 갔다 갓 돌아 왔는데
> 글 논할 자리없어 내게 벌써 참여시켰네.[18]

이 시로 보았을 때 학매는 출가한지가 오래되지 않았거나 아직 속가와 인연을 완전히 끊지 않은 스님이고, 설잠에게 시와 글을 배우는 학승인 것을 알 수 있다. 그리고「逢梅又別」이란 시 2수를 지어 학매와 헤어짐을 매우 안타깝게 시로 표현하고 있는 것으로 보아 설잠과는 깊은 교유관계를 가지고 있음을 알 수 있다.

또한『東師列傳』의 芙蓉祖師傳에[19] 부용조사가 1509년 용문사에서 祖愚대사에게 배우고, 1514년 청평산의 학매를 찾아 와 禪에 관하여 자문하고 있는 내용이다.[20] 비록 부용조사가 학매에게서 선리를 배우고자 하였으나 깊은 맛을 느끼지 못하였다고 했다. 그러나 이때는 학매가 설잠에게서 시와 글을 배운지 30년 후에 부용조사가 찾아오는 시기이므로 학매는 이미 중년의 스님이었을 것이다. 조선후기 휴정과 부휴의 양대 법맥을 배출한 부용영관에게는 학매가 비록 그에게 가르침을 줄만한 수행승

---

18) 金時習 著·강원향토문화연구회 譯, 2000,『국역 매월당집』, 강원도, 163쪽. "示學梅/學梅髥髡者學詩書/家在昭陽江上盧/斷織有親新覲到/論文無地已參余"

19) 芙蓉祖師는 1485년에 태어나 1571년에 입적한 스님으로 호는 隱庵禪子이다. 碧松智嚴의 법을 잇고 조선중기의 高僧인 休靜과 浮休 등에게 법을 전수하였다.

20) 梵海 撰·金侖世 譯, 1994,『東師列傳』, 廣濟院, 115·1012쪽. "甲戌又向淸平山 投學梅禪子 扣擊禪微 法無異味"이는『淸虛集』에도 같은 내용으로 실려 있다. 따라서 청허집을 인용하였음을 알 수 있다.

이 아니었다 하여도 부용영관이 방문하여 자문을 구할 정도로 불교계에 알려진 고승이었음을 짐작할 수 있다.

(3) 虛應堂 普雨(1515~1565)

보우는 배불론자들에 의하여 妖僧으로 대표될 만큼 조선중기 불교의 중흥조로서 승과를 부활하고 불교를 제도권내로 다시 끌어 들이는데 핵심적인 역할을 한 승려이며, 승과를 통하여 발탁된 서산대사와 사명당은 임진왜란 당시에 승병을 일으키고 전쟁에서 많은 전공을 세우는데 결정적인 역할을 수행한 스님이다.21) 이러한 그의 업적은 후대에 미친 영향이 매우 크다고 하겠다. 그러나 그의 행장이나 비문이 전하지 않으므로 그의 문집과 조선왕조실록에 나온 단편적인 기록들에 의존하여 그의 생애를 정리할 수밖에 없다. 이를 정리하면 아래의 <표 7>과 같다.

〈표 7〉 보우의 생애

나 이	시 기	행　　　적
7~8세 경		용문산 龍門寺에서 출가
15세 경		금강산 摩詞衍에서 구족계 받음
	1532년(중종27)	금강산 이암굴에서 수행
	1548년(명종3)	풍병으로 회암사에서 몸져 누움. 12월 봉은사 주지 임명
	1551년(명종6)	판선종사 도대선사로 삼고 봉은사 주지로 임명
	1552년(명종7)	봉은사와 봉선사에서 선종과 교종 승과 실시

---

21) 김상일 역, 1996, 『大覺國師文集 外』, 동국대학교부설 동국역경원, 47~52쪽.
　　黃善化, 1972, 「僧 普雨의 一生」『綠友研究論集』, 梨花女子大學校 師範大學 社會生活科, 82~92쪽.
　　李鍾益, 1990, 「普雨大師의 中興佛事-그 전말과 순교」『佛敎學報』27輯, 東國大學校 佛敎文化硏究院, 237~272쪽.
　　金相永, 1994, 「보우의 불교부흥운동과 그 지원세력」『中央僧家大學論文集』3號, 中央僧伽大學校, 146~162쪽.
　　朴映基, 1998, 「虛應堂 普雨 硏究」, 東國大學校 博士學位論文, 13~55쪽.
　　황인규, 2004, 「懶庵普雨의 생애와 불교계문도」『東國史學』第40輯, 東國史學會, 247~282쪽.

	1555년(명종10)	병이 나자 9월 16일, 춘천 청평사로 옮김
	1558년(명종13)	**청평사 제석탱과 미타탱 중수**
	1562년(명종17)	**청평사 지장보살도 봉안.** 7월 4일, 도대선관교 삭탈
		9월 29일, 선종 판사 사임. 12월 19일, 선종판사 환급
	1565년(명종20)	4월, 회암사 무차대회 개설. 4월 6일, 문정왕후 승하
		4월 25일, 직첩 삭탈. 6월 25일, 제주도 유배. 이후 입적

보우의 생애는 조선왕조실과 몇 종류의 사서에 단편적으로 전하는데 그의 업적에 비하여 매우 소략하다. 출가 시기나 출가 사찰에 대하여도 명확히 알려진 바 없고 단지 용문사 玄默軒 祖愚[22]에게 출가했다고 추정할 뿐이다.[23] 그러나 보우가 청평사에서 남긴 업적과 자료는 적지 않은데, 봉은사 주지를 그만 두고 청평사 주지에 취임하여 청평사를 대대적으로 보수하여 현재의 가람으로 일신하였다. 『虛應堂集』에서 청평사에 대한 술회를 보면 아래와 같다.

청평산 좋은 곳이란 말 듣고
매양 춘주로 가고파하였노라.[24]

생각하니 예전 갑오년에 이곳을 지나간 일 있었으나
병으로 仙洞 찾아 추운 노을 속에 누웠기에
그때 어떻게 泉石의 아름다움을 알았겠는가
오늘 다시 와서 비로소 그 고운 모습 보았노라.[25]

위 두 편의 시는 보우가 청평사에 오기 전 청평사를 가고 싶은 마음을 표현하였고, 1555년 9월 16일 청평사에 도착한 후, 이미 갑오년인 1534

---

22) 玄默軒 祖愚는 芙蓉靈觀을 가르친 스님이다.
23) 황인규, 2004, 「懶庵普雨의 생애와 불교계문도」『東國史學』第40輯, 東國史學會, 253~254쪽.
24) 김상일 역, 1996, 「虛應堂集」『大覺國師文集』, 동국대학교부설 동국역경원, 487쪽. "淸平聞說好/每欲往春州/未解曹溪印/空懷映澤秋"
25) 김상일 역, 1996, 「虛應堂集」『大覺國師文集』, 동국대학교부설 동국역경원, 492쪽. "憶昔經過甲午年 病尋仙洞臥寒烟 當時泉石何知好 今日重來始見妍"

년, 病中에 왔었음을 상기하고 청평사
의 비경에 감동하고 있다. 또한 청평사
의 사적에 대하여 시를 지었는데 영현
선사의 개창부터 진락공, 나옹, 설잠
등을 언급하고 경내에 비석 2기와 용
담 위의 석탑에 대하여 기술하고 있다.

또한 보우가 청평사에 주지로 있으
면서 낙산사 등을 유람하지만 대부분
청평계곡에 머물면서 시를 쓰고 청평
사를 중창하였다. 이는 허응당집에 실
린 시들이 대부분 청평사와 춘천에 관

〈사진 88〉 보우 진영(봉은사 소장)

련된 詩作들임을 보아도 알 수 있다. 그만큼 보우는 청평사에 주석하면
서 일생동안 가장 많은 글을 짓고 평안한 생활을 하였음을 알 수 있다.
또한 청평사에 머물면서 종단의 판사들의 방문을 받고 있어서 청평사로
은퇴하였으면서도 실제로는 종단의 일에 관여하였음을 알 수 있고, 경내
의 대웅전만을 수선하고 다른 전각들은 모두 새로 짓는 대대적인 중창을
하여 청평사를 새로운 면모로 일신하고 명종의 원찰로 삼아 발전시켰다.
나암잡저에 「청평사 제석탱화중수기」, 「청평사 미타탱화중수기」, 「청평
사의 중창을 경찬하며 모든 불상을 점안하는 법회의 소」가 실려 있고,
보우가 조성한 地藏菩薩圖 1점이 일본 尾道市 光明寺에 전하고 있으며,
연구자에 의하여 학계에 보고된 바 있다.[26]

---

26) 文明大 監修, 1991, 『朝鮮佛畵』, 中央日報社, 109·223~224쪽.
    金廷禧, 1986, 「朝鮮朝 明宗代의 佛畵硏究」 『歷史學報』 110, 歷史學會, 145~
    173쪽.
    金廷禧, 2001, 「文定王后의 中興佛事와 16世紀 王室發願 佛畵」 『美術史學硏究』
    231호, 韓國美術史學會, 537쪽.

3) 朝鮮後期

(1) 幻寂義天(1603~1690)

환적당의 생애와 법맥에 대하여는 金豊起에 의하여 상세히 연구된 바 있다.[27] 환적당은 1603년 경상북도 선산에서 태어나 11세에 출가하여 88세인 1690년에 해인사 백련암에서 입적하였다. 諱는 義天, 字는 智鏡, 號는 幻寂이다. 평생을 한 곳에 머무르지 않고 수행에 전념한 禪僧으로서 서산대사의 법맥을 이

〈사진 89〉 지장보살도
(『朝鮮佛畵』:일본 光明寺 소장)

은 조선후기의 高僧이다.[28] 그의 생애를 정리하면 <표 8>과 같다.

환적당의 법맥은 그의 제자 풍계명찰이 지은 行狀을 통하여 대체적인 사실을 찾을 수 있다. 11세에 塵靜堂 琢璘에게 출가하고, 14세에 鞭羊堂 彦機(1581~1644)에게서 수행하며 16세에는 松溪堂 性賢에게서 5년간 수학하였다.

---

27) 東國大學校 出版部, 1986, 『韓國佛敎全書』9卷, 「楓溪集」卷下, 156~158쪽.
　　耘虛龍夏, 1991, 『佛敎辭典』, 東國譯經院, 706쪽.
　　金豊起, 1992, 「淸平寺 幻寂堂 浮屠에 대한 一考察」『江原文化硏究』第11輯, 江原大學校 江原文化硏究所, 93~104쪽.
　　李政 編, 1993, 『韓國佛敎人名辭典』, 불교시대사, 231~232쪽.
28) 陜川 海印寺 白蓮庵과 尙州 南長寺의 幻寂堂 眞影은 1990년대에 모두 도난당하여 海印寺는 寫眞을, 南長寺는 模寫한 眞影을 봉안하고 있다. 이 글에 게재한 해인사의 진영은 도난 전에 실제 진영을 촬영한 사진이고, 남장사의 진영은 도난 후에 모사한 진영을 촬영한 사진이다. 해인사 백련암은 의천이 입적한 사찰이고, 상주 남장사는 42세인 1644년에 동안거를 지낸 사찰이다.

〈표 8〉 환적의 생애

나이	시 기	행 적
1	1603년(선조36)	4월 5일, 출생
5	1607년(선조39)	부친 사망
11	1613년(광해군5)	外鄕인 충청도 보은현 종곡으로 이사 속리산 福泉寺의 塵靜堂 琢璘禪師에게 출가
14	1616년(광해군8)	스승과 금강산 正陽寺의 鞭羊堂 彦機大師에게 수행
15	1617년(광해군9)	속리산 觀音寺 鳳棲庵에서 3년 수행
16	1618년(광해군10)	具足戒를 받음 팔공산 桐華寺에서 松溪堂 性賢大師에게 5년간 수행
21	1623년(인조1)	청량산에서 火食과 穀食을 금할 것을 서약
25	1627년(인조5)	소백산 眞空庵에서 수행
27	1629년(인조7)	속리산 三尊洞에서 竹幕을 짓고 3년 수학
29	1631년(인조9)	금강산 天德庵의 鞭羊大師에게 心要를 청하고 話頭를 받음 청허휴정 碑 건립에 참여하고 5년 수행
33	1635년(인조13)	北香山 頭疊窟에서 수행
34	1636년(인조14)	載寧郡 長壽山 懸庵에서 여름 수행 속리산 淸心庵에서 겨울 수행
36	1638년(인조16)	장수산 현암에 幻寂庵을 짓고 수행
38	1640년(인조18)	龍門山 北臺에서 여름 수행 속리산 청심암에서 겨울 수행
39	1641년(인조19)	大也山 毘盧庵에서 수행
40	1642년(인조20)	落影山 道明寺에서 수행
42	1644년(인조22)	海印寺에서 여름 수행. 상주 露陰山 須彌窟에서 겨울 수행
43	1645년(인조23)	鞭羊堂의 訃音을 받고 금강산을 가던 중 역질에 걸려 대야산 石泉庵으로 가서 1년 보냄
44	1646년(인조24)	금강산에 가서 再期儀式 참여. 浮屠와 碑를 세움
45	1647년(인조25)	母親, 乳母, 家僮을 데리고 臨陂縣 寶泉寺에 머물도록 함
46	1648년(인조26)	모악산 金山寺 南殿에서 3년 수행
48	1650년(효종1)	**경운산 淸平寺 養神庵 重修. 3년 수행**
50	1652년(효종3)	안변부 설봉산 釋王寺 서쪽에 환적암을 짓고 2년 수행
51	1653년(효종4)	장연부 백사정 彌陀殿에서 겨울 수행 母親의 강권으로 솔잎만을 먹다 곡식을 먹기 시작
52	1654년(효종5)	황주 深源山의 굴에서 수행
53	1655년(효종6)	심원산 七星殿에서 수행
54	1656년(효종7)	연안 용박산 雪庵에서 3개월 수행. 강음현 천진산 金剛庵에서 수행
55	1657년(효종8)	**청평사 양신암에서 여름 수행**. 寒溪山 上乘庵에서 2년 수행
58	1660년(현종1)	오대산 眞如院을 중건하고 환적암을 짓고 文殊像 봉안
60	1662년(현종3)	문경현 義陽山 鳳巖寺에서 수행

61	1663년(현종4)	봉암사 白雲臺에 彌勒像과 事蹟碑 조성. 환적암을 짓고 수행 오대산 普濟庵에 가서 가을과 겨울 수행
62	1664년(현종5)	설악산 鳳頂庵 터에 板屋를 짓고 3년 수행
64	1666년(현종7)	희양산 봉암사에서 十王證師로 수행
65	1667년(현종8)	속리산 견성암에서 6년 수행
79	1681년(숙종7)	충주 월악산 德周寺에서 수행
81	1683년(숙종9)	해인사에서 3년 수행
70	1672년(현종13)	오대산 神聖庵을 창건하고 10년 수행
82	1684년(숙종10)	황악산 直指寺 見性庵에서 수행
83	1685년(숙종11)	해인사에서 봄 수행. 少伯山 妙寂寺에서 겨울 수행
84	1686년(숙종12)	太白山 覺華寺에서 수행
85	1687년(숙종13)	해인사 白蓮庵에서 수행
87	1689년(숙종15)	질병에 걸림
88	1690년(숙종16)	8월 26일 입적. 9월 3일 절의 동쪽에서 다비 頂骨 1片, 靑, 黃, 白 3色의 神珠 7枚 收拾
-		頂骨은 인동 대곡사, 神珠는 문경 봉암사·춘천 청평사·충주 덕주사·대구 용연사·태백산 각화사·거창 연수사·해인사 홍제암 사명당비 옆에 각각 1枚씩 봉안

29세에는 언기에게 心要를 청하여 話頭를 받고, 그 해 休靜의 碑 건립에 참여한다. 43세에 언기의 詩音을 받았고 44세에 언기의 부도와 비를 세우는데 참여하고 있다. 이를 통하여 살펴보면 탁린과 성현의 생애는 알려진 바가 없어 자세한 법맥은 알 수 없으나, 14세에 스승을 따라 언기에게서 수행한 것을 보면 탁린도 언기의 문하임을 알 수 있다. 언기는 청허 휴정의 문하에서 법을 얻은 고승으로 휴정의 4대 법맥에서[29] 가장 번성하였다. 환적당 의천은 편양당 언기의 제자가 이은 7개파의[30] 법맥 중에 하나로 들어갈 정도로 번성하였다. 제자로는 풍계명찰이 있다. 의천의 법계도를 도표화하면 <표 10> 환적·환성의 법계도와 같다.[31]

---

29) 4대 法脈은 松雲惟政, 靜觀一禪, 逍遙太能, 鞭羊彦機이다.

30) 7대 門派는 楓潭義諶, 淸巖釋敏, 回敬弘辨, 涵影契鎭, 幻寂義天, 寂常惠常, 自穎天信이다.

31) 金豊起, 1992, 「淸平寺 幻寂堂 浮屠에 대한 一考察」『江原文化研究』第11輯, 江原大學校 江原文化研究所, 101쪽.

〈사진 90〉 환적 진영　　　　〈사진 91〉 환적 진영
(남장사 소장)　　　　　　(해인사 소장)

(2) 楓溪(1640~1708)

풍계는 행장에 의하면[32] 속성은 밀양박씨이고, 자는 취월, 호는 풍계
이다. 대제학 박충원의 현손이며 병조판서 박계현의 증손이다. 1650년
11세에 청평사 양신암에서 환적의천을 은사로 득도하였다. 1652년 금강
산에서 풍담의심[33]에게 10년간 경론을 배운 끝에 그의 법을 이었다. 그
러나 1690년 환적의천이 해인사 백련암에서 입적하자 홍제암에 그의 부
도를 건립할 때 권선문을 지었을 정도로 환적의천을 따랐다. 1704년 청
량산에 가야산 백련암으로 옮겨 수행하였고 이후, 통도사의 사리탑을 중
수하였으며 경찬대회 의식을 주재한 후 해인사로 돌아왔다. 1708년 6월
8일 해인사 백련암에서 나이 69세, 법랍 58년으로 입적하였다. 聞侅, 法
喆, 特聰 등 많은 제자를 길러냈다.

---

32) 李智冠, 1986,「楓溪集」『韓國佛敎全書』第九冊, 東國大學校 出版部, 158~160쪽.
33) 楓潭義諶(1592~1665) : 1067년 性淳에게 출가하여 圓澈에게 계를 받았으며 환적
　　의천과 함께 편양언기의 법을 이었다. 금강산 정양사에서 입적하였다. 해남 대흥
　　사 1대 宗師이다.

(3) 喚惺志安(1664~1729)

지안은 1664년(현종 5)에 태어나 1729년 (영조5)에 입적하였다. 법명은 志安이고, 법호는 喚惺이며, 자는 三諾이다. 속성은 鄭氏이고 춘천 사람이다. 대흥사 6대종사로 추앙받고 있는 고승으로 생애를 <표>로 정리하면 아래와 같다.[34]

〈사진 92〉 환성 진영
(통도사 소장)

〈사진 93〉 환성 부도
(대흥사 소재)

〈표 9〉 환성의 생애

나이	시 기	행 적
1	1664년(현종 5)	6월 1일 출생
15	1678년(숙종 4)	彌智山 龍門寺에서 霜峰淨源에게 구족계를 받음
17	1680년(숙종 6)	金剛山의 月潭雪齊에게 법을 구함. 衣鉢을 전함
27	1690년(숙종16)	直指寺에서 慕雲震言에 傳講을 받아 수백인을 가르침
48	1711년(숙종37)	청평사의 佛殿僧寮를 중수
		전국을 순회하며 화엄대회를 열음
62	1725년(영조 1)	金提 金山寺에서 1,400인을 모어 놓고 화엄대회를 열음
66	1729년(영조 5)	제주도로 유배되어 일주일 만에 병으로 입적

환성은 1711년 청평사에 주석하면서 불전승료를 모두 고쳐 짓는 등 청평사를 크게 번창시켰다. 그리고 환성은 1,400여인을 모아 화엄법회를 여는 등 해남 대흥사의 6대 宗師로 추앙받고 있을 정도로 많은 제자를

---

34) 梵海 撰·金侖世 譯, 1994, 『東師列傳』, 廣濟院, 197·1024쪽.

양성하였다. 지안의 법을 전해 받은 스승은 月潭雪齊이고, 월담은 楓潭義
諶의 제자이며, 풍담은 편양언기의 제자이다. 따라서 지안은 휴정의 직
계 법맥을 잇고 있다(<표 10> 환적·환성의 법계도).

〈표 10〉 환적·환성의 법계도

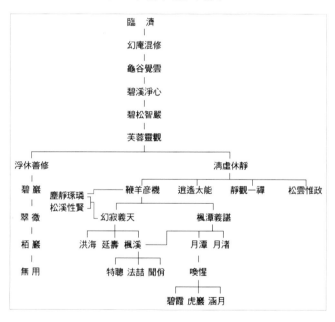

2. 청평사의 거사

1) 李顗(?~?)

이의는 당시의 세도가였던 인주이씨의 가문에서 태어난 인물로 李子
淵의 아들이며, 軍器主簿를 지내다가 재상이 되었다.[35] 아들로는 이자현,

---

35) 사회과학원 고전연구실, 1992, 『北譯 高麗史』 第八冊, 新書苑, 264~265쪽.

이자덕을 두었다. 1068년에 춘주도감창사로 부임하여 백암선원의 옛터에 보현원을 중건하였다. 이 당시 보현원을 어떠한 가람으로 중건하였는지 또 이의가 어떠한 불교사상적인 면을 가지고 있었는지에 대하여 알려진 바는 없다. 단지 당시에 유행하던 거사불교의 한 유형으로서 보현원을 개인의 願刹 또는 別墅의 성격으로 중건했을 가능성이 매우 높다. 원찰의 건립은 고려중기 이후에 거사층을 중심으로 개인적으로 불교를 숭앙하기 위하여 건립되는 예가 많고 별서란 경승지와 전원지에 은일과 운둔 또는 자연과의 관계를 즐기기 위해 조성해 놓은 정원으로서 고려시대에 이러한 경향은 사대부층에서 흔히 볼 수 있는 예에 속하였기 때문이다.[36)]

2) 李資玄(1061~1125)

이자현은 고려중기 거사불교의 정점에 있었던 인물로 그동안 많은 전공자들에 의하여 연구되어 왔으며 현재도 꾸준히 연구되고 있다.[37)] 이자현의 생애를 문수원기와 破閑集 등을 통하여 정리하면 아래와 같다.

---

36) 李昌業, 2004,「高麗時代 別墅의 建築的 性格에 關한 研究-古文獻 解析을 중심으로」, 蔚山大學校 博士學位論文.

37) 사회과학원 고전연구실, 1992,『北譯 高麗史』第八册, 新書苑, 269~270쪽.
   崔柄憲, 1983,「高麗中期 李資玄의 禪과 居士佛教의 性格」『金哲埈博士華甲記念史學論叢』, 知識產業社, 941~960쪽.
   金相永, 1988,「高麗 睿宗代 禪宗의 復興과 佛教界의 變化」『淸溪史學』5, 韓國精神文化研究院, 49~89쪽.
   許興植, 1993,「禪의 復興과 看話禪의 展開」『高麗佛教史研究』, 一潮閣, 463~497쪽.
   南仁國, 1990,「高麗 睿宗代 支配勢力의 構成과 動向」『歷史教育論集』, 歷史教育學會, 393~419쪽.
   권혁진, 2004,「李資玄의 詩世界」『漢字漢文教育』13輯. 韓國漢字漢文教育學會, 231~260쪽.

〈표 11〉 이자현의 생애

나이	시 기	행 적
23	1083년(문종22)	진사시에 급제
29	1089년(선종 6)	부인이 죽자 大樂署丞을 버리고 청평사에 옴
		雪峰語錄을 보고 크게 깨우침
		華岳寺의 주지 慧炤國師와 왕래하며 禪理 자문
		首楞嚴經을 소의경전으로 삼음
		睿宗이 차·향·금·비단을 하사. 궁궐로 부름. 거절
57	1117년(예종12)	8월 南京에서 예종을 만나고 삼각산에 머뭄
		心要 1편을 지어 삼각산에서 청평사로 돌아갈 것을 요청. 예종이 차·향·佛具類·의복, 왕후와 공주는 의복 하사
61	1121년(예종16)	왕명으로 청평사에서 능엄강회를 엶
62	1122년(예종17)	예종이 차·향·의복을 하사
65	1125년(인종 3)	미질에 걸리자 내신과 어의를 통하여 차·약을 보냄. 4월 21일 입적. 23일 장례
-	1130년(인종 8)	8월 시호를 진락공이라 내림. 문수원기 건립

위의 <표 11>은 주로 문수원기를 인용하였는데 이자현은 과거에 급제하고 집안이 세도가의 일원임에도 도성으로 다시는 가지 않겠다는 맹세를 하면서 청평사로 들어온다. 예종이 차와 향을 보내 이자현을 궁궐로 초청하였으나 이를 거절하자 1117년 남경의 행재소로 불러 만나고 삼각산에 머물게 하여 임금이 오가면서 禪의 이치를 물었다. 1121년에는 왕명으로 능엄강회를 열고, 1125년에 병이 생기자 내신과 어의를 보내 문안하고 차와 약을 하사하였다.

이자현의 생애를 보면 예종의 명에 의하여 남경을 다녀온 것 외에는 청평사에 줄곧 거처하면서 능엄경을 통한 수행에 전념하였음을 볼 수 있다. 특히 개경으로 왕의 부름에도 응하지 않고 은거와 수행에 전념함으로서 거사로서의 일관된 수행자의 모습을 보여주고 있다. 이러한 면모는 문수원기를 통하여 찾아 볼 수 있다.

경운산에 살면서 그는 오직 채식을 하고 납의를 입으면서 검약함과 청정함으로 즐거움을 삼았다.

이는 이자현이 왕의 부름에도 나아가지 않았던 행동과 일치하는 것으로 보이는데『高麗史』에 '성질이 인색하여 재산을 많이 모으고 물건과 곡식을 축적하였다. 그래서 그 지방 농민들은 그를 미워하였다'고 한 것은 왜곡된 기술이라고 해야 할 것이다.[38] 또한 문수원기에 그가 수행한 내용이 나오는데 이는 다음과 같다.

어떤 경우에는 너럭바위에 앉아서 하루가 지나도록 돌아오지 않았으며 어떤 때에는 견성암에서 입정에 들어 7일이 지나서야 밖으로 나오기도 하였다.

그의 학문은 대개 엿보지 않은 분야가 없었지만 불교의 이치를 깊이 연구하고 참선을 특히 좋아 하였다. … 나는 일찍이 雪峰語錄을 읽은 적이 있었는데 그 책에 천지는 眼이다. 너는 어느 곳을 향하여 이곳에 꿇어 앉아 있느냐는 구절이 있었다. 나는 이 말에 단박 깨우쳐서 이후로는 부처와 조사의 말씀에 의심이 나거나 막히는 곳이 없었다.

나는 불경을 다 읽었고 수많은 책을 두루 읽었지만, <首楞嚴經>이야말로 心宗에 정확히 부합하여 요체가 되는 佛道를 펼쳐서 밝히는 책이었다. 그런데도 禪을 공부하는 사람들이 아직 그것을 읽지 않으니 진실로 탄식할 만하구나.'그리하여 마침내 그의 제자들이 그 책을 배우고 익히게 되었으며 공부를 하려는 사람들이 점점 번성하게 되었다.

이자현은 참선 수행으로 일관하였으며, 불교 경전 이외에도 여러 분야에 대하여 공부하였으나 이 중에서도 雪峰語錄을 통하여 깨우치고 首楞嚴經을 소의경전으로 수행하였음을 알 수 있다. 이는 후대의 원진국사 승형에게 영향을 끼쳐서 능엄경이 널리 읽히는 계기가 되기도 하였다.

혜소국사와 대감국사 탄연을 이자현의 문하로 보려는 자료가 있으나[39] 문수원기에 보면 다음과 같다.

---

38) 사회과학원 고전연구실, 1992,『北譯 高麗史』第八册, 新書苑, 270쪽. 李滉은 淸平寺 입구를 지나면서 이자현이 탐욕이 많고 인색하다는『東國史略』을 비판하면서 오히려 이자현을 사모한다고 기록하고 있다(민족문화추진회, 1985,「過淸平山有感」『퇴계집』I, 18~22·466~467쪽).

　　　이자현은 우리나라의 이름난 산을 두루 돌아보고 옛 성현들의 남기신 자
　　취를 탐방하였다. 후에 인근 산에 있는 華岳寺의 주지로 있던 慧炤國師와 서
　　로 왕래하면서 禪의 이치를 물었다.

이 자료에서 이자현이 혜소국사를 가르친 것이 아니라 혜소국사와 왕
래하면서 선의 이치를 자문하는 것으로 볼 때 혜소와 같은 수행승이거나
오히려 선수행에 대하여 자문을 구하는 스승일 가능성이 있다.[40] 특히
문수원기는 이자현의 일대기를 기록한 비문이므로 혜소국사가 이자현의
제자였다면 이를 문장에서 표현하였을 것이다.

3) 李嵒(1297~1364)

이암의 자는 翼之, 이름은 君侅이다. 후에 자를 古雲, 이름을 嵒이라
개명하였다. 호는 杏村이다.[41] 어려서부터 글씨를 잘 썼으며, 1313년 17
세에 과거에 급제하였다. 관직에 나아가 요직을 두루 거치면서 명성을
얻었고, 1327년 장경비를 썼다. 1348년에 천마산에서 수륙제를 베풀고,
공민왕 초기에 鐵原君에 봉해지고, 1353년에 자원하여 사직하고 청평산
에 들어와 은거하였다. 1358년에 문하시중에 임명되자 다시 관직에 나아
갔다.

이암이 31세에 청평사의 장경비[42]를 쓰지만 실제 거처하는 시기는
1353년으로 57세부터 62세까지인 5년간이었다. 이 기간 동안 그의 행적
에 대하여 알려진 것은 없다. 연보에 의하면 寒士처럼 거처가 숙연하였

---

39) 李仁老 著·柳在泳 譯, 1992,『破閑集』, 一志社, 113~115쪽. "혜조, 대감 양 국사
　　는 다 그의 문하에서 놀았던 것이다 (慧照大鑑兩國師 皆有其門)"
40) 慧炤와 曇眞을 동일인으로 추정하고 있다(崔柄憲, 1983,「高麗中期 李資玄의 禪
　　과 居士佛敎의 性格」『金哲埈博士華甲記念史學論叢』, 知識産業社, 951~952쪽).
41) 사회과학원 고전연구실, 1992,『北譯 高麗史』第十册, 新書苑, 5~8쪽.
　　韓永愚, 1999,「杏村 李嵒과 檀君世紀」『韓國學報』96, 一志社, 118~152쪽.
42) 이 글의 제5장-3. 장경비 복원에서 자세히 다루었다.

으며, 世務에는 일체 마음을 두지 않았고, 圖書를 좌우에 비치하고 깊이 파묻혀 혼자서 즐거움을 찾았다고 하였다. 이러한 그의 삶은 이자현과 또 다른 거사불교의 면을 남겼으며, 설잠과 함께 청평사의 지성사에 큰 영향을 미쳤을 것은 분명하다.

3. 청평사 법맥의 계통과 특징

청평사의 법맥을 일목요연하게 잡아내기에는 어려움이 있다. 이는 스승과 제자간에 전해지는 법맥이 일정하게 하나의 사찰을 중심으로 이어지고 있는 예가 흔하지 않기 때문이다. 일례로 迦智山門은 道義禪師에 의하여 양양 陳田寺에서 개산하였으나 2조인 廉居和尙은 양양 雪山의 億聖寺에 주석하였으며 3조인 普照體澄은 장흥 寶林寺에서 가지산문을 개창하였다. 이렇게 스승과 제자의 사자상승은 다른 山門에서도 하나의 사찰을 중심으로 법맥이 계승되는 것이 아니고 각기 다른 사찰로 이어지고 있음을 볼 수 있다.

그렇다고 하여도 청평사는 크게 두 개의 법맥을 찾아 볼 수 있다. 고려 중기부터 고려말까지는 구선선문의 하나인 굴산문의 법맥이 이어지며 조선전기부터 후기에 이르기까지 부용영관에서 시작되어 淸虛와 浮休系로 나누어 질 때 청허계가 주류를 이루고 부휴계로 구분되는 승려는 현재까지 알려진 바로는 주석한 사실이 없다.

즉, 李資玄 - 坦然 - 承逈 - 懶翁으로 이어지는 굴산문의 승려들이 주석하거나 산문을 계승하였고, 조선시대에는 學梅 - 芙蓉 - 普雨 - (淸虛) - 幻寂 - 喚惺으로 이어지면서 모두 청허와 스승 또는 제자로 이어지는 법맥이 주석하였음을 알 수 있다. 주석한 사실은 확인되지 않고 있지만 문집에서 청평사를 언급하고 있는 松雲惟政은 청허의 직계제자이고 환적의천을 출가시킨 탁린도 환적의천과 함께 편양언기에게 수학하였다. 이러

한 자료를 보았을 때 청평사는 청허계의 스님들이 주석하고 이의 법맥을
이었다고 할 것이다.

먼저 고려시대 법맥을 살펴보면 이자현이 청평사의 법맥에서 갖는 중
요성은 굴산문과 거사불교의 연계성에서 찾아 볼 수 있다. 문수원기의 기
록에서 이자현은 인근의 화악사에 주석하던 혜소국사를 방문하여 禪理를
자문하였고 대감국사 탄연이 그의 沙門이었다는 점에 주목할 필요가 있
다. 즉, 혜소국사와 탄연은 사제간이었으며 이자현은 혜소와 선리를 나누
는 관계 속에 있었으므로 이자현이 입적하자 탄연이 그의 비문을 쓰게
되었고 이자현의 전법사문이라고 했을 것으로 판단되는데, 이 두 스님은
모두 굴산문으로서 이자현 역시 굴산문의 영향을 짙게 받았을 것으로 추
정된다.

예종대를 전후한 이후 시기의 이자현과 굴산문 법맥을 아래와 같이 정
리하였다. 아래의 <표 12> 이자현과 굴산문의 법계도에서 보듯이 탄연
은 혜소국사와 이자현의 법을 동시에 이어받았다고 할 수 있다. 또한 탄
연의 스승인 혜소국사를 이자현이 문수원의 인근에 있던 華岳寺를 찾아
가 禪理를 諮問했다는 것은 이자현이 혜소와 동등한 위치는 아니라 해도
적어도 혜소국사와 선리를 나눌 수 있는 경지에 있었음을 알 수 있는 자
료이다. 고려말에 들어 청평사에서 주석하였던 나옹 역시 굴산문이었다.
이러한 법맥으로 볼 때 고려시대 청평사의 법맥은 굴산문이 주류를 이루
면서 발전하였다고 하겠다.

이자현에 대한 또하나의 평가로 청평사를 거사불교의 중심지로 보려
는 경향이 있다.[43] 그러나 청평사는 이자현과 같은 경향의 불교를 이어
간 명확한 인물이 주석하지 않았다. 비록 고려말 이암과 조선전기 설잠

---

43) 崔柄憲, 1983, 「高麗中期 李資玄의 禪과 居士佛教의 性格」 『金哲埈博士華甲記念
史學論叢』, 知識產業社, 941~960쪽.
許興植, 1993, 「禪의 復興과 看話禪의 展開」 『高麗佛教史研究』, 一潮閣, 463~
497쪽.

김시습이 주석하기는 하지만
이자현과 달리 이암은 은퇴
후 청평사에서 소요하다가
다시 관직으로 복귀하는 또
다른 거사불교의 모습을 갖
고 있으며 설잠은 거사가 아
니라 출가승이기 때문에 성
격을 달리한다고 봐야 할 것
이다. 더구나 문수원기에 이
자현의 제자는 祖遠과 知遠
이 있는데 2명은 이름에서
俗姓이 없고, 「遠」이라는 돌
림 字를 쓴 것으로 보아서 法名으로 판단되어 이자현의 법맥은 거사가
아니라 출가승이 계승하는 것으로 생각된다. 따라서 청평사의 거사불교
는 이자현과 성격을 달리하는 이암에 의해 맥을 잇고 있으며, 이자현과
직접적인 관련은 없지만 이규보, 이장용, 이승휴 등으로 고려사회 전반에
흐르는 풍조라는 큰 틀 속에서 거사불교의 맥은 이어지고 있음을 볼 수
있는데, 이규보는 스스로 거사라 칭하고 있다.

〈표 12〉 이자현과 굴산산문의 법계도

이규보는 白雲居士라 칭하였고, 거사라는 용어에 대한 정의를 하고 있
다. 그의 문집에 거사라고 칭하는 것은 어떠한 경우인가라는 질문에 다음
과 같이 답하고 있다.

> 산에 거처하거나 집에 거하거나 오직 道를 즐기는 자라야 거사라 칭할 수
> 있는데, 나의 경우에는 집에 거하며 도를 즐기는 사람이다.'[44]

---

44) 민족문화추진회, 1985, 『동국이상국집』Ⅲ, 188~189쪽.

이규보는 스스로를 집에 머무는 거사라 칭하고 있어서 거사불교와 맥이 닿아 있음을 알 수 있다. 또한 이자현 이후 중시되어 왔던 능엄경에 대한 시각은 쉽게 찾아볼 수 있다.

> 무엇으로 수양을 할까
> 능엄경을 외리라.[45]

> 옮겨서 능엄경을 배웠다
> 밤에 누워서도 욀 수 있으니
> 이불 속이 바로 도량이네.[46]

> 만년에는 불법을 더욱 믿어서 능엄경을 외고[47]

이러한 詩 외에도, '능엄경을 다 읽고 다시 짓다', '능엄경 제육권까지 외고 짓다', '능엄경을 읽으면서'[48] 등이 있다. 詩題는 아니지만 글의 내용 중에 능엄경이 포함된 것이 13군데서 나타나고 있음을 보아도 이자현과 원진국사 이후로 유행하였던 능엄경을 중시하면서 불교에 심취하였음을 알 수 있다.[49]

삼척 천은사에서 은거한 동안거사 이승휴는 원의 침입으로 개경으로 갈 수 없게 되자 動安居士라 칭하고 龜洞에 머물면서 삼화사에 보관되어 있던 대장경을 10년간에 걸쳐 모두 읽고 처소를 看藏庵으로 개칭하고 희사하였다.[50]

---

45) 민족문화추진회, 1985, 『동국이상국집』V, 158~159쪽.
46) 민족문화추진회, 1985, 『동국이상국집』VI, 42쪽.
47) 민족문화추진회, 1985, 『동국이상국집』IV, 238쪽.
48) 민족문화추진회, 1985, 『동국이상국집』IV, 29~30·34~35·61·108쪽.
49) 姜錫瑾, 1997, 「居士佛敎 觀點에서 본 李奎報의 行蹟과 文學」 『東國語文論集』 第7輯, 동국대학교 인문과학대학 국어국문학과, 173~200쪽.
50) 李承休 著·金慶洙 外 譯, 1995, 『國譯 動安居士文集』, 三陟市.
    진성규, 2000, 「13世紀 佛敎系 動向과 李承休」 『李承休硏究論叢』, 三陟市, 377~388쪽.

이자현은 앞에서도 살펴보았듯이 거사불교의 한축과 굴산문의 한축으로 파악해야 할 것으로 판단된다. 먼저 이자현은 淸平居士라 칭하면서 거사불교를 유행시켰던 인물 중의 한사람으로, 그와 교유하였던 郭輿, 金剛居士 李顗와 尹彦頤 등이 있으며 觀瀾寺를 원찰로 세운 雪堂居士 金富軾 등이 있다. 이러한 경향 속에서 비록 이자현이 고답적이고, 은둔적인 수행경향으로 인하여 세속의 사람들과 활발한 교유는 하지 않았다고 하여도 거사불교의 사회적 경향은 李奎報(1168~1241), 李藏用(1201~1272),[51] 李承休(1224~1300),[52] 李齊賢(1287~1367),[53] 李穡(1328~1396)[54] 등으로 계승되고 있다.

조선시대의 법맥은 앞에서 살펴보았듯이 學梅 - 芙蓉 - 普雨 - 幻寂 - 喚惺으로 이어지고 있다. 이들이 모두 사자상승을 하고 있지는 않지만 적어도 청평사에 주석하면서 법맥을 잇고 있다. 특히 환적은 淸虛 休靜 - 鞭羊彦機 - 幻寂義天으로 이어지는 법맥을 갖고 있다. 이는 조선중기 이후 불교계에서 두드러지게 나타나고 있는 두 개의 법맥 즉, 浮休善修와 淸虛休靜의 법맥 중에서 휴정의 법맥을 잇고 있으며, 의천을 楓溪가 잇고 다시 聞俗로 이어지고 있다. 또한 환성지안을 들 수 있다. 환성지안은 편양언기의 법을 이은 풍담의 제자인 월담에게서 의발을 전수받았음을 알 수 있듯이 휴정의 직계 법맥을 잇고 있다. 현재까지 청평사와 명확한 관련성에 대한 연구는 미진한 상태이나 문집을 통하여 보면 휴정은 1557년

---

51) 사회과학원 고전연구실, 1992, 『北譯 高麗史』 第九册, 新書苑, 147~153쪽.
   閔賢九, 1980, 「李藏用小考」 『韓國學論叢』 3輯, 國民大學校 韓國學研究所, 88쪽.
52) 사회과학원 고전연구실, 1992, 『北譯 高麗史』 第九册, 新書苑, 358~363쪽.
53) 사회과학원 고전연구실, 1992, 『北譯 高麗史』 第十册, 新書苑, 216~244쪽.
54) 사회과학원 고전연구실, 1992, 『北譯 高麗史』 第九册, 新書苑, 123~125쪽.
   남동신, 2006, 「목은 이색과 불교 승려의 시문(詩文) 교유」 『역사와 현실』 62, 한국역사연구회, 111~157쪽.
   高惠玲, 2006, 「牧隱集을 통해 본 李穡의 불교와의 관계」 『震檀學報』 102, 震檀學會, 351~386쪽.

과 1568년에 청평사를 방문한 것으로 보
인다. 청허휴정이 보우의 뒤를 이어 봉
은사 주지를 맡고, 1557년은 보우가 청
평사에 주석할 당시이므로 휴정은 청평
사에서 보우를 만났을 것이다. 휴정의55)
제자인 惟政도56) 청평사에 관련한 시를
남김으로서 청평사와 관련하고 있음을
알 수 있다.

이상을 청평사의 법맥을 크게 두가지
의 흐름으로 파악한다면 고려시기에는
李資玄 - 坦然 - 承迥 - 懶翁으로 굴산문
의 법맥이 이어지고 있으며 조선시대에

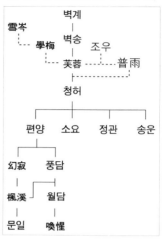

〈표 13〉 조선시대 청평사 법계도
(※ 漢字 法名은 청평사에 주석한 스님)

들어서는 휴정의 스승인 부용영관이 청평사의 학매에게 법을 자문하고,
환적당 의천은 청허휴정 - 편양언기 - 환적의천 - 풍계명찰로 이어지는 법

---

55) 東國大學校 出版部, 1986,「淸虛集」『韓國佛敎全書』第七冊, 674·681쪽.
　　"마포나루에서 배를 타고 동쪽 청평산으로 들어가며(泛舟麻渡入淸平山), 병진년
　　봄(丙辰春), 청평산 동쪽 바라보니 생각은 유유한데(淸平東望思悠悠), 백리 긴 강
　　에 한 조각 배를 탔네(百里長江一葉舟), 양쪽 언덕엔 꽃이 날려 봄은 저물려 하고
　　(兩岸花飛春欲暮), 천개 봉우리는 구름에 젖어 비가 막 개였어라(千岑雲濕雨初
　　收), 수양버들 늘어진 마을 밖엔 닭과 개 울고(垂楊村外喧鷄犬), 강가 풀 푸른 안
　　개 속에 송아지 누워 있네(沙草烟中臥犢牛)"
　　"관탄에서(冠灘卽事), 정사년 가을 청평사를 향하며(丁巳秋向淸平山), 황폐한 산
　　은 늙은 호랑이 웅크린 듯(荒山蹲老虎), 저무는 해에 배고픈 수리 우는구나(落日
　　鳴飢鵰), 강 위에는 바람과 물결 사나운데(江上風波惡), 배를 타고 시를 읊조리려 본
　　다(泊舟宜及詩)"
56) 東國大學校 出版部, 1986,「四溟堂大師集」『韓國佛敎全書』第八冊, 57쪽.
　　"淸平寺西洞, 화표주에 학 돌아오는 하늘길은 먼데(華表鶴廻天路遠), 청산은 옛과
　　같되 나그네 마음으로 돌아왔네(靑山如昨客初歸), 맑은 물결 흰바위는 밝은 달에
　　비추이는데(淸流白石照明月), 한밤중에 공연히 계수나무 가지를 잡고 올라가네
　　(一夜空攀靑桂枝)"

을 잇고 있으며, 환성당 지안은 청허휴정 - 편양언기 - 풍담의심 - 월담설
제 - 환성지안으로 법맥이 계승되고 있음을 볼 수 있다.

제5장

淸平寺 金石文의 복원과 記文 검토

청평사에는 고려시대에 건립된 문수원기와 장경비 2기가 있었고, 일제 강점기에 건립된 헌답비 1기의 비문이 있다. 그러나 고려시대에 건립된 문수원기와 장경비는 모두 파손되어 현전하지 않는다. 이 장에서는 현전 하지 않는 문수원기와 장경비에 대하여는 복원에 관한 방법론 등에 대하 여 살펴보면서 각 비문의 탑영과 문헌간의 오탈자를 확인하고 이에 관련 한 복원의 가능성에 대하여 살펴보고자 한다. 특히 일본에서 북관대첩비 가 환수되고 이 비석을 북한으로 이송하기 전 문화재청에서는 복제비를 제작하여 경복궁에 전시하였다. 이를 계기로 북한산비를 복제하여 원위 치에 건립하였으며 문수원기도 2006년에 복원을 시작하여 2008년 7월 원위치에 복제비를 건립하였다. 또한 양양군 선림원지의 홍각선사비도 2007년에 시작하여 2008년에 복원비가 건립되었다. 그런데 위의 비문 중 문수원기를 제외하고는 과학적인 방법을 통하여 현존하는 비문의 현상을 그대로 재현하는 것이라고 할 수 있다. 그러나 문수원기와 장경비는 비석 자체가 破碑가 되어 전체적인 크기, 문장의 배열, 자간과 행간을 알 수 없는 상황이다. 따라서 이를 어떻게 복원할 것인가의 문제를 검토해보고 자 한다.

1. 복원과 관련한 몇가지 문제

이 글의 검토 대상인 춘천 淸平寺 文殊院記는 파손되어 현재는 일부 碑片만이 전하고 있다. 문수원기는 청평사 大雄殿址에서 1968년 碑片이 발견되면서 그 실체에 관한 연구가 시작되었다고 하여도 과언이 아닐 정 도로 잊혀져가던 비문이었는데, 1970년대 이후부터 看話禪과 고려불교사 연구가 진척되면서 비문이 자주 인용되게 되었다. 그러나 비문 복원이나 탑영에 의한 원문의 校勘이 없었으므로 문헌에 따라 다르게 판독하는 일이 발생하고 있다. 현재까지 문수원기의 비문을 가장 많이 수록하고 있는『朝鮮金石總覽』의 경우도 원문 교감이 이루어지지 못하였다.[1) 碑陽은 전문을 게재하고 있으나, 碑陰의 경우 522字 중 103字가 판독되지 않았다. 따라서 문수원기의 原本 確定을 위해서는 무엇보다 먼저 각 판본별 校勘, 즉 각 탑영의 결락자와 탑영과 문헌과의 誤·缺字를 구별하는 기초작업이 필요하다.[2)

현재 碑가 전하지 않는 상황에서 문헌 및 자료를 중심으로 한 誤·缺字 확인 작업은 문수원기를 복원하기 위한 가장 중요한 작업이라 할 수 있다. 현재 전하는 몇 질의 탑영은 대개 일부분만을 각기 나누어 만든 碑帖이기 때문에 字列·字間·行·行間 등을 알 수 없다. 그나마도 원본대로 온전히 전하는 것이 아니며 비첩으로 만드는 과정에서 글자의 배열이 바뀌는 경우도 있다. 따라서 복원을 위해서는 비의 전체상을 재구성하는 작업이 선결 과제이다.

문수원기의 복원과 관련해서는 1968년 黃壽永에 의하여 한국전쟁 당시 파괴되기 전의 상태까지 복원이 시도된 바 있다.[3) 그러나 이때는 당시에 수습된 비편만을 모아 집성하였기 때문에, 비의 원형이 어떠한 모습이었고 각 행이 몇 자인지 등에 대한 연구는 진척되지 못하였다. 이상의 여러 문제를 해명하기 위해서는 비의 형태와 비문의 全文에 관한 연구가 전제되어야 하며, 문헌과 탑영을 비교·검토하여 복원이 가능한가를 살펴

---

1) 朝鮮總督府, 1919,『朝鮮金石總覽』上, 325～328쪽.
2) 洪性益, 1996,「春川 佛敎」『春川百年史』, 春川百年史編纂委員會, 1670～1679쪽 ; 2001,「새로이 확인된 淸平寺 文殊院記 拓本」『博物館誌』8, 江原大學校 中央博物館, 57～81쪽 ; 2006,「春川 淸平寺 文殊院記 復元을 위한 硏究」『文化史學』第26號, 韓國文化史學會, 175～214쪽.
3) 黃壽永, 1968,「淸平寺 文殊院記 碑片의 調査」『考古美術』99, 韓國美術史學會, 453～457쪽.

보아야 한다.

이 글은 문수원기의 내용과 형태를 복원하고 이를 토대로 비석을 제자리에 세우기 위한 기초 연구로서의 성격을 갖는다. 본문에서는 각 판본별 교감을 위주로 비문 원본 확정 작업을 전개하였다. 문수원기 역주는 교감을 통해 확정된 원문을 역주한 것이다. 문수원기의 복원도는 각 탑영별로 각기 보유하고 있는 行과 字를 쉽게 식별할 수 있도록 원비문과 행을 明暗으로 표시하였다.

1) 문수원기와 장경비 개관

문수원기는 1125년에 이자현이 세상을 뜨고 5년이 지난 1130년 8월 인종으로부터 眞樂公이란 시호를 받았는데, 그 3개월 후인 같은 해 11월에 세워진 비이다. 비의 앞면은 김부철이 짓고 대감국사 탄연이 썼으며, 비의 뒷면은 대각국사 의천의 제자인 慧素가 짓고 역시 탄연이 썼다.[4] 이 비문은 특히 看話禪과 崛山門의 법맥 등을 밝히는데 중요한 자료로 인용되고 있다.

문수원기의 내용을 보면, 1행부터 4행까지는 청평사 창건과 중창 등에 관련된 내용 및 이자현이 청평사에 은거하게 되는 과정이 서술되어 있고, 4행 중반부터 10행 중반까지는 이자현이 청평산에 와서 문수보살의 감응을 받고 능엄경을 소의경전으로 참선을 위주로 수도하였음을 밝히고 있다. 10행 중반부터 14행까지는 임금과의 관계를 기록하고 있으며, 15행부터 23행 중반까지는 이자현이 입적한 내용과 그가 저술한 책명과 사람됨에 대하여 기록하고 있다. 23행 중반부터 24행 중반까지는 김부철이 문수원기를 쓰게 된 동기를, 24행부터 마지막 행인 25행까지는 김부철이 글을 짓고 탄연이 글씨를 썼는데 이자현의 沙門이기도 하다는 사실을 밝히고

---

4) 銘文으로 확인되지는 않았으나 雲門寺 圓應國師碑文과 僧伽窟重修記도 坦然이 쓴 것으로 알려져 있다.

있다. 아울러 조원과 지원이 각기 비를 세우고 글을 새겼다는 사실도 밝히고 있다. 비음에는 이자현의 제사 때 쓰였던 제문을 새겨 놓고 있다.

장경비는 비의 앞면을 이제현이, 비의 뒷면을 성징이 지었다. 글씨는 비의 뒷면은 자료가 전하지 않기 때문에 누가 썼는지 알 수 없으나, 앞면은 이암이 쓴 2면비이며, 1327년 5월에 건립되었다. 그 내용을 살펴보면 청평사에 직접적으로 관련된 내용은 없고 원나라의 태정제가 청평사에 대장경과 돈을 보내준 것을 기념하기 위해 세운다는 내용만이 기록되어 있다. 검토과정에서 확인한 사항이지만, 비문의 撰者인 李齊賢의 문집에는 비양을 이제현이, 비음은 성징이 지었다고 하였고, 비양을 이암이 썼다는 내용은 기록되어 있지 않다. 이는 금석문의 원문이 비록 撰者의 문집에 실린 글이라고 하더라도 문헌만을 대상으로 연구되어지는 것에는 한계가 있음을 보여준다. 이러한 문제점은 다른 비문에서도 문헌과 탑영이 서로 다른 경우를 볼 수 있으므로 문헌과 탑영을 비교·검토함으로써 원문에 충실을 기할 수 있고 이를 통하여 보다 명확한 1차 사료로 이용될 수 있을 것이다.

문수원기와 장경비에 관련한 내용은 여러 古記錄에서 찾아볼 수 있다. 여러 기록을 통하여 문수원기는 1914년에 극락전으로 옮겨지기 얼마 전까지 원래의 위치에 있었다는 사실을 확인할 수 있다.

金尙憲의 『淸陰集』에 의하면 1635년까지 청평사의 동쪽에는 장경비가 있고 서쪽에는 문수원기가 있다고 했다.[5] 또 朴長遠의 『久堂集』에 의하면 1651년에도 역시 원위치에 있었으며, 두 碑의 위치는 밝히지 않았으나 東西로 있었음을 알 수 있다. 또한 문수원기는 흑색이고 광택이 흘러 이끼가 끼지 않았으며, 장경비는 흰색임을 밝히고 있다. 이때 문수원기가 흑색이라고 한 것은 비편이 점판암임을 알려주는 것이고, 장경비가

---

5) 金尙憲, 『淸陰集』 卷10, 淸平錄 ; 김학수 譯註, 1997, 『春川地理誌』, 春川市, 781~782쪽.

희다고 한 것은 화강암으로 세워졌음을 알려 준다.6)

金昌協의『農巖集』에 의하면, 1696년 김창협이 청평사에 와서 문수원 기를 보았을 때에는 겨울철에 큰 손상을 입어 비문의 윗부분에 균열이 생겼다고 하였다.7) 이 내용은 현재 전하는 탑영에서 題額의 상태를 확인 하면 그 탑영이 이루어진 시기가 1696년 이전인지 이후인지를 판별할 수 있는 자료로서의 의미를 갖는다.

徐宗華의『藥軒遺稿』에 의하면, 문수원기는 회전문 서쪽의 절 뜨락에 있으며 이외에 파손되어 읽을 수 없는 비 한 개가 더 있다고 하였다.8) 이로써 장경비는 서종화가 사망한 1748년 이전에 이미 파손되었음도 알 수 있다. 그런데 成海應의『東國明山記』에 의하면, 청평사의 서쪽에 문 수원기가 있고 동쪽에는 장경비가 있다고 되어 있다.9) 성해응은 1839년 에 사망하였으므로 서종화 보다는 91년 후에 사망한 사람인데 장경비가 존재하고 있다고 기록하고 있다. 이는 아마도 성해응이 파손된 장경비를 자세히 살펴본 결과가 아닌가 추정된다. 이외에도 丁時翰의『山中日記』10) 등에도 기록이 보이므로, 1800년대를 전후한 시기까지는 원위치에 그대 로 서 있었음을 알 수 있다.

그러나 純祖年間(1801~1834)에 편찬된『春川邑誌』에 의하면, 장경 비는 절단되어 字劃도 보기 어려우며, 문수원기도 글자가 벗겨지고 떨어 진 채로 절 앞에 서 있다고 되어 있다.11) 이렇게 소홀히 보존되어 오던 문수원기는 1914년 훼손이 심하자 극락전으로 옮겨 보관하게 되었다.12)

---

6) 朴長遠,『久堂集』卷15, 遊淸平山記 ; 김학수 譯註, 1997,『春川地理誌』, 春川市, 792쪽.
7) 金昌協,『農巖集』卷24, 東征記 ; 김학수 譯註, 1997,『春川地理誌』, 春川市, 850쪽.
8) 徐宗華,『藥軒遺稿』卷5, 淸平山記 ; 오강원 譯註, 1997,『春川地理誌』, 春川市, 854쪽.
9) 成海應,『東國名山記』, 淸平山 ; 김학수 譯註, 1997,『春川地理誌』, 春川市, 984쪽.
10) 丁時翰 著·金成讚 譯註, 1999, 山中日記, 國學資料院, 212~218쪽.
11)『春川邑誌』純祖年間 本 ; 김학수 譯註, 1997,『春川地理誌』, 春川市, 199쪽.

그러나 이때 이미 비문의 절반 이상이 멸실된 상태였음은 『朝鮮古蹟圖譜』
에 실린 사진에서 알 수 있다.[13]

그런데 해방 이후에는 청평사가 북위 38°선의 경계선상에 있었기 때
문에 주지승이 남한과 북한에 의하여 자주 연행되어 사상 조사를 받는
사태가 발생하자 부인이 부처님의 加被가 없기 때문이라면서 극락전을
불태우는 사건이 일어났다.[14] 이때 다시 피해를 입은 문수원기는 현재의
대웅전 자리에 있던 요사에 옮겨 보관하게 되었다. 그러나 한국전쟁 때
요사가 다시 불에 타면서 문수원기는 완전히 파괴되었다.

그 후 1968년 현재의 대웅전 자리에서 문수원기의 비편이 발견됨으로써
문수원기의 존재가 알려지게 되었다. 1985년 5월 25일에는 대웅전 터를 발
굴하던 중 일부의 비편이 새로 확인되고, 그에 관한 사항이 발표되었다.[15]
이후 박영돈, 홍성익, 정상옥, 신동하 등에 의하여 활발한 연구가 진척되어
현재는 전문에 대한 연구가 이루어졌다. 그러나 각 탑영에 수록된 글자, 편
집상에서 바뀐 行, 훼손된 字體에 대한 연구는 더 진행되어야 한다.

---

12) 『淸平寺誌』, 698쪽. "右碑는 大正三年十二月十九日 郡守申圭善 郡書記朝田直夫
   雇員姜漢求 立會下에 櫃中에 入하야 國寶로써 極樂寶殿에 藏置하다"
13) 朝鮮總督府, 1918, 『朝鮮古蹟圖譜』六, 821쪽.
14) 沈相俊(1919년 生, 春川市 朝陽洞 6-50番地 居住, 前 淸平寺 信徒會 副會長)翁,
   許南壽(1938년 生, 春川市 北山面 淸平里 山 182-8番地 居住, 당시 청평사 소작
   농 자녀)翁 口述.
   東亞日報 1950년 2月 15日字 2面에 의하면 '1950년 1月 29日, 淸平寺 住持 金東
   柱 부인의 방화에 의하여 새벽 6시경에 山神堂과 함께 소실되었다'고 하였다. 그
   러나 金東柱는 金東週의 誤記이고, 그의 부인은 姜忠伊이다. 極樂殿의 燒失은 미
   친 여자에 의해 1946년 불태워졌다는 說(春川市 外, 1984, 『春州誌』, 春川文化
   院, 1398쪽)과 한국전쟁 때 소실되었다는 說(春川文化院, 1994, 『春川文化大觀』,
   285쪽 ; 김영기, 1993, 『춘천의 역사와 문화』, 춘천문화원, 79쪽) 등이 있으나 이
   는 잘못된 기술이다.
15) 李相弼, 1985, 「春城郡 淸平寺址 整備 및 影池 發掘調査報告」『文化財』第十八
   號, 文化財管理局, 67~70쪽. 報告書에는 總 8片으로 碑陽이 3片에 24字, 碑陰은
   2片에 45字가 있다 했으며 無紋片은 3片이었다고 했다. 碑片이나 攝影은 확인하
   지 못했다. 이 글의 〔제5장-2-1)-(1)-② 發掘時 收拾된 碑片〕참조.

장경비는 복원을 위한 연구가 활발하게 진행되지는 않았으나 홍성익에 의하여 연구되어 비양은 전문이 확인되었으나 비음은 일부만 진행되었다.[16] 그러나 탑영을 확인하지 못하고 복사본을 참고로 하였기 때문에 복원을 위한 연구는 아직 이르다고 하겠다.

2) 복원 방법론

碑를 復元한다는 것은, 과거에 만들어 세워진 비석이 어떠한 연유에 의하여 파괴되어 현재는 원형을 잃은 상태에 있을 때, 원래의 비와 같은 모습으로 다시 만든다는 의미이다. 이때 가장 중요한 작업인 비문을 복원하는 방법으로는 비편을 집성하는 방법과 탑영을 원형대로 편집하여 복원하는 방법을 들 수 있다. 또한 비편이 일부만 남아 있을 경우 탑영을 함께 활용하여 부분적으로 보완하면서 복원하는 방법도 있을 수 있다.

그런데 만약 이상과 같은 실물의 자료가 전혀 없을 경우에는 문헌자료를 바탕으로 복원할 수밖에 없다. 그러나 문헌의 기록만으로는 비문에 새겨진 원문과 같은 지를 확인할 수 없기 때문에 원래의 비문을 그대로 복원하는 일은 사실상 불가능하게 된다. 이러한 점은 진각국사비와 장경비의 경우, 비문의 撰者가 이규보임에도 그의 문집에 실린 비문의 내용과 비에 새겨진 원문이 다르다는 사실을 보더라도 확인할 수 있다.[17]

碑를 복원하는 작업은 다른 석조 문화재의 복원보다 치밀하고 복잡한 절차를 거쳐야 한다. 그 이유는 위에서 지적한 바와 같이 각종 자료에 실린 비문의 문장뿐 아니라 서체도 다르며, 비석의 크기 또한 일정하지

---

16) 洪性益, 2007,「春川 淸平寺 藏經碑 復元을 위한 基礎資料 檢討」『文化史學』第 27號, 韓國文化史學會, 705～729쪽.

17) 許興植, 1994,「中世 碑文의 復元과 修禪社 斷碑」『韓國中世佛敎史硏究』, 一潮閣, 270～284쪽. 藏經碑의 경우, 탑영과『益齋亂藁』卷7에 실린 碑文은 여러 곳에서 서로 다른 문장이 나타나고 있다.

않기 때문이다. 이 때문에 설사 문헌상으로 완벽한 비문이 전한다고 하더
라도 각 행의 글자 수와 크기, 書體, 字間, 行間을 알지 못하면 비의 완전
한 복원은 불가능하다. 따라서 비편이나 탑영은 비의 복원을 위하여 절대
적인 중요성을 갖는 자료로 이용되고 있다. 비편만을 가지고 복원할 때는
각 편마다 서로의 위치를 파악하기 어렵고, 또 탑영의 경우도 완질로 전
한다고 하여도 대부분 각 행을 오려서 비첩으로 만들었기 때문에 字間이
나 行과 行間을 추정하는데 한계를 지니고 있다.

破碑를 탑영에 의지하여 복원된 사례는 慶北 軍威郡 麟角寺의 一然禪
師碑를 들 수 있다. 일연선사비는 조선시대에 파비가 된 채로 일부만이
남아 있는데 이 碑文에 대해서는 방대한 자료가 남아 있다. 따라서 이를
바탕으로 자료 수집이 일찍부터 이루어지고 자료집이 출판되는 등 학계에
서 복원을 위한 준비 작업이 활발히 추진되었고, 이를 바탕으로 2006년
11월 군위 인각사 북쪽 浮屠群 근처에 복원하였다.[18] 일연선사비는 음기
부분의 사람 이름 등의 위치를 바로 잡는데 문제점이 노출되었고 문수원
기는 字間과 行間, 그리고 훼손된 글자는 바로잡는데 많은 문제점이 발견
되었다.[19] 탑영에 의한 복원은 아니지만 양주의 회암사지 선각왕사비가

---

18) 韓國學文獻硏究所 編, 1979, 『大東金石書』, 亞細亞文化社, 95~98쪽.
　　韓國精神文化硏究院, 1997, 『藏書閣所藏拓本資料集』Ⅰ 古代·高麗篇, 202~208쪽.
　　金庠基, 1961, 「古揭麟角寺碑」 『考古美術』 通卷15號, 韓國美術史學會, 160쪽.
　　中央僧家大學 佛敎史學硏究所, 1992, 『麟角寺 普覺國師碑帖』, 保景文化社.
　　蔡尙植, 1996, 「普照國尊 一然碑의 現狀과 復原의 問題」 『古書硏究』 제13호, 韓
　　國古書硏究會, 15~26쪽.
　　박영돈, 1999, 「인각사 보조국사비 복원비」 『불교와 문화』 9, 대한불교진흥원,
　　155~161쪽.
　　朴永弴, 2000, 「麟角寺 普覺國師碑 復元加墨本」 『佛敎美術』 16, 東國大學校 博
　　物館, 139~197쪽.
　　한국불교연구원, 2004, 『인각사 보각국사비 재현 연구보고서』.
19) 문수원기는 20여종의 탑영과 문헌자료를 바탕으로 비문을 완성하여 복원비를 건
　　립하였으나 탑영 간 濃淡의 차이로 인한 글자의 크기, 탑영 이전에 발생한 破字,
　　탑영을 비첩으로 만들면서 생긴 行間과 字間의 攪亂 등 비문의 재구성에서 심각

1997년 산불로 인하여 破碑가 되자 현장에서 비편을 수습하여, 사진 자료와 기존의 조사 내용을 바탕으로 복원한 사례가 있다. 이때는 비문이 비교적 커다란 片으로 파괴되어 Titaum steel로 편들을 연결하고, Epoxy resin에 충진제(Sio2)를 혼합하여 고정시키는 방법으로 보강하였다.[20]

예외적으로 전라남도 곡성군 泰安寺에는 寂忍禪師碑의 복원을 들 수 있다. 이 비문은 872년 崔賀가 짓고 조극일이 쓴 것인데 원래의 비는 파손되고, 1928년 金敦熙가 다시 써서 세웠다. 이 과정에서 書體, 碑文이 다르게 刻字되었고, 碑石도 다르게 세워졌다.[21] 따라서 적인선사비는 충실하게 복원된 비라고 할 수 없다.

복원이 추진 중인 비로는 양양 禪林院址의 弘覺禪師碑가 있다. 이 碑文도 탑영과 비편을 바탕으로 복원을 위한 기초연구가 진행되고 있다.[22] 홍각선사비는 886년(헌강왕 12)에 세워졌으나, 1747년에 이미 파손되었다. 전문이 전하는 문헌이 없기 때문에 古拓에 의거하지 않으면 복원이 불가능하나 탑영 역시 전문이 전하지 않기 때문에 전체적인 行이나 字間 등에 대한 연구가 초보적인 단계에서 진행되지 못하고 있다. 崇福寺碑도 복원을 위한 연구가 진행되고 있다.[23] 숭복사비의 비문은 최치원이 짓고

한 문제가 노출되었다. 따라서 서예가와 암석학 전공자 등의 도움을 받아 복원되었으나 부분적인 자획의 결락부분은 극복하지 못하였다.

20) 국립문화재연구소, 2001, 『회암사지 선각왕사비 보존』.

21) 대한불교조계종 문화유산발굴조사단, 2001, 『棟裏山 泰安寺 지표조사보고서』, 87~95쪽.

22) 韓國學文獻研究所 編, 1979, 『大東金石書』, 亞細亞文化社, 61쪽.
韓國精神文化研究院, 1997, 『藏書閣所藏拓本資料集』I 古代·高麗篇, 13~15쪽.
許興植, 1986, 「沙林院 弘覺國師碑」『高麗佛教史研究』, 一潮閣, 573~578쪽.
權悳永, 1992, 「新羅 弘覺禪師碑文의 復元 試圖」『伽山 李智冠스님 華甲記念論叢·韓國佛教文化思想史(卷上)』, 伽山佛教文化振興院, 612~645쪽.
권기종, 2002, 「弘覺禪師 碑文을 통해본 禪林院」『양양 선림원의 사상과 불교미술』, 한국미술사연구소, 2002, 11~20쪽.

23) 黃壽永, 1961, 「新羅 崇福寺 碑片」『考古美術』通卷14號, 韓國美術史學會, 158쪽.
洪思俊, 1961, 「崇福寺 碑片」『考古美術』通卷15號, 韓國美術史學會, 170~171쪽.

쓴 것으로, 소위 四山碑銘 중에서 가장 오래된 비문이다. 그러나 탑영으로 전하는 것이 없고, 최대 16字가 남아 있는 비편을 포함하여 15개의 비편만이 전하고 있다. 이들을 모두 합해서 판독이 가능한 글자는 85字에 불과하다. 이 때문에 각 비편이 비문에서 자리하던 위치마저도 확정하지 못하고 있다.

이외에도 경주 남산 七佛庵의 금강경 석경24)과 경주 昌林寺에 소장되었던 법화경 석경을 복원하기 위한 작업이 진행 중에 있다.25) 또 원주 興法寺 진공대사 탑비와 구례 華嚴寺 각황전 석경도 수년 전부터 복원 작업이 진행되고 있으나, 자료의 부족으로 인해 오랜 시간이 지나야 윤곽이 드러날 것으로 추정된다. 北漢山 眞興王巡狩碑는 비록 부분적인 복제이지만 3차원 컴퓨터그래픽 기법의 도움을 받아 북한산 현지에 복제비가 건립되었다.26)

이상에서 현재 진행 중인 복원 작업에서는 회암사지 선각왕사비의 경우를 제외하고는 탑영과 비편에 의존하는 방법이 활용되고 있음을 알 수 있다.

위에서 지적한 바와 같이 최근 여러 곳에서 비의 복원이 추진되고 있기는 하지만, 完帙의 탑영이 전하지 않는 한 원래의 비를 완전하게 복원하기는 불가능하다. 문헌자료상으로 비문의 전체를 알 수 있다고 하여도 글자의 행과 행간을 알 수 없을 뿐 아니라 특히 서체를 알 수 없기 때문에 원래의 비문을 복원할 수 없다. 따라서 현존하지 않는 비의 비문을

黃壽永, 1968, 崇福寺 碑片『考古美術』通卷96號, 韓國美術史學會, 427～428쪽.
尹善泰, 2000, ‘崇福寺碑’의 復元-結·苦의 細註와 관련하여」『佛敎美術』16, 東國大學校 博物館, 91～135쪽.

24) 張忠植, 2000,「新羅石經과 그 復元」『韓國書藝二千年 特講論文集』, 예술의 전당, 61～72쪽.

25) 張忠植, 2000,「新羅 法華經 石經의 復元」『佛敎美術』16, 東國大學校 博物館, 27～62쪽.

26) 한병일 외, 2006,「北漢山 新羅 眞興王巡狩碑 복제에 대한 硏究」『文化史學』第26號, 韓國文化史學會, 5～22쪽.

복원하기 위해서는 우선 탑영이 1차 자료로서 준비되어야 한다. 그런데 위에서 본 바와 같이 현재 복원이 추진 중인 비문들의 경우 일연선사비를 제외하고는 완질의 탑영이 전하지 않고 碑의 일부나 碑片 또는 비첩 등으로 만들어진 탑영만이 전하고 있어서 비문의 전체적인 윤곽만을 잡고 있는 상태이다.

문수원기와 장경비를 복원하는 작업도 현재까지 전하는 각종의 문헌 자료를 비교 대조하면서 원문을 확정한 후, 이를 탑영과 맞추면서 글자와 書體, 字間·字列·行 등을 검증하는 검토 과정을 거쳐야 한다. 그런데 문제는 이러한 검토를 거쳤다고 하여도 문수원기의 경우, 인각사 일연선사비의 비문이나 법천사 지광국사현묘탑비처럼 모눈종이에 글을 쓰듯이 정확한 네모의 공간 안에 글자를 한자 한자 새겨 넣은 양식이 아니라, 비문의 크기와 같은 한 장의 종이에 上下左右의 배열을 의식하지 않으면서 글자의 크기가 서로 다른 行書로 썼기 때문에 字間과 行間의 폭이 서로 같지 않다는 점에 있다. 이 때문에 복원 작업을 제대로 달성하기 위해서는 문헌과 탑영과의 校勘 작업을 통하여 원문을 확정한 후, 각 문장별로 行을 확정하면서 字間과 行間을 맞추어 재편집하는 과정을 거쳐야 한다는 것이다.

그런데 이러한 작업과 관련하여 최근 익산 彌勒寺址 西塔의 원형 복원에 도입된 새로운 방법론이 큰 자극이 된다. 東塔을 복원하기에 앞서 西塔의 원형에 대하여 컴퓨터 그래픽 기술을 도입하는 방법이다.[27]

문수원기의 복원에도 컴퓨터에 각 탑영을 1:1로 입력하고 이를 종합 재편집하면 字間·字列·行·行間을 파악하는데 큰 도움이 될 것이다. 또한 비편도 입력하여 각 字의 새김 깊이와 획의 변화를 측정하여 파손된 字나 劃을 추정하면 刻字할 때 도움을 받을 수 있을 것이다.

---

27) 金東鉉, 1991, 「3次元 컴퓨터 그래픽 技術을 利用한 文化財 復元」『文化財』24, 文化財管理局, 1~22쪽.

2. 文殊院記 복원

1) 문수원기 기초자료 검토

현재 문수원기의 탑영으로 전하는 것은 任昌淳 本·朴永弴 本·國立中
央博物館 本 등이 있고, 碑片으로 남아 있는 것은 東國大學校 博物館 所
藏品과 1985년 大雄殿址를 發掘할 때에 수습된 碑片들이 있다.

이 글의, [제5장-2-1)-(5) 資料의 字 保有現況]에서 볼 수 있듯이 각
탑영 중에서 완질로 전하는 것은 없다. 다만 『大東金石書』 수록본이나
『東國明籍』 수록본처럼 여러 비문을 탑영하여 일부분을 한 권에 集成하
거나, 또는 글자가 잘 남아 있는 부분을 선택적으로 탑영하고 이를 다시
선택적으로 오려서 만든 碑帖이 대부분이다. 따라서 原文과 字列·字間·
行·行間이 같지 않으며, 수록하고 있는 글자의 수도 서로 다르다.

따라서 각 탑영 별로 수록된 글자 수를 파악하였으나, 이는 어디까지
나 복원을 하기 위하여 참고가 되는 글자 수를 뜻한다. 상태가 좋지 않은
탑영의 경우는 글자 수를 정확히 맞추는 것이 별로 의미가 없을 수도 있
겠지만, 銘文이 活字本으로 전하고 있으므로 이 글에서는 탑영별로 확인
되는 글자가 비문 복원에 참고가 되느냐, 그렇지 않느냐를 우선하여 검토
하였다. 이 때문에 일부 탑영의 경우 파악되는 글자 수가 판독하는 사람
에 따라서 다를 수 있다.

(1) 碑片

① 동국대학교 박물관 所藏 碑片

동국대학교 박물관에 소장된 碑片에 대하여는 일찍이 논문으로 발표
된 바 있어,[28] 그와 관련한 내용은 알 수 있다. 이는 전술한 바와 같이

---

28) 黃壽永, 1968,「淸平寺 文殊院記 碑片의 調查」『考古美術』99, 韓國美術史學會,

1968년 청평사 大雄殿址에서 발견된 것을 黃壽永 敎授가 조사한 비편이다. 『朝鮮古蹟圖譜』에 실린 도판인 문수원기의 잔존 부분을 스케치하고, 여기에 발견된 비편을 집성한 복원도가 있는데, 이는 극락전 소실 당시까지 잔존한 비편 대부분이 발굴되었음을 알 수 있다. 단지 좌측 상단과 중간 상단, 그리고 좌측 중간 부분이 없는데 이는 후술할 1985년의 大雄殿址 발굴 때 발견된 부분으로 추정된다.

碑陽이 32片에 340字, 碑陰이 18片에 55字, 總 395字라고 보고되었으며, 題額은 「院」字의 우측 일부만이 조사되었다. 부록에 첨부한 탑영에서도 확인할 수 있듯이 원래 碑文의 흔적은 찾아볼 수 없을 만큼 부서져 조각이 되었다.

이들 비편은 國立中央博物館 소장 탑영의 일부에 불과하지만, 碑石의 實體를 확인할 수 있는 實物이고 복원을 위해서는 필수적인 자료로서 石質을 알려주는 자료이다. 따라서 비록 碑片이라 하더라도 큰 중요성을 갖고 있으며, 字의 새김 정도를 알 수 있는 유일한 자료이기도 하다.

② 발굴시 수습된 碑片

1985년 3월 5일부터 8월 22일까지 大雄殿址를 발굴하던 중, 5월 25일 大雄殿址의 동북쪽 지역에서 비편이 발견되었다.[29] 이것은 1968년에 발견된 비편의 잔여 부분으로, 발견된 碑片은 碑陽이 3片에 24字, 碑陰은 2片에 45字, 그리고 無紋片이 3片이었다. 1968년에 발견된 비편을 합하면 銘文 碑片은 總 55片에 464字이다. 이 중에 碑陽이 35片에 364字, 碑

453~457쪽.

29) 江原大學校 附設 産業技術研究所, 1984, 『淸平寺 實測調査 報告書』, 春城郡, 30~31쪽.
  李相弼, 1985, 「春城郡 淸平寺址 整備 및 影池 發掘調査報告」 『文化財』 18, 文化財管理局, 66~70쪽. 이 비편을 소장하고 있는 기관을 여러 경로를 통하여 확인하고자 하였으나 현재까지 소장처가 알려진 바 없다.

陰이 20片에 100字이다.

동국대학교 박물관 소장 비편과 함께 새로이 발굴된 비편은 字間·字列·字·行間을 파악하는 데는 1차 자료이고, 실물이라는 점에서 특히 중요하다. 그러나 이 비편의 소장처를 알 수 없다.

(2) 搨影

① 任昌淳 本

임창순 선생이 소장하였던 탑영으로 비양과 비음이 合本으로 되어 있다. 비양이 24葉, 碑陰이 8葉인데, 가로 17～18cm이고, 세로는 29cm 내외이다. 題額은 3字씩 묶어서 만들었다. 현재까지 알려진 탑영 중 碑陽 글자 수가 가장 많이 남아 있다. 제액이 모두 남아 있고 탑영 상태도 양호하다.

제액이 모두 남아 있는 것으로 보아 탑영된 시기는 적어도 金昌協이 다녀가기 이전, 즉 1695년 이전임을 알 수 있다. 또 탑영에 남아 있는 글씨의 상태를 보아 1668년에 편찬된 『大東金石書』 수록본 보다도 앞선 시기에 탑영된 것임을 알 수 있다. 그런데 이 탑영 역시 각 行을 오려서 碑帖으로 만들었기 때문에 字列·字間·行·行間을 파악하는 데는 어려움이 있다. 9·10·11·12行의 상단부가 1～3字씩, 24～25行은 모두 결락되었고, 23行도 일부 결락되었다. 그러나 이 탑영은 비문 복원을 위하여 가장 중요한 탑영인데, 114字가 결락되었고, 수록된 글자의 총수는 1,323字이다. 碑陰은 하단부를 제외하고는 거의 수록되어 있다. 碑陰 522字 중에서 435字를 수록하고 있으며, 87字가 缺落되었다. 朴永弴 本과 마찬가지로 任昌淳 本에도 유일하게 같은 1字가 缺落되었다.

비문의 결락 상태로 보아 시기상으로는 박영돈 소장본보다는 늦은 것으로 판단된다. 또, 임창순 본의 碑陽보다도 늦고, 『大東金石書』 수록본 보다는 빠른 시기에 탑영된 것을 후에 合本으로 묶은 것이 아닌가 추정된다. 그 까닭은 비양의 하단부는 대부분 남아 있지만 碑陰의 하단부가 집중적으로 거의 缺落되어 있다는 사실에서 탑영을 선택적으로 오려내서 비첩을 만든 것이 아니라 원래의 비문이 이미 결락된 후에 탑영한 것으로 판단되기 때문이다. 이 비첩에 실린 글자 중 비양에서 9行 첫 字인 '坐'字와 21行 최하단의 '之'字는 필사하여 보충한 字이다.

② 朴永弴 本

비음만을 별도로 비첩으로 만든 것이다. 근래에 박영돈이 고서점에서 구입하여 새로 碑帖으로 만들었다. 현재까지 알려진 비음의 탑영 중 가장 많은 글자를 보유하고 있는데, 1字를 제외하고 521字가 모두 수록되어 있다. 결락된 1字도 수록은 하고 있으나 비문 자체에서 이미 훼손된 상태이다.

이 탑영도 비첩으로 만들기 위해 모두 각 行으로 잘라 놓았다. 따라서 字列·字間·行·行間을 아는 데는 한계가 있으며, 國立中央博物館 本의 도움을 받아야 한다. 모두 10葉으로 되어 있으며, 가로 14~15cm이고 세로는 25cm 내외로 일정하지 않다. 이 탑영의 개요에 대해서는 1990년 朴永弴이 발표한 바 있다.[30]

③ 朴炳夏 本

예산군에 거주하는 박병하가 소장하고 있던 탑영으로, 비양을 비첩으로 만들었다.[31] 비첩의 일부가 불에 탔기 때문에 상단에 있는 일부 글자가 손상을 입었다. 비첩은 乾隆 13년(1748)에 만들어진 『歲次戊戌時憲曆』이란 책자에 각 행을 오려 붙인 것으로, 불에 탄 것을 韓紙에 다시 옮겨

---

30) 朴永弴, 1990, 「淸平山文殊院重修碑와 祭淸平山居士眞樂公之文」『書通』 17, 東方研書會, 105~110쪽.
31) 朴炳夏가 소장하고 있던 탑영으로 타인에게 양도하여 현재는 소장하고 있지 않다고 한다.

붙어 놓았는데 상태는 비교적 양호하다.

제액의 '眞·樂·公·文·殊·院' 6字는 온전하고, '重·平' 字는 좌측변이, '山' 字는 우측변이 온전하지 못하다. '修·淸' 字는 탑영이 되었으나 마모되어 字體가 전혀 보이지 않고, '記' 字는 탑영이 전하지 않는다.

이 탑영의 특징은 글자가 마모되어 보이지 않는다 하여도, 탑영을 한후 오려서 버리지 않고 비첩을 만들었기 때문에 원래의 字間을 알 수 있어 복원할 때 큰 도움이 된다. 또한 결락자는 주로 비첩을 만들면서 없어졌을 것으로 생각되며, 25행의 경우는 다른 탑영보다 글자가 많아서 복원에 도움이 된다. 총 1,366字가 수록되었고, 61字가 결락되었다.

④ 奎章閣 本

서울대학교 규장각에 소장되어 있는 탑영으로 비음만을 확인하였다. 이 탑영은 신동하에 의하여 발표된 바 있다.[32]

표지에는 「坦然書」라 필사하였으며 제문은 총14엽으로 14엽만이 2행이고 1엽부터 13엽까지는 4행씩 실리도록 원문을 행으로 오려서 재편집하였다. 박영돈 본과 같은 시기의 본으로 추정된다.

⑤ 天理大學 本

박영돈이 일본의 천리대학 소장본을 입수하여 제공한 것인데, 全帙인지는 확인되지 않는다. 비양만이 실려 있고 제액과 8行은 전체가 없으며, 비문의 하단부가 주로 결락되어 있다. 이는 비문의 훼손에 의한 것이라기보다는 비첩을 만들면서 없어졌을 것으로 추정된다. 비첩의 보존 상태는 양호하나 탑영 상태는 양호하지 않다. 빈 공간을 오려 버리지 않고 그대로 두고 있어서 복원할 때에 字間을 아는데 도움이 된다. 총 1,282字를

---

32) 신동하, 2006, 「'李資玄 祭文'의 史料的 價値」『人文科學硏究』12, 同德女子大學校 人文科學硏究所, 5~23쪽.

수록하고 있으며, 155字가 결락되었다.

⑥ 『東國明籍』 수록본

이 탑영은 박영돈이 소장하고 있다. 다른 여러 탑영도 함께 수록되어 있다. 각 行을 나누어 碑帖을 만든 것처럼 1줄로 오려낸 부분도 있기는 하지만, 2행 혹은 3행을 탑영 원래의 상태로 오려내 비첩을 만들어 놓았다. 그러나 20行과 21行의 각 47번째 '歟·之' 字는 별도로 잘라서 碑帖 하단에 오려 붙였고, 같은 葉에 있다고 하여도 각기 다른 行의 문장을 편의상 위치를 옮겨 실었다. 이러한 모습은 여러 다른 탑영에서도 보이고 있다.

그렇다 하여도 이 탑영은 字列·字間·行·行間을 파악하는데 중요한 자료이다. 특히 국립중앙박물관 본에는 비문의 상단부만이 남아 있는데 반하여, 이 탑영에는 하단부가 많이 남아 있어서 중요하다. 비음은 없고 비양만이 실려 있다. 그런데 1行의 「眞樂公重修淸平山文殊院記」는 다른 탑영과 글씨가 다르고 글자의 크기도 다르다. 이는 碑帖을 만들면서 坦然의 글씨에 가깝도록 模寫한 것으로 추정된다.

따라서 模寫한 것으로 추정되는 12字를 제외하면 總 322字가 수록되고, 1,115字가 결락되었다. 비첩은 모두 5葉으로 되어 있는데, 가로는 16～17cm이고 세로는 35～36cm 정도이다.

⑦ 國立中央博物館 本[33]

이 탑영은 원래 비첩으로 만들어진 것이 아니고, 비양과 비음의 잔존 부분 모두를 한꺼번에 탑영을 떠서 그대로 보존하고 있는 판본이다. 따라서 비양 복원을 위하여 字列·字間·行·行間을 파악할 수 있는 중요한 자료이다. 단 비문이 가장 많이 훼손된 상태에 있던 최근세에 탑영이 이루

---

33) 國立中央博物館 撮影 所藏番號 822. 『朝鮮金石攷』 등의 引用 탑영이 國立中央博物館 所藏 탑영이라는 것을 보면 이 글에서 인용한 탑영 이외에도 또 있을 것으로 추정된다.

어졌기 때문에 수록되어 있는 글자가 적고 탑영 상태가 좋지 않다. 이 글에서 참고로 한 자료 중에서는 가장 늦은 시기에 탑영된 것이며, 보존 상태도 양호한 편이 아니다.

비문의 윗부분만이 탑영되었으며 『朝鮮古蹟圖譜』에 실린 사진과 거의 같다. 제액은 '公·重·修·淸·平' 字 모두가 파손된 후에 탑영을 하였기 때문에 결락되었다. 또 '眞' 字와 '山' 字는 거의 파손되었으며, '院' 字와 '記' 字도 비문 자체가 갈라지게 되자 중간 부분이 파손되었다. '樂·文·殊' 字는 온전히 남아 있다. 수록된 글자의 수는 대체로 474字 정도이고 半字만이 보이는 글자가 약 13字 정도로, 모두 합하면 487字이고 결락자는 950字이다. 비음은 총 522字 중 122字가 수록되었고, 400字가 결락되었다. 그러나 반쪽이라도 남은 글자가 8字 정도는 더 있어 복원에 참고가 되는 글자의 총수는 130字이다.

그런데 이 탑영은 깨어진 부분이 함께 남은 탑영으로써, 장서각 본과 함께 중요한 탑영이다. 따라서 비음 복원을 위하여 字列·字間·行·行間 등을 확인하고, 비문에서 글자가 새겨졌던 위치를 아는데 결정적인 자료이다. 이 작업은 깨어진 부분을 가지고 앞면의 깨어진 부분과 대조하고 결락된 하단부와 비양의 하단 결락부를 서로 비교·대조하면 가능할 것이다.

(3) 影印本

① 『大東金石書』 수록본[34]

『大東金石書』는 일찍부터 알려진 撮影帖으로 郎善君 李俁가 편집한 『大東金石帖』에 실려 있는 것을 일부 발췌하여 소개한 것이다. 미수 허목이 1668년에 『大東金石帖』의 서문을 썼다고 한다.[35] 따라서 여기 실린 자료는 1668년 이전의 것임을 알 수 있는데, 탑영의 상태를 통하여

34) 韓國學文獻研究所 編, 1979, 『大東金石書』, 亞細亞文化社, 106～109쪽.
35) 權憙永, 1992, 「新羅 弘覺禪師碑文의 復元 試圖」 『伽山 李智冠스님 華甲紀念 韓國佛敎文化思想史』 卷上, 伽山佛敎文化振興院, 615쪽.

이 당시에도 이미 세부적인 글자의 磨損이 상당히 진행되었음을 알 수
있다. 그렇지만 이우의 생존년대를 근거로 탑영 시기를 비정하고, 이를
기준작으로 삼아 여타의 탑영을 비교하면서 결락자나 훼손된 字를 조사
하면 여러 가지를 가늠해 볼 수 있는 중요한 비첩이다.

이 비첩에는 文殊院記의 일부가 실려 있다. 題額 중에 '眞·樂·公·重·文·
殊·院·記' 字가 실려 있고, '修·淸·平·山' 字는 결락되었다. 비양은 1葉이
고 비음이 2葉이다. 수록된 글자는 비양이 제액을 포함하여 57字로 1,380字
가 결락되었고, 비음은 100字가 수록되었으며, 422字는 결락되었다. 비첩을
만들기 위해 각 行을 오린 것이 아니고 한 장에 들어갈 만큼을 한 장으로
오려서 만들었다. 따라서 字間·字列·行·行間을 아는데 도움을 준다.

② 具正吉 本

원본은 원래의 탑영이지만 이 글에서는 1999년 탑영 전시 인쇄물의
표지에 실린 자료를 모본으로 삼았다.[36] 제액 전체가 결락되었고, 9·10·
11행의 상단부가 다른 탑영처럼 결락되었다. 또 비문의 하단부가 대체로
결락되었는데, 7행의 최하단 '食' 字, 9행의 '슈門' 字만이 남아 있는 것
으로 보아 탑영을 오려서 비첩으로 만들 때 잘려나간 것으로 추정된다.

다른 판본에서 주로 결락된 25행이 대부분 남아 있는 것이 특징적이
다. 다만 소장자가 비첩을 새로 표구하는 과정에서 비문의 25행 좌측변
과 하단부가 잘려나가거나 가려진 것으로 보인다. 7행의 하단 '食' 字를
8행 상단으로, 9행의 하단 '슈門' 字를 10행 상단으로, 21행 하단의 '然
有孟光之' 字를 22행 최상단으로 편집하였다. 이 때 '俱隱麛公之' 字는
결락되었다. 이렇게 비첩을 재편집하면서 생긴 오류를 제외하고는 대체

---

36) 具正吉, 『大邱坊 所藏 古拓本 目錄』의 표지. 大邱의 구정길이 소장하였던 本으로
　　1998년, 소유권 분쟁으로 2000년 국가에 귀속처리 되어, 소장처를 알 수 없는 탑
　　영이다.

로 탑영 상태가 양호하다. 현재 소장처를 알 수 없기 때문에 복원을 위한 자료로 이용하는 데에는 한계가 있다.

③ 藏書閣 本[37)

장서각 본(소장기호 4228)은 다른 판본에서 확인이 되지 않은 24行 7번째 字부터인 '實東方之美' 중 '方' 字를 제외한 4字가 확인되고 있다. 다른 탑영처럼 오려서 비첩으로 만든 것이 아니고, 국립중앙박물관 본처럼 탑영을 그대로 보존하고 있다. 이는 탑영의 시기가 이르지 않다는 사실을 보여주는 것으로,[38) 최근에 탑영된 것임을 알 수 있다. 그러나 국립중앙박물관 본보다는 앞선 시기에 탑영된 것이며, 남아 있는 글자의 수도 많고 탑영 상태도 양호하다. 탑영을 확인하지 못하고 영인본을 자료로 사용하였다는 한계는 있지만, 앞으로의 복원 작업에서 전체적인 윤곽과 字列·字間·行間 등을 파악하는 데 많은 자료를 제공받을 수 있는 탑영이다.

탑영된 부분 중에서도 여러 곳에 결락자가 있으나 이는 다른 탑영으로 보완될 수 있는 것이므로 큰 문제는 아니라고 생각한다. 비문의 외곽 부분이 탑영되었으나, 상단부는 잘려나갔다. 제액의 '眞·樂·文·殊·院·記' 字는 완전히 남아 있고, '公·平·山' 字는 절반 정도 남아 있으나, 전제적인 획은 알아 볼 수 있으므로 복원에 도움을 줄 수 있다. 또 '重' 字는 우측 일부가 남아 있고, '修·淸' 字는 완전히 결락되었다. 뒷부분에 판독문을 실어 놓고 있는데, 허흥식의 『韓國金石全文』을 대본으로 하고 있다. 비음은 없고 비양만이 있다.

④ 國立中央圖書館 本

국립중앙박물관 본, 장서각 본과 함께 비양의 잔존 부분을 모두 한꺼번

---

37) 韓國精神文化研究院, 1997, 『藏書閣所藏拓本資料集』I 古代·高麗篇, 韓光文化社, 170쪽.
38) 許興植, 1993, 「金石學史의 試論」『高麗佛教史研究』, 一潮閣, 550~570쪽.

에 탑영을 떠서 그대로 보존하고 있는 판본이다. 따라서 비양 복원에 필요한 字列·字間·行·行間을 파악할 수 있는 중요한 자료이다. 특히 碑의 외곽선이 매우 선명하다. 이는 국립중앙박물관에 소장된 탑영보다 자료적 가치가 우수하고 그 모양은 『朝鮮古蹟圖譜』에 실린 사진과 거의 같다.

⑤ 『朝鮮金石攷』 수록본

『조선금석고』는 葛城末治가 1935년에 지은 책으로써, 여러 가지 내용과 함께 100가지의 금석문이 실려 있다. 이 중 문수원기는 탑영과 함께 설명이 실려 있다. 탑영은 조선총독부에 소장되어 있는 것을 인용했다고 되어 있는데, 이 글에서 참고로 한 조선총독부 本과 일치하지 않고 있다. 탑영 상태가 양호하고 縮刷되어 있다.

비음은 없고 비양 한 장이 수록되어 있다. 모두 160字가 수록되어 있는데, 각 行을 오린 것이 아니기 때문에 字間·字列·行·行間을 아는데 도움을 준다. 만약 국립중앙박물관에 또 다른 탑영이 소장되어 있다면 비문 복원에 참고하면 도움이 될 것이다. 『조선금석총람』에 실린 탑영[39]과 같은 판본으로 추정된다.

⑥ 『韓國美術全集』 수록본[40]

1973년 동화출판사에서 『한국미술전집』을 편찬할 때 11권으로 펴낸 『서예』편에 실린 탑영으로써, 芮容海의 本을 영인한 것이라 한다. 현재는 이 탑영이 어디에 소장되어 있는지 확인할 수 없지만,[41] 해설편에는 전문이 실린 완전한 탑영이라 소개되어 있다. 만약에 그렇다면 이 글에서 확인하지 못한 나머지의 글자도 모두 복원이 가능할 것으로 생각된다. 이 탑영에서 4行 3번째 字인 '特' 字의 경우 임창순 본에서는 완전한 글자로

---

39) 朝鮮總督府, 1919, 『朝鮮金石總覽』 上, 30쪽.
40) 任昌淳, 1973, 『韓國美術全集:書藝』 卷11, 同和出版社, 52쪽.
41) 黃壽永 敎授께 확인 결과 寄贈되었다고 하였으나 구체적으로는 확인하지 못하였다.

되어 있으나, 이 탑영에서는 글자 중간 하단부가 훼손되었다. 이로 보아 임창순 본 보다는 나중에 탑영되었음을 알 수 있다.

총 50字가 1葉에 수록되어 있다. 탑영을 확인하지 못하여 비첩의 상태는 알 수 없으나, 이것도 일부는 오려서 비첩을 만들었음을 알 수 있다. 즉, 탑영에서의 3行 9번째 字가 원문에서는 '羣' 字이나 원문에서의 11行 32번째 字인 '志' 字로 代替되어 있다. 그 원인을 단정할 수는 없지만 '羣' 字가 훼손되어 '志' 字로 바꾼 것이 아닌가 생각된다. 임창순 본과 『동국명적』수록본에서도 이러한 현상이 보이고 있다. 이로 미루어보아 『한국미술문화의 이해』에서처럼 탑영을 그대로 비첩을 만든 것이 아니고 일부는 글자의 순서가 바뀌었음을 알 수 있다. 확인의 절차를 거쳐야 하겠지만 『한국미술문화의 이해』와 『한국미술전집』의 두 자료에 실린 탑영은 동일한 것일 가능성이 있고, 이 탑영을 확인하게 된다면 비문 복원에 중요한 전기가 될 것이다.

⑦ 『한국미술문화의 이해』수록본[42]

이 수록본은 탑영으로 전하는 것이 아니고 도서출판 예경에서 낸 『한국미술문화의 이해』라는 책에 실려 있다. 한국 미술의 전반적인 분야에 걸친 용어를 도판과 함께 곁들여 설명한 해설집에 실려 있는 탑영이다. 여기에 「고려시대의 서예」라는 단원에 문수원기의 탑영을 축소하여 실어 놓고 있다.

총 27字가 실려 있으며, 3字는 ⅓정도만이 나오도록 잘린 채 실려 있다. 따라서 현재의 도판에서 볼 수 있는 字는 총 30字이다. 여기에 실려 있는 30字 중 29字는 원 위치이나 '有' 字는 탑영에서처럼 '見' 字 앞에 오는 것이 아니라 여타의 탑영을 비교해 보면 이 行의 가장 아래인 '참' 字 다음에 오는 '有' 字인 것을 알 수 있으며, 이를 미루어 보아 이 字는

---

42) 金元龍 監修, 1994, 『한국미술문화의 이해』, 예경, 147쪽.

集字된 것이다.

그런데 이것이 어떠한 판본에서 집자한 것인지를 알 수 없고, 이 글에서 인용하는 탑영이나 자료에서 전혀 볼 수 없는 탑영이다. 완질을 볼 수 있다면 이도 비문 복원에 도움이 될 것이다. 따라서 이를 찾아 이 글에서 결락자로 분류되는 字가 추가로 확인된다면 보다 충실한 복원이 될 것으로 생각한다.

⑧『그림과 명칭으로 보는 한국의 문화유산』 수록본[43]

이것은 앞에서 살펴본 『한국미술문화의 이해』에 실린 탑영과 동일본으로 생각되는 탑영인데, 이것 보다는 2행이 더 실려 있다. 양자가 동일본으로 생각되는 이유는 '有見性曰仙洞息庵等'에서 '有' 字는 '等' 字 다음에 와야 하지만 두 탑영의 경우는 동일하게 글자가 잘못 集字되어 있기 때문이다.

이 본 역시 탑영의 소장처를 알 수 없다. 탑영을 찾는다면 복원에 도움이 될 것으로 생각된다.

(4) 板刻本

① 『名家筆譜』 수록본

다른 판본과 같은 탑영이 아니고 2葉으로 된 목판본이며, 113字가 收錄되어 있다. 2行 전체와 3行·25行 일부를 탑영하여 板刻한 것이다. 즉 『해동금석원』과 같이 비문을 필사한 후 목각한 판본이 아니라 탑영을 가지고 판각한 판본이기 때문에 자료로서의 가치가 있다.

2行 하단의 '淸泰'라는 年號를 '永泰'[44]라고 하였다. 여기서의 '永' 字는 永玄에서의 '永' 字와 字體가 다른데, 이는 집자 과정에서 잘못된 것

---

43) 정영호 감수, 1999,『그림과 명칭으로 보는 한국의 문화유산』2, 시공테크, 230쪽.
44) 永泰는 중국에서 年號로 두번 등장하는데 498년 南齊와 765년 唐나라에서 사용된다. 그러나, 모두 文殊院記와는 관계없는 年號이다.

으로 생각된다. 그런데 이 비문에서 '永'字가 한번만 나오므로 어느 비
문에서 집자한 것인지 또는 이 판본을 만드는 사람이 임의로 써서 새긴
것인지는 정확히 알 수 없다.

(5) 資料의 字 保有現況

각 판본 별로 판독 가능한 보유현황을 정리하면 아래의 표와 같다.[45]

〈표 14〉 문수원기 탑영 자료 일람

번호	구분 / 자료명	保有字 비양	保有字 비음	保有字 계	缺落字 비양	缺落字 비음	缺落字 계	비 고
1	비편	340	18	395	1,097	504	1,601	동국대 소장
2	비편	24	45	69	1,413	477	1,890	소장처 미상
3	임창순 본	1,323	435	1,758	114	87	201	태동연구소 소장
4	박영돈 본	-	521	521	-	1	1	비음 탑영
5	박병하 본	1,366	-	1,366	61	-	61	비양 탑영
6	박물관 본	474	122	596	950	400	1,350	다른 본도 있다
7	규장각 본	-			-			비음 탑영
8	천리대 본	1,282	-	1,282	155	-	155	
9	『동국명적』	322		322	1,115	-	-	
10	『대동금석서』	57	100	157	1,380	422	1,802	비첩
11	『조선금석고』	160		160	1,799	-	1,799	비양 탑영
12	『한국미술전집』	50		50	1,387	-	1,387	〃
13	『문화의 이해』	27		27	1,410	-	1,410	〃
14	『문화유산』	27		27	1,410	-	1,410	〃
15	『명가필보』	113	-	113	1,324	-	1,324	판각본
16	장서각 본	-	-	-	-	-	-	總 保有字 판독 어려움 있음
17	도서관 본	-	-	-	-	-	-	〃
18	구정길 본	-	-	-	-	-	-	〃, 소장처 미상
	필 자	1,424	521	1,945	13	1	14	撮影 復元
	원문 확정본	1,436	521	1,957	2	1	3	集字 復元

비고 : 도서관 본 → 국립중앙도서관 본. 문화의 이해 →『한국미술문화의 이해』
　　　박물관 본 → 국립중앙박물관 본. 문화유산 →『그림과 명칭으로 보는 한국의
　　　문화유산』

---

45) 뒷면의 비문 축쇄본에서 검게 칠한 부분은 결락되어 확인이 불가능한 부분이다.
　　이 글은 活字本이기 때문에 原 碑文과 字間·字 크기·行間이 원비문과 다르다.

① 비양

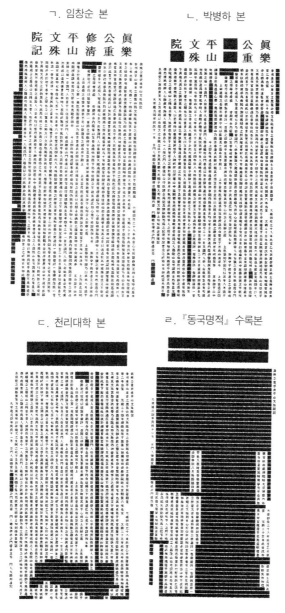

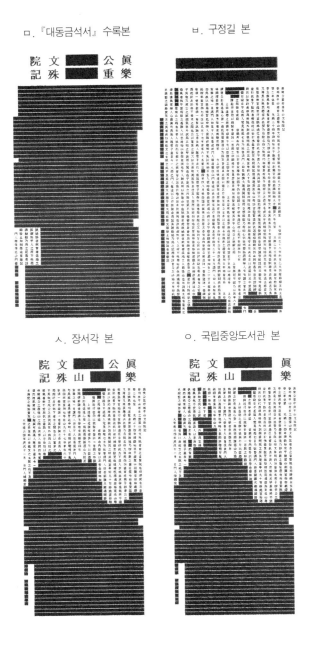

ㅈ. 국립중앙박물관 본　　　　ㅊ.『조선금석고』 수록본

ㅋ.『한국미술전집』 수록본　　ㅌ.『한국미술문화의 이해』
　　　　　　　　　　　　　　　　　수록본

ㅍ. 『조선금석총람』 수록본

ㅎ. 『조선고적도보』 복원도

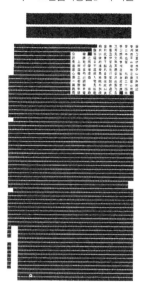

ㅏ. 『명가필보』 수록본

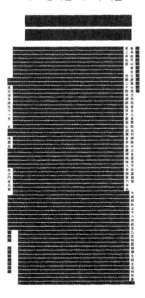

② 비음

ㄱ. 임창순 본

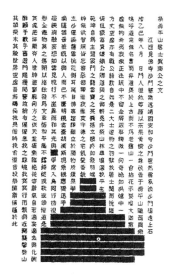

ㄴ. 박영돈 본

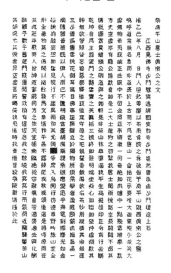

ㄷ. 국립중앙박물관 본

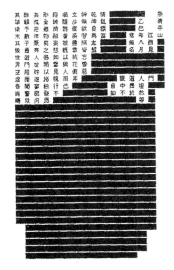

ㄹ. 『대동금석서』 수록본

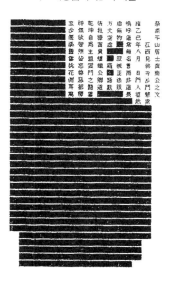

ㅁ. 국립중앙도서관 본

ㅂ. 규장각 본

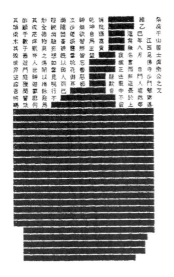
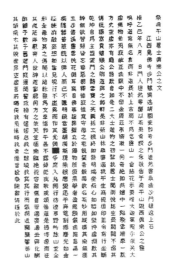

2) 문수원기 복원의 실제

(1) 原文 校勘

① 碑陽[46)]

(1행) 眞樂公重修淸平山文殊院記

(2행) 春州淸平山者古之慶雲山而文殊院者古之普賢院也初禪師永[47)]

---

46) 온전한 탑영이 없으므로 誤·缺字가 있다고 하여도 문헌을 底本으로 하였다. 『東
文選』과 『新增東國輿地勝覽』은 원문 일부만 수록되어 있기 때문에 원문을 가장
많이 수록한 『朝鮮金石總覽』 수록본을 底本으로 하였다. 任昌淳·朴永弴 本, 『東
文選』·『淸平寺誌』 수록본 등을 비교하여 서로 다른 글자를 확인하였다. 탑영에
의하지 않은 다른 字는 모두 誤字이다. 略稱을 사용한 參考文獻의 原著名은 아래
와 같다.

　　보기 : 『승람』→『新增東國輿地勝覽』·『총람』→『朝鮮金石總覽』·『필보』→『名
家筆譜』·『금석고』→『朝鮮金石攷』·『사지』→『淸平寺誌』

玄⁴⁸⁾自唐來于新羅國至　太祖卽位之十八年歲在乙未新羅靜⁴⁹⁾順王納土是
時後唐淸⁵⁰⁾

(3행)　泰二年也至　光廟二十四年禪師始來于慶雲山創蘭若曰白巖禪院
時大⁵¹⁾宋開寶六年也至　文廟二十三年歲在戊申故左散騎常侍知樞密院事

(4행)　李公顗爲春州道監倉使愛慶雲勝境乃卽白巖之舊址置寺曰普賢院
時熙寧元年也其後希夷子弃⁵²⁾官隱居于玆⁵³⁾而盜賊寢息虎狼絶迹乃易山名
曰淸平

(5행)　又再見文殊冥應旹決法要乃易院名曰文殊而仍加營葺希夷子卽李公
之長男名資玄字眞精容貌瑰偉天性恬淡元豊六年登進士第至元祐四年以大

(6행)　樂署丞弃⁵⁴⁾官逃世行至臨津過江自誓曰此去不復入京城矣其學盖
無所不窺然深究佛理而偏愛禪寂自稱嘗讀雪峰⁵⁵⁾語錄云盡乾坤是箇眼汝向
甚處蹲

(7행)　坐於此⁵⁶⁾言下豁然自悟從此以後於佛祖言敎更無疑滯旣⁵⁷⁾徧⁵⁸⁾遊

---

47) 永 : 『승람』 수록본에는 '承'.
48) 玄 : 『동문선』『승람』 수록본에는 '賢'.
49) 靜 : 『동문선』『사지』 수록본에는 '敬'.
50) 淸 : 『필보』 수록본에는 '永'.
51) 大 : 임창순·박병하·천리대·구정길 본, 『동국명적』 수록본에는 '太'.
52) 弃 : 『사지』 수록본에는 '棄'.
53) 玆 : 『사지』 수록본에는 '此'.
54) 弃 : 『동문선』『사지』 수록본에는 '棄'.
55) 峰 : 임창순·박병하·천리대·구정길 본에는 '峯'.
56) 此 : 『사지』 수록본에는 缺字.
57) 而 : 『사지』 수록본에는 '己'.

海東名山尋訪古聖賢遺跡後週59)慧炤60)國師住持山隣華岳寺往來諮問禪理
居山惟61)蔬食

(8행) 納62)衣以儉約淸淨爲樂院外別洞構63)閒燕之所其庵堂亭軒凡十有
餘處堂曰聞性庵曰見性曰仙洞息庵等各有其名日以逍遙於其中或獨坐夜艾
不寐或

(9행) 坐64)盤石經日不返或入定見性庵七日乃出嘗謂門人曰吾窮讀大65)
藏徧66)閱群67)書而首楞嚴經乃符印心宗發明要路而禪學人未有讀之者良可
歎68)也遂令門

(10행) 弟閱習69)之而學者浸70)盛　睿廟再命內臣等以茶香金繪特加賜予

---

58) 徧：『동문선』 수록본에는 ‘遍’.
59) 週：임창순·박병하·천리대·구정길 본,『한국미술문화의 이해』·『동문선』·『사지』
　　수록본에는 ‘遇’.
60) 炤：『동문선』 수록본에는 ‘照’.
　　許興植, 1993,「禪宗의 復興과 看話禪의 展開」『高麗佛敎史硏究』, 一潮閣, 471
　　쪽에서 고려시대에 ‘炤’는 ‘照’와 ‘昭’를 서로 혼용하여 사용하였다고 하였다.
61) 惟：임창순·박병하 본,『동문선』 수록본에는 ‘唯’.
62) 納：『동문선』·『사지』 수록본에는 ‘衲’.
63) 構：임창순·박병하·구정길·국립중앙도서관·국립중앙박물관·장서각 본,『조선금
　　석고』 수록본에는 ‘搆’.
64) 坐：임창순 본에는 缺落. 筆寫하여 補充하였다.
65) 大：임창순·박병하·천리대·구정길·장서각·국립중앙도서관·국립중앙박물관 본에
　　는 ‘太’.
66) 徧：『사지』 수록본에는 ‘遍’.
67) 群：임창순·천리대·구정길·장서각·국립중앙도서관·국립중앙박물관 본에는 ‘羣’.
68) 歎：『동문선』 수록본에는 ‘嘆’.
69) 第閱習：모든 탑영에서 缺字. 이 부분은 碑文의 최상단으로 8行은 1字, 10行은
　　3字, 11·12行은 2字씩 缺落 되었다. 이 缺落字 바로 위의 題額이 완전히 전하므
　　로 앞으로 이 부분의 탑영이 발견될 가능성은 높다.
70) 浸：『사지』 수록본에는 ‘寢’.

仍命赴闕公不欲負過江初心竟不奉詔[71]政和七年　乘輿幸于南京遣公之舍
弟尙

　　(11행) 書資[72]德請赴行在仍以親製手書詩一首賜之曰願得平生見思量
日漸加高賢志難奪[73]其奈予心何公上表辭之而　上意[74]懇切不回乃以其年
八月謁于[75]

　　(12행) 南京[76]　上曰道德之老積年傾慕不可以臣禮見之固命拜于殿上
上亦答拜旣坐進茶湯從容說話仍命趯至[77]于三角山淸凉寺　上乃往返諮問

　　(13행) 禪理公於是述進心要一篇旣而固請還山乃賜茶香道具衣服以寵
其行而王后[78]公主亦以衣服各致餽獻之禮至宣和三年尙書再奉　王[79]命詣
于山中

---

71) 詔 : 『동문선』수록본에는 '敎'.

72) 書資 : 모든 탑영에는 缺字. 이 行을 중심으로 左右 行 모두 1~3字씩 缺落되었다.

73) 奪 : 『동문선』수록본에는 '奮'.

74) 上意 : 『동문선』수록본에는 缺字.

75) '于' 字는 12行 최상단 '南' 字 위에 위치하는 것으로 보는 견해가 있으나(朝鮮總
　督府, 1919, 『朝鮮金石總覽』上, 326쪽과 이를 전재한 許興植의 『韓國金石全文』
　과 韓國精神文化研究院, 1984, 『藏書閣所藏拓本資料集』Ⅰ 古代·高麗篇에도 이와
　같이 보았다), 朴炳夏 本을 보면 '月謁于'가 같은 탑영의 비첩으로 오려진 상태로
　제본되었다. 任昌淳 本은 탑영 상태가 짙어서 각기 다른 종이를 오려서 제본했는
　지는 확인하기 어려우나 9·10·11·12行 최상단의 字가 모두 缺落되었으므로 '于'
　字는 11行의 최하단에 위치할 가능성이 더 많다. 그러나 여기서 의문이 되는 것이
　任昌淳 本에서 題額이 모두 수록되어 있는데 제액의 바로 아래인 이 부분만이 어
　떻게 결락되었는가 하는 문제이다. 題額과 본문의 탑영 시기가 다른데서 기인하는
　문제인지도 모르나 단언할 수 없다. 원본의 탑영을 조사하면 판단될 것이다.

76) 南京 : 모든 탑영에서 缺字.

77) 至 : 임창순·박병하·천리대·구정길 본, 『동문선』·『사지』수록본에는 '止'.

78) 后 : 『동문선』수록본에는 '妃'. 이는 비문을 誤讀한 것이 아니고 중국을 의식하
　고 사용한 字이다.

79) 王 : 임창순·박병하·천리대 본에는 '宣'.

（14행）特開楞嚴講會而諸方學者來集聽受四年　今上卽位特遣近臣李
逢80)原曲加存問仍賜茶香衣物七年公有微疾遣內臣御81)醫問疾兼賜茶藥等
公豫占

（15행）安葬之地一日謂門人曰吾不久住吾沒後門人祖遠繼住山門自遠
以後亦擇有道行者相繼爲主是年四月二十一日又謂門人曰人命無常生必有
死愼

（16행）勿爲戚以道爲懷言訖申時入寂臨終聰明不亂談笑如平生入寂時
異香滿室漸徧山洞三日不歇擧體潔白如玉屈伸如生82)二十三日襄事並如遺
敎自元

（17행）祐四年至宣和七年住山凡83)三十七年享年六十五至立84)炎四年
秋八月特賜諡曰眞樂公所著文章有追和百藥85)公樂道詩一卷南遊詩一卷禪
機語錄一卷

（18행）歌頌一卷布袋頌一卷嘗試論之自古高人隱君子多矣然86)大87)抵
孤臣孼子窮僻不遇者而後能之又始則甘心於山林終則降志辱身者有之若夫
王親勢家

---

80) 逢 : 임창순·박병하·천리대·구정길 본에는 '逢'으로 읽을 수도 있다.
81) 御 : 『동문선』 수록본에는 '國'.
82) 『동문선』 수록본에는 '如'字와 '生'字 사이에 '平'字가 있다.
83) 凡 : 『동문선』 수록본에는 '已'.
84) 立 : 『동문선』·『사지』 수록본에는 '建'이며, 『금석고』 수록본에는 '建炎'을 '立炎'으로 한 것은 太祖 王建의 諱가 '建'이므로 '立'이라 썼다고 했다.
85) 藥 : 『동문선』 수록본에는 '樂'.
86) 然 : 『동문선』 수록본에는 缺字.
87) 大 : 임창순·박병하·천리대 본에는 '太'.

(19행) 而能終身於林下者未之聞也公以富貴之勢又以文章取高第登美仕其入相而出將如拾地芥耳而弃[88]富貴如弊屣觀身世如浮雲長往山中不復京城顧

(20행) 不異哉又況公之族親累世外戚爲三韓之甲族而公獨逍遙乎塵垢之外而世累不及德譽愈尊豈特爲有識者咨嗟歎息而已[89]哉至於村野畎畝之氓苟聞

(21행) 德風者無不愛而敬之盖諭人以忠待物以信而至誠感乎人神此所以所[90]居山中盜賊寢息虎狼絶跡者歟昔者梁鴻之入覇陵山也可謂高士然有孟光之[91]

(22행) 俱隱龐公之居峴山之陽也未嘗入城府然有妻子之携豈若公忘情於嗜欲放身於無何恬淡孤潔味乎人之所不味而始終無所撓確乎高節不爲勢遷移

(23행) 凜然淸風常照人心膽眞可爲[92]高人隱君子盖古今一人而已[93]門人祖遠以公行狀請余爲記其請勤勤乃爲之記而[94]兼詳言公之終始本末如此若[95]夫淸平山

---

88) 弃 : 『동문선』·『사지』 수록본에는 '棄'.
89) 己 : 임창순·박병하·천리대·구정길 본, 『동문선』 수록본에는 '已'.
90) 所 : 『동문선』·『사지』 수록본에는 缺字.
91) 之 : 임창순 본에는 缺字. 筆寫하여 補充하였다.
92) 爲 : 『동문선』 수록본에는 '謂'.
93) 己 : 임창순·박병하·천리대·구정길 본, 『동문선』·『사지』 수록본에는 '已'.
94) '勤'字와 '兼' 字 사이에 있는 '勤乃爲之記而' 6字의 경우 임창순 본에서 결락되었고, 박영돈 본에는 있다.
95) 임창순 본에는 '若' 字를 포함하여 이하가 모두 缺落되었다.

(24행) 水洞壑之幽勝實東方之美者將以待能文之士賦之此不及焉正[96)
議大夫國子監大司成寶文閣學土[97)知制誥金富軾記

(25행) 大宋建炎四年庚戌十一月　日門人靖國安和寺住持傳□[98)沙門坦
然書　門人繼住傳法沙門祖遠立石門人大師知遠刻[99)

② **碑陰**[100)
(1행) 祭淸平山居士眞樂公之文

(2행) 江西見佛寺沙門慧素述靖國安和寺沙門坦然書承法沙門祖遠上石

(3행) 維乙巳年八月日門人坦然等謹以茶果肴饌之尊[101)敬告于淸平山
隴西眞樂公之靈

(4행)　嗚呼道常無名言而非道長於上古而不爲老靈山一會拈花示要唯大
迦葉菀尒微笑大

(5행) 虛[102)無物希夷寂滅正法眼中不留金屑玆事精微一何奇絶如洪爐

---

96) 『동문선』 수록본에는 '正' 字를 포함하여 이하가 모두 缺落되었다.
97) 土 : 박병하·천리대·구정길 본, 『동국명적』·『대동금석서』 수록본에는 '士'.
98) □ : 박병하 본, 『동국명적』·『명가필보』·『동문선』·『사지』 수록본에는 '法' 字
이다. 『금석고』 수록본에는 '燈'으로 추정하고 있다.
99) 刻 : 『사지』 수록본에는 '刊'. '刻' 字 뒤 '字' 1字가 더 있다.
100) 朴永弴, 1990, 「淸平山文殊院重修碑와 祭淸平山居士眞樂公之文」, 『書通』 通
卷17號, 東方研書會, 3·4호에 撮影의 影印本과 判讀文이 게재되었는데 이를 底
本으로 삼았다.
101) 尊 : 임창순·박영돈 본에는 '奠'.
102) 朴永弴은 '虛' 字를 4行 최하단에 위치하는 것으로 보았으나 여타의 탑영 확인
결과, 이 行의 최상단에 위치하는 것이 확실하다.

中一點殘雪維摩一默

(6행) 方丈空虛亦有龐公語默自如是[103]二大士遊物之初縶我居士聞而
悅諸生長閱閱不溺其

(7행)　情粃糠富貴螻蟻公卿道與之節軒冕非榮山林皐壤適我平生高提祖
印正令當行坐斷

(8행) 乾坤自爲主盟雲門之髓雪竇之英囊括玄機終如[104]發明端坐凝心
如牆如壁沖虛淵默其

(9행) 神[105]無欲[106]智照皆忘善惡都釋惟寂惟寞守德之宅飢餐香飯渴飮
名茶妙用縱橫其樂無涯

(10행)　玄沙偃溪靈雪[107]桃花側耳寓目佛事誼譁雖立於獨物所煩[108]累
學者盈庭願蒙法施菖[109]溪一

(11행) 滴隨器普被旣以與人而已不匱明鏡當臺胡漢斯現乘機應變迅乎
奔電刮垢磨光如金

---

103) 임창순 본에서 ‘是’ 字는 6行 23번째 字인 ‘居’ 字 다음에 위치한다.
104) 如 : 임창순·박영돈 본에는 ‘始’.
105) 朴永弴은 ‘神’ 字를 8行 최하단에 위치하는 것으로 보았으나, 탑영을 확인한 결
　　과 이 行의 최상단에 위치한다.
106) 欲 : 임창순·박영돈 국립중앙박물관 본, 『대동금석서』 수록본에는 ‘卻’.
107) 雪 : 임창순·박영돈 국립중앙박물관 본, 『대동금석서』 수록본에는 ‘雲’.
108) 煩 : 임창순·박영돈 본에는 ‘炊’.
109) 菖 : 박영돈 본에는 ‘曹’.

(12행) 經鍊消融妄想如雪見睍行不崖異而和其光與□[110]爭席入鳥同行
彷徨草野吟詠山堂全

(13행) 形全[111]德物莫之傷聞以緒餘發爲文章恬和平湛不露鋒鋩或歌或
頌惟道是揚恃源而往

(14행) 其流茫洋厭弃人[112]世神遊寥廓何方之依天堂極樂臨絶從容辭氣
自若適麥[113]適去與化酬

(15행) 酢顧予數子舊遊門庭獲聞警欸稍有惺惺息我之黥曉我冥冥行
雨[114]蒙潤[115]近蘭襲馨泰山

(16행) 其頹梁木其毁世界空虛吾將疇倚[116]我果惟[117]時我肴惟旨設祭
陳辭情鍾於此[118]

(2) 校勘을 통한 原文 확정

① 碑陽

(1행) 眞樂公重修淸平山文殊院記

---

110) 이 碑文에서 유일하게 判讀이 되지 않는 字이다. 『총람』 수록본에도 缺落되었
    다. 신동하, 2006, 「李資玄 祭文의 史料的 價値」 『人文科學硏究』 12, 同德女子
    大學校 人文科學硏究所, 7·19쪽에서 '樵' 字로 추정하였다.
111) 全 : 『총람』 수록본에는 '金'.
112) 弃人 : 『총람』 수록본에는 '人弃'.
113) 麥 : 임창순·박영돈 본에는 '來'.
114) 임창순 본에는 '行雨'가 '雨行'으로 바뀌어 있다.
115) 임창순 본에는 '蒙潤' 2字는 16行 최하단 '此' 字 다음에 위치한다.
116) 倚 : 임창순·박영돈 본에는 '倚'.
117) 惟 : 『총람』 수록본에는 '維'.
118) 임창순 본에서 '此' 字가 15行 25번째 字인 '冥' 字와 '行' 字 사이에 있다.

(2행) 春州淸平山者古之慶雲山而文殊院者古之普賢院也初禪師永玄自
唐來于新羅國至 太祖卽位之十八年歲在乙未新羅靜順王納土是時後唐淸

(3행) 泰二年也至　光廟二十四年禪師始來于慶雲山創蘭若曰白巖禪院
時太宋開寶六年也至　文廟二十三年歲在戊申故左散騎常侍知樞密院事

(4행) 李公顗爲春州道監倉使愛慶雲勝境乃卽白巖之舊址置寺曰普賢院時
熙寧元年也其後希夷子弃官隱居于玆而盜賊寢息虎狼絶迹乃易山名曰淸平

(5행) 又再見文殊冥應咨決法要乃易院名曰文殊而仍加營葺希夷子卽李公
之長男名資玄字眞精容貌瑰偉天性恬淡元豊六年登進士第至元祐四年以大

(6행) 樂署丞弃官逃世行至臨津過江自誓曰此去不復入京城矣其學盖無所
不窺然深究佛理而偏愛禪寂自稱嘗讀雪峯語錄云盡乾坤是簡眼汝向甚處蹲

(7행) 坐於此言下豁然自悟從此以後於佛祖言教更無疑滯旣徧遊海東名
山尋訪古聖賢遺跡後遇慧炤國師住持山隣華岳寺往來諮問禪理居山唯蔬食

(8행) 納衣以儉約淸淨爲樂院外別洞搆開燕之所其庵堂亭軒凡十有餘處堂
曰聞性庵曰見性曰仙洞息庵等各有其名日以逍遙於其中或獨坐夜艾不寐或

(9행) 坐盤石經日不返或入定見性庵七日乃出嘗謂門人曰吾窮讀太藏徧閱
羣書而首楞嚴經乃符印心宗發明要路而禪學人未有讀之者良可歎也遂令門

(10행) 弟閱習之而學者浸盛　睿廟再命內臣等以茶香金繒特加賜予仍命
赴闕公不欲負過江初心竟不奉詔政和七年　乘輿幸于南京遣公之舍弟尙

(11행) 書資德請赴行在仍以親製手書詩一首賜之曰願得平生見思量日漸加高賢志難奪其奈予心何公上表辭之而 上意懇切不回乃以其年八月謁于

(12행) 南京 上曰道德之老積年傾慕不可以臣禮見之固命拜于殿上 上亦答拜旣坐進茶湯從容說話仍命暫止于三角山淸凉寺 上乃往返諮問

(13행) 禪理公於是述進心要一篇旣而固請還山乃賜茶香道具衣服以寵其行而王后公主亦以衣服各致餽獻之禮至宣和三年尙書再奉 宣命詣于山中

(14행) 特開楞嚴講會而諸方學者來集聽受四年 今上卽位特遣近臣李逢原曲加存問仍賜茶香衣物七年公有微疾遣內臣御醫問疾兼賜茶藥等公豫占

(15행) 安葬之地一日謂門人曰吾不久住吾沒後門人祖遠繼住山門自遠以後亦擇有道行者相繼爲主是年四月二十一日又謂門人曰人命無常生必有死愼

(16행) 勿爲戚以道爲懷言訖申時入寂臨終聰明不亂談笑如平生入寂時異香滿室漸徧山洞三日不歇擧體潔白如玉屈伸如生二十三日襄事並如遺敎自元

(17행) 祐四年至宣和七年住山凡三十七年享年六十五至立炎四年秋八月特賜謚曰眞樂公所著文章有追和百藥公樂道詩一卷南遊詩一卷禪機語錄一卷

(18행) 歌頌一卷布袋頌一卷嘗試論之自古高人隱君子多矣然太抵孤臣孼子窮僻不遇者而後能之又始則甘心於山林終則降志辱身者有之若夫王親

勢家

（19행）而能終身於林下者未之聞也公以富貴之勢又以文章取高第登美仕其入相而出將如拾地芥耳而弃富貴如弊屣觀身世如浮雲長往山中不復京城顧

（20행）不異哉又況公之族親累世外戚爲三韓之甲族而公獨逍遙乎塵垢之外而世累不及德譽愈尊豈特爲有識者咨嗟歎息而已哉至於村野畎畝之氓苟聞

（21행）德風者無不愛而敬之盖諭人以忠待物以信而至誠感乎人神此所以所居山中盜賊寢息虎狼絶跡者歟昔者梁鴻之入覇陵山也可謂高士然有孟光之

（22행）俱隱龐公之居峴山之陽也未嘗入城府然有妻子之携豈若公忘情於嗜欲放身於無何恬淡孤潔味乎人之所不味而始終無所撓確乎高節不爲勢遷移

（23행）凜然淸風常照人心膽眞可爲高人隱君子盖古今一人而已門人祖遠以公行狀請余爲記其請勤勤乃爲之記而兼詳言公之終始本末如此若夫淸平山

（24행）水洞壑之幽勝實東方之美者將以待能文之士賦之此不及焉正議大夫國子監大司成寶文閣學士知制誥金富轍記

（25행）大宋建炎四年庚戌十一月　日門人靖國安和寺住持傳法沙門坦然

書 門人繼住傳法沙門祖遠立石門人大師知遠刻

② **碑陰**

(1행) 祭淸平山居士眞樂公之文

(2행) 江西見佛寺沙門慧素述靖國安和寺沙門坦然書承法沙門祖遠上石

(3행) 維乙巳年八月日門人坦然等謹以茶果肴饌之奠敬告于淸平山隴西
眞樂公之靈

(4행) 嗚呼道常無名言而非道長於上古而不爲老靈山一會拈花示要唯大
迦葉菀尒微笑大

(5행) 虛無物希夷寂滅正法眼中不留金屑玆事精微一何奇絶如洪爐中一
點殘雪維摩一默

(6행)　方丈空虛亦有龐公語默自如是二大士遊物之初繫我居士聞而悅諸
生長閥閱不溺其

(7행) 情粃糠富貴螻蟻公卿道與之飾軒冕非榮山林皐壤適我平生高提祖
印正令當行坐斷

(8행) 乾坤自爲主盟雲門之髓雪竇之英囊括玄機終始發明端坐凝心如牆
如壁沖虛淵默其

(9행) 神無卻智照皆忘善惡都釋惟寂惟寞守德之宅飢餐香飯渴飲名茶妙

用縱橫其樂無涯

（10행）玄沙偓溪靈雲桃花側耳寓目佛事誼譁雖立於獨物所炊累學者盈
庭願蒙法施曹溪一

（11행）滴隨器普被旣以與人而已不賈明鏡當臺胡漢斯現乘機應變迅乎
奔電刮垢磨光如金

（12행）經鍊消融妄想如雪見睍行不崖異而和其光與樵爭席入鳥同行彷
徨草野吟詠山堂全

（13행）形全德物莫之傷開以緖餘發爲文章恬和平湛不露鋒鋩或歌或頌
惟道是揚恃源而往

（14행）其流茫洋厭弃人世神遊寥廓何方之依天堂極樂臨絶從容辭氣自
若適來適去與化酬

（15행）酢顧予數子舊遊門庭獲聞警欬稍有惺惺息我之黔曉我冥冥行雨
蒙潤近蘭襲馨泰山

（16행）其頹梁木其毁世界空虛吾將疇倚我果惟時我肴惟旨設祭陳辭情
鍾於此

(3) 原文 譯註[119)

① 碑陽 譯註

춘주의 청평산은 옛 경운산이며, 문수원은 옛 보현원이다. 처음 영현 선사[120)께서는 당나라에서 신라국으로 오셨다. 태조께서 즉위하신 지 18년 되던 을미년(935)에 신라 정순왕[121)이 나라를 바쳤으니, 이 때가 후당 淸泰 2년이다. 광종 24년(973) 비로소 선사께서 경운산으로 오셔서 절을 창건하시고 '백암선원'이라 하셨다. 이 때가 송나라 開寶 6년이다. 문종 23년 무신년,[122) 前 左散騎常侍[123) 知樞密院事[124) 李顗公께서[125) 춘주 도감창사[126)가 되셨다. 그 분은 경운산의 뛰어난 경치를 사랑하여 즉시 백암선원의 옛터에 절을 짓고 '보현원'이라 하였다. 이 때가 熙寧 元年[127)이다. 그 후에 希夷子[128)가 벼슬을 버리고 이곳에 은거하면서 도적

---

119) 洪性益, 2004, 「春川 淸平寺 文殊院記 復元」, 江原大學校 碩士學位請求論文, 47~
    55쪽에 소개한 바 있으나, 金豊起, 2008, 「<眞樂公重修淸平山文殊院記>와
    <祭淸平山居士眞樂公之文>의 주해」『眞樂公 重修 淸平山 文殊院記 復元事業
    報告書』, 강원지역문화연구회, 103~113쪽에 실린 글이 보다 상세하여 이를 일
    부 수정하여 인용하였다.
120) 생몰년대 등에 대하여 알려진 바 없다.
121) 靜順王 : 신라 56대 敬順王(?~978).
122) 文宗 23年 戊申年 : 1068년. 고려시대에는 卽位稱元法을 사용하였기 때문에 문
    종23년은 무신년이다.
123) 左散騎常侍 : 門下省, 僉議府, 都僉議使司, 門下府 등의 정3품 郞舍 벼슬.
124) 知樞密院事 : 추밀원에 소속된 종2품 벼슬.
125) 李顗 : 본관은 仁州. 中書令 李子淵의 아들. 누이들이 문종의 비가 되자 그에
    힘입어 관직에 진출했다. 1080년(문종34) 東藩이 난을 일으켰을 때 출전하여 큰
    공을 세운 것 때문에 이듬해인 1081년에 左散騎常侍知樞密院事에 올랐으며, 이
    어서 재상이 되었다.
126) 監倉使 : 고려 시대 東界와 北界의 조세와 국가 창고에 저장된 곡식을 보살피고
    감독하도록 하기 위하여 봄과 가을에 파견하던 벼슬.
127) 熙寧 元年 : 1068년(무신년, 문종 23년). '희령'은 송나라 神宗의 연호이다.
128) 希夷子 : 이자현의 호. '희이'는 도가사상에서 심오한 道, 혹은 도의 본체를 의미
    하는 단어로 사용된다.

이 점차 사그러들고 범과 이리들이 자취를 감추었으니, 이에 이름을 '淸平山'이라 하였다.

또한 문수보살의 명응을 두 번이나 보아 불법의 요체를 물어서 결정했기 때문에 선원의 이름을 '문수원'으로 바꾸고, 이어서 건물을 수리하였다. 희이자는 바로 이의 공의 장남으로, 그의 이름은 資玄이고 자는 眞精이다. 모습이 아름답고 헌걸차며 성품이 담박하였다. 元豊 6년(1083)[129] 진사시에 급제하였다. 元祐[130] 4년(1089) 大樂署丞[131] 벼슬을 그만두고 속세를 벗어났다. 임진강에 이르러 강을 건너면서 맹세하기를, "이렇게 떠나면 다시는 도성에 들어가지 않겠다"라고 하였다.

그의 학문은 대개 엿보지 않은 분야가 없었지만, 불교의 이치를 깊이 연구하고 참선을 특히 좋아하였다. 그는 스스로 이렇게 말한 바 있다 : "나는 일찍이 <雪峰語錄>[132]을 읽은 적이 있었는데, 그 책에 '天地는 모두 眼이다. 너는 어느 곳을 향하여 이곳에 꿇어앉아 있느냐'라는 구절이 있었다. 나는 이 말에 단박 깨우쳐서, 이후로는 부처와 조사의 말씀에 의심이 나거나 막히는 곳이 없었다."

이자현은 우리나라의 이름난 산을 두루 돌아보고 옛 성현들의 남기신 자취를 탐방하였다. 후에 인근 산에 있는 화악사의 주지로 있던 慧炤國師와 서로 왕래하면서 선의 이치를 물었다.

---

129) 元豊은 송나라 신종의 연호이다. 원풍 6년은 1083년(계해)이다. 고려 현종은 1083년 7월에 즉위했다가 그 해 10월에 승하하였다. 한편, 송나라 희종은 즉위 11년째 되던 해에 희령이라는 연호에서 원풍으로 바꾸었다.
130) 元祐는 송나라 哲宗의 연호.
131) 大樂署丞 : 大樂署의 종8품 벼슬. 음악을 가르치고 살피는 일을 관장하던 관청.
132) 雪峰語錄 : 당나라 때 선사인 雪峰義存(821~908)의 어록. 설봉 스님의 속성은 曾. 당나라 泉州 사람. 12세에 아버지를 따라 慶玄의 侍童이 되었다가 17세에 출가하였다. 870년 福州府 서쪽 2백리에 있는 상골산에 암자를 짓고 살았는데, 이 산은 복건성 지역에서 가장 먼저 눈이 내리는 곳이라고 하여 '雪峰'으로 불렸다. 그의 이름이 널리 퍼지자 희종 황제는 설봉 스님에게 眞覺禪師라는 호와 紫袈裟를 하사하였다.

경운산에 살면서 그는 오직 채식을 하고 衲衣만을 입으면서, 검약함과
청정함으로 즐거움을 삼았다. 문수원 밖의 다른 골짜기에 편안하게 거처
할 수 있는 장소를 지었는데, 암자와 堂과 軒 등 무릇 십여 곳이나 되었
다. 당은 문성당, 암자는 견성암, 선동식암 등 각기 이름을 붙였다. 그는
날마다 그 안에서 소요하였다. 어떤 때에는 홀로 앉아 밤이 깊도록 잠을
자지 않았으며, 어떤 경우에는 너럭바위에 앉아서 하루가 다 지나도록 돌
아오지 않았으며, 어떤 때에는 견성암에서 入定에 들어 7일이 지나서야
밖으로 나오기도 했다. 이자현은 일찍이 門人들에게 이렇게 말하였다 :
"나는 불경을 다 읽었고 수많은 책을 두루 읽었지만, <首楞嚴經>이야
말로 心宗[133]에 정확히 부합하여 요체가 되는 佛道를 펼쳐서 밝히는 책
이었다. 그런데도 禪을 공부하는 사람들이 아직 그것을 읽지 않으니 진실
로 탄식할 만하구나."

그리하여 마침내 그의 제자들이 그 책을 배우고 익히게 되었으며, 공
부를 하려는 사람들이 점점 번성하게 되었다.

예종이 내신들에게 거듭 명하여 茶와 香과 금과 비단을 특별히 하사하
면서 이자현에게 궁궐로 오도록 하였다. 그렇지만 公은 임진강을 넘지 않
겠다고 맹세했던 初心을 저버리고 싶지 않아서 끝내 임금의 조서를 받들
지 않았다. 政和[134] 7년(1117, 예종12), 예종은 수레를 타고 南京[135]으로
행차하시여, 공의 동생인 尙書 李資德을 보내서 행재소로 오도록 요청하
면서, 이어서 직접 시 한 수를 지어 하사하셨다. 그 시는 다음과 같다.

願得平生見	평소에 볼 수 있기를 원하였나니
思量日漸加	그리운 생각 날로 점점 더하여 가노라.
高賢志難奪	높고 어진 뜻은 빼앗기 어려우니

---

133) 心宗 : 佛心宗을 줄여서 하는 말로, 禪宗을 말한다.
134) 송나라 휘종의 연호.
135) 南京 : 漢陽, 곧 지금의 서울을 말한다.

其奈予心何　　이 내 마음을 어이 하리오.

　공이 表文을 올려서 사양했지만 임금의 뜻은 간절하여 되돌리지 못했다. 그 해 8월, 이자현은 남경에서 예종을 알현하였다.

　임금께서 말씀하셨다 : "덕망 있는 원로를 오랫동안 사모했는데, 신하의 예로 볼 수는 없소이다." 그리고는 억지로 大殿 위에서 절을 하도록 하고, 임금 역시 답례의 절을 하셨다. 자리에 앉은 뒤 茶를 올리고 조용히 이야기를 나누었다. 이어서 잠시 三角山 淸凉寺로 오도록 하고는 임금이 오가면서 禪의 이치를 물었다. 공은 이에 <心要> 1편을 찬술하여 올리고는, 청평산으로 돌아갈 것을 애써 요청하였다. 예종은 이에 차와 향, 불교 도구와 의복을 하사하시어 그의 가는 길에 총애를 보이셨고, 왕후와 공주도 역시 각각 의복으로 이별의 예를 올렸다. 宣和[136] 3년(1121년, 예종16), 상서 이자덕은 다시 왕의 명을 받들어 청평산에 이르러 특별히 능엄강회를 열자 여러 곳의 학자들이 와서 모여 들었다. 선화 4년(1122년) 지금의 임금이 즉위하여 특별히 近臣 李逢原을 보내서 안부를 곡진하게 물으면서 차, 향, 옷 등을 하사하셨다. 선화 7년(1125년, 인종3), 공에게 작은 병이 생기자 내신과 御醫를 보내서 병을 물으면서 아울러 차와 약 등을 하사하셨다.

　공은 자신이 묻힐 곳을 미리 정해 두었다. 하루는 門人에게 말하였다. : "나는 오래 살지 못하겠구나. 내가 죽은 뒤에는 문인 祖遠이 이 절을 이어서 주관하도록 하여라. 조원 이후로도 또한 道行이 있는 사람을 선택하여 서로 이어서 주관하도록 하여라."

　그 해 4월 21일, 또 문인에게 말하였다 : "사람의 목숨이란 무상한 것이니, 태어났으면 반드시 죽기 마련이다. 삼가하여 슬퍼하지 말고 道를 마음으로 삼으라."

---

136) 宣和 : 송나라 휘종의 연호.

말을 마치자 申時에 입적하였다. 죽음에 임하여 총명함은 어지러워지지 않았고 평소처럼 담소를 나누었다. 입적을 하였을 때 기이한 향기가 방에 가득하더니 점점 산골짜기로 두루 퍼져서 사흘 동안 그치지 않았다. 온몸은 옥처럼 깨끗하고 희었으며, 굽히고 펴는 것도 살아있는 듯하였다. 23일, 그의 유언대로 장례를 치렀다. 元祐 4년부터 宣和 7년까지 그가 청평산에 머무른 것이 무릇 37년이었으며, 향년 65세였다. 立炎 4년 가을 8월, 특별히 '眞樂公'이라는 시호를 내렸다. 그가 지은 글로는, <追和百藥公樂道詩> 1권, <南遊詩> 1권, <禪機語錄> 1권, <歌頌> 1권, <布袋頌> 1권이 있다.

일찍이 이 점을 논하여 본 적이 있다. 예부터 高人과 세상을 피해 숨어지낸 군자들이 많았지만, 대체로 孤臣 孽子와 같이 곤궁하여 불우한 사람들인 이후에야 그렇게 살 수 있었다. 또한 처음에는 산림에서의 삶에 만족한 마음을 가지다가 마지막에는 뜻을 굽히고 몸을 욕되게 하는 자들이 있었다. 그렇지만 왕의 친족이나 권세가 출신으로서 끝내 숲 속에서 몸을 마친 사람이 있다는 것은 아직 들어본 적이 없다. 이자현 공은 부귀의 권세로, 그리고 문장으로 과거에 급제하여 좋은 벼슬에 올랐다. 조정에 들어가면 재상이요, 나가면 장수로 지낼 수 있는 벼슬을 땅에 떨어진 지푸라기 줍듯이 쉬웠을 터인데, 다 떨어진 신발처럼 부귀를 버리고 자신의 신세를 뜬구름처럼 보아, 산 속에서 길이 오가면서 다시는 개경 도성으로 돌아오지 않았으니, 기이하도다!

게다가 하물며 공의 족친은 대대로 왕의 외척으로 삼한의 최고 가문인데, 공께서는 홀로 티끌 세상 밖에서 소요하여 세상의 허물이 미치지 않았다. 덕망과 명예가 갈수록 높아졌으니, 어찌 다만 지식인들이 감탄하고 탄식할 뿐이겠는가! 시골에서 농사를 짓는 백성들에 이르기까지 공의 덕과 풍모를 들은 사람들이라면 사랑하여 공경하지 않는 이가 없었던 것이다. 대개 사람을 깨우치는 것은 '忠'으로써 하고, 사물을 대우하는 것은

'信'으로써 한다면, 그 지극한 정성은 사람과 귀신을 감동시킨다. 이것이 바로 공께서 산 속에 살게 되면서 도적들이 점점 사라지고 범과 이리떼가 자취를 감추게 된 까닭이리라!

옛날 梁鴻[137]이 패릉산으로 들어갔으니 高士라고 할 만하지만, 그의 아내 孟光[138]도 함께 은거하였다. 龐公[139]이 峴山의 남쪽에 거처하면서 도성 안으로는 일찍이 들어간 적이 없었지만, 아내와 자식들을 데리고 살았다. 이 어찌 이자현 공이 嗜欲에 대한 감정을 잊고, 아무 것도 없는 곳에 자기 몸을 놓아버린 경우와 같은 것이겠는가!. 名利에 대한 욕심이 없이 고고하고 깨끗하여 다른 사람들이 맛보지 못하는 것을 맛보며 시종일관 흔들리는 바가 없었다. 확고하여 드높은 절의는 권세에 의해 바뀌지 않았다. 늠름한 모습으로 맑은 바람처럼 언제나 사람의 마음을 비추어 주었으니, 진실로 高人 隱君子로는 古今에 이자현 공 한 분뿐이라 할 만하다.

문인 祖遠이 공의 행장을 가지고 와서 나에게 記文을 써달라고 요청하였다. 그의 요청이 근실하여 이에 그를 위하여 기문을 쓰면서, 아울러 공

---

137) 梁鴻 : 後漢 때 平陵 사람. 가난한 집에서 태어났지만 어려서부터 기개와 절의가 있었다. 많은 책을 읽고 문장을 잘 썼지만 스스로 농사를 지어 살았다. 맹광과 결혼하여 패릉산으로 들어가 은거하여, 농사일과 길쌈으로 살아갔다. 황제가 불렀지만 나아가지 않고, 이름을 바꾼 뒤 齊魯 지역으로 들어가 숨었다.

138) 孟光 : 양홍의 아내. 양홍과 같은 동네 사람. 살이 찌고 검은 피부의 못생긴 여자였으나 돌절구를 들어 올릴 정도로 힘이 세었다. 31세가 되도록 시집 갈 생각을 하지 않자, 그 부모가 이유를 물었다. 그러자 "양홍과 같이 깨끗한 사람이 아니면 시집을 가지 않겠습니다"라고 대답했다. 이 소문을 들은 양홍이 그녀를 아내로 맞아 들였다고 한다. 맹광은 양홍을 지성으로 섬겨서, 밥상을 들고 들어갈 때에도 상을 눈썹에 맞추어 공손하게 올렸다고 하는 '擧案齊眉' 고사의 주인공이기도 하다.

139) 龐公 : 龐德公을 말한다. 방덕공은 후한 때 襄陽 사람. 현산에 살면서 도성 안으로는 발걸음을 하지 않았다. 그의 명성을 듣고 荊州를 다스리던 劉表가 초빙을 하였지만 나아가지 않았다. 이에 유표가 그를 찾아 가보니, 방덕공은 밭을 갈고 아내는 그 앞에서 김을 매고 있었는데, 이들은 마치 빈객을 접대하듯 공손하게 예의를 갖추었다고 한다.

의 始終과 本末을 이처럼 자세하게 언급하였다. 저 청평산의 산과 물과 골짜기의 그윽하고 뛰어난 경치는 진실로 우리 동방의 아름다운 것이지만, 장차 글에 능한 선비가 그에 관한 글을 짓기를 기다리나니, 여기서는 언급하지 않았다.

　　正議大夫 國子監大司成 寶文閣學士 知制誥 金富轍 씀

大宋 建炎[140] 4년 경술(1130) 11월 일 문인 정국안화사 주지 전법사문 탄연이 글씨를 쓰고, 문인 계주 전법사문 조원이 비석을 세우고, 문인 대사 지원이 글자를 새기다.

② 碑陰 譯註
　청평산거사 진락공을 제사지내는 글
　강서건불사 사문 혜소 짓고
　정국안화사 사문 탄연 글씨 쓰고
　승법사문 조원 상석

을사년 8월 일, 문인 탄연 등은 삼가 차와 과일과 음식 등의 제물로써 청평산 농서 진락공의 영령께 공경하게 고하옵니다.
　아! 道는 언제나 이름할 수 없나니 말을 하게 되면 도가 아니며,[141] 상고 시대보다 오래 되었어도 늙지 아니합니다.[142] 영산회상에서 꽃을 들어 요체를 보이시자 오직 대가섭만이 빙그레 미소를 지었습니다.[143]

---

140) 建炎 : 송나라 高宗의 연호.
141) 이 구절은 『老子』의 첫 부분을 이용한 표현이다. "도를 도라고 말할 수 있다면 그것은 영원불변의 도가 아니며, 이름을 이름할 수 있다면 그것은 영원불변하는 이름이 아니다(道可道, 非常道, 名可名, 非常名)."라는 구절을 활용한 것이다.
142) 이 부분에서 '道'는 우주와 함께 시작도 없고 끝도 없는 것이므로, 아무리 시간이 오래된 상고시대라 하더라도 인간의 시간적 개념으로는 결코 도의 연원을 설명할 수 없다는 사실을 의미한다.

우주는 텅 비어있고 오묘한 도는 고요하니, 正法眼144) 속에는 금가루조차 남기지 아니합니다. 이 일이야말로 정교하고 은미한 것, 하나같이 어찌 그리도 기이합니까? 마치 큰 화로 속에 한 송이 눈송이 떨어진 듯합니다.145)

유마거사가 한 번 침묵하자146) 방장147)이 텅 비었고, 방공 또한 말과

---

143) 석가모니께서 영산회상에서 설법을 할 때, 연꽃을 들어서 대중들에게 보여 주셨다. 아무도 그 뜻을 알지 못했지만, 오직 摩訶迦葉('摩訶'는 '크다'는 뜻이 있기 때문에 '大'로 번역하기도 한다)만이 빙그레 미소를 지었다. 이에 석가모니 부처님은 "나에게 正法眼藏과 涅槃妙心과 實相無相과 微妙法門은 문자를 통하지 않은[不立文字] 가르침 밖의 전법[敎外別傳]이다. 이를 마하가섭에게 咐囑하노라"라고 하였다. 『蓮燈會要』에 나오는 기록이다. 일반적으로 禪宗의 시작을 여기서 찾는다.

144) 正法眼 : 正法眼藏이라고도 한다. 앞서 언급한 바와 같이 석가모니 부처님이 가섭에게 법을 전하였다고 하였는데, 그 때 마하가섭이 佛法의 올바른 도리를 꿰뚫어보는 마음의 눈을 갖추었기 때문에 그렇게 말한 것이다. 즉 '正法眼'은 불법을 꿰뚫어보는 눈을 말하며, 깊고 광대해서 모든 덕을 갈무리하고 있기 때문에 '藏'이라고 한다.

145) 큰 화로에 떨어진 한 송이 눈 : 紅爐一點雪. 커다란 화로에 눈 한 송이가 떨어지면 흔적도 없이 사라지듯이, 불법을 깨달으면 마음 속이 탁 트여서 밝아지는 것을 비유하는 말이다.

146) 유마의 침묵 : 維摩一默. 『維摩經』 제9장 '入不二法門品'에 나오는 이야기이다. 유마거사가 병이 들었다는 것을 알고 석가모니 부처님은 제자들에게 유마거사의 문병을 다녀오도록 한다. 그러나 많은 제자들이 문병을 할 수 없다고 하면서 자기가 겪은 경험담을 통해서 그 이유를 설명한다. 그러다가 文殊舍利가 문병을 나서게 되고, 이에 수많은 불보살과 신장들이 그 광경을 보기 위해 따라 나선다. 유마거사는 그 사실을 미리 꿰뚫어 보고, 자신의 작은 방(方丈)을 신통력으로 우주처럼 무한대로 넓혀 놓고 그들을 맞이한다. 모든 이야기가 끝나고 마지막으로 문수사리가 '보살이 불이법문에 드는 것이 무엇이라고 설하시겠느냐'는 질문을 한다. 그러나 유마거사는 침묵을 지킨다. 그러자 문수사리는 '참으로 훌륭하십니다. 문자언어를 초월한 것이야말로 참으로 불이법문에 드는 것입니다' 하고 말하면서 찬탄한다. 여기서 '維摩一默'이라는 화두가 탄생한다.

147) 方丈 : 維摩丈室이라고도 함. 유마거사가 거처하던 방이 사방 1丈이었으므로, 그 방을 '方丈'이라고 부르게 되었다. 이후 이 말은 절에서 주지가 거처하는 방을 지칭하게 되었다.

침묵이 스스로 如如했습니다. 두 분 大士148)께서는 사물의 처음에서 노닐었으니, 우리 居士께서는 그 일을 듣고 기뻐하셨습니다. 벌열 가문에서 태어나 자났지만 그 정에 빠지지 않고, 부귀를 술지게미처럼 여기고 높은 관직을 개미처럼 생각했습니다. 道로 자신을 장식했을 뿐 높은 벼슬을 영광스럽다 여기지 않았으며 산림과 들판에서 평생을 보냈습니다. 祖師의 心印을 높이 잡고 올바른 명령으로 마땅히 수행하여, 천지를 움켜쥐고 스스로 주관하는 맹주가 되었습니다.

雲門149)의 정수와 雪竇150)의 꽃부리, 오묘한 기틀을 움켜잡아 밝은 도리를 완전히 드러내셨습니다. 단정히 앉아 마음을 모으니 담장과도 같고 벽과도 같아서, 텅비고 침묵하여 그 정신에는 어떤 욕망도 없으셨습니다. 인간 세상의 어떤 지식도 모두 잊으며 선과 악도 모두 풀어버리고, 오직 고요하게 德의 집을 지키셨습니다. 배가 고프면 향기로운 밥을 먹고 목이 마르면 이름난 차를 마시니, 오묘한 쓰임이 종횡으로 이루어져 그 즐거움이 끝이 없으셨습니다.

玄沙151)의 偃溪와 靈雪의 桃花152), 귀를 기울이고 눈을 머무르게 하여 佛事가 떠들썩하게 일어났습니다. 비록 혼자 자리에 서 계셔도 사물에 의해 번거롭게 되는 일이 없었으며, 배우는 사람들이 뜰에 가득하게

---

148) 大士 : 菩薩을 번역한 말. 여기서는 유마거사와 방덕공을 지칭함.
149) 雲門 : 文偃(?~949)의 법호. 雲門宗의 시조. 雪峰義存의 법을 이어 받았으며, 韶州 雲門山에 주석하면서 법을 전하였다.
150) 雪竇 : 송나라 때 重顯(980~1052)의 법호. 중국 명주 雪竇山에 주석하였기 때문에 '설두'라고 부르게 되었다.
151) 玄沙(835~908) : 중국 복주 출신의 선사. 어려서부터 낚시를 좋아했는데, 30세에 芙蓉靈訓에게로 출가하였다. 후에 雪峰義存에게 인가를 받았으며, 梅溪의 보응원과 玄沙山에서 법을 전파하였다.
152) 偃溪 : '언계'를 고유명사로 볼 때, 송나라 때의 선사인 偃溪廣聞(1189~1263)을 생각할 수 있다. 그러나 언계광문 선사는 이 글을 쓴 김부철보다 후대에 살았던 인물이므로 가능성이 없다. 현재로서는 언계, 영설, 도화에 대한 자세한 사항을 알 수가 없다.

모여 베풀어 주시는 불법의 은혜 입기를 원하였습니다. 曹溪[153]의 물방
울 하나가 그릇을 따라 널리 은택을 미치니, 이미 사람들에게 준 것이
잠깐 사이에 끝이 없었습니다. 밝은 거울이 경대 위에 갖춰져 있으니 오
랑캐든 중국 사람이든 여기에 나타나니[154], 機를 타고 응하여 변화함은
번개처럼 빨랐습니다.

　때를 벗겨내고 빛이 나도록 갈아내니 쇠를 갈아 매끈하게 만든 듯하
고, 妄想을 녹여 없애니 마치 눈이 녹은 뒤 밝은 해가 나타나는 듯합니
다. 남들과 달라서 모가 난 행실을 하지 않고 그 빛에 어울려 살았습니다.
나무꾼들과 더불어 자리를 다투고 새의 무리 속으로 들어가 함께 행동하
였습니다. 풀 우거진 들판에서 서성거리고 산 속 집에서 시를 읊조리면
서, 형체와 덕을 온전히 보존하니 어떤 外物도 공을 손상시키지 못했습
니다. 한가롭게 남은 것들을 펼쳐서 문장을 지었으며, 마음이 편안하고
담박하여 날카로운 칼끝을 드러내지 않았습니다. 혹은 노래 부르고 혹은
송축하였으되 오직 道만을 드날렸으며, 근원을 믿고 나아가니 그 흐름은
아득히 바다처럼 일렁였습니다. 인간 세상을 싫어하여 버리고, 정신은 아
득한 우주 속에서 노닐었으니, 어느 곳에 의지하는가? 天堂과 極樂입니
다. 죽음에 임해서도 마음이 고요하여 말투는 평상시와 같았으니, 때에
맞춰 오고 때에 맞춰 가매 천지의 조화와 주고 받았습니다. 나와 몇몇

---

153) 曹溪 : 중국 광동성 韶州에 있는 시내. 520년 인도의 바라문 三藏 智藥이 이곳에
　　이르러 그 물을 마신 후, 그 水源이 뛰어난 곳임을 알고 마을 사람들을 권하여
　　절을 세우도록 하였다. 그 절이 천축의 寶林寺와 비슷하다 하여 보림사라 이름
　　지었다. 이후 677년 五祖 弘忍에게 의발을 전수 받은 六祖 慧能이 이곳으로 와
　　서 법을 널리 전하였다.

154) 이 부분은 『祖堂集』 권12의 '黃龍誨機'에 나오는 것을 이용한 글이다. 그 대목
　　은 다음과 같다 ─ 어떤 스님이 황룡 스님에게 물었다 : "밝은 거울이 경대에 놓
　　였을 때에도 물건을 비춥니까?" 그러자 스님이 대답했다 : "물건을 비추지 않는
　　다." "갑자기 오랑캐와 중국 사람이 나타나면 어떻게 합니까?" "오랑캐와 중국
　　사람을 모두 나타내 준다." "물건을 비추지 않는 것이 매우 좋습니다." 그러자
　　스님께서 즉시 때렸다.

사람은 예부터 공의 문하에서 노닐어 가르침을 받아 조금이나마 깨닫는
바가 있었습니다. 우리의 죄를 쉽게 해 주셨고 우리의 어둠을 깨우쳐 주
시니, 내리는 비에 촉촉함을 입은 듯하고 난초 옆에 있었던 덕에 아름다
운 향기가 몸에 밴 듯합니다. 태산이 무너지고 대들보가 망가져서 온 세
상이 텅 비었으니 저희는 누구를 의지해야 합니까? 때에 맞는 과일과 맛
있는 음식으로 제사를 마련하고 제문을 올리나니, 애정을 이곳에 모아 주
소서.

(4) 缺落字의 現況과 集字

[제5장-2-2)-(5)-① 탑영에 의한 비양 복원도]와 [제5장-2-2)-(5)-② 탑
영에 의한 비음 복원도]에서와 같이 비양에서 13字, 비음에서 1字가 최
종 결락되었음을 확인하였다.

즉, 이 비문은 비양이 제액을 포함하여 1,437字, 비음이 522字로 총
1,959字이다. 이 중 비양은 총 1,424字를 확인하였으며, 13字는 확인하지
못한 상태이다. 또 비음은 521字를 확인하였으며, 1字는 확인하지 못하
였다. 따라서 총 1,959字 중에서 1,945字는 확인하였으나, 14字가 缺落字
로 확인이 되지 않고 있어서 원문대로 복원이 불가능한 상태이다.

결락자 중에서 집자를 할 수 있는 字를 확인한다면, 비음의 12行 20번
째 字인 결락자는 글자를 알지 못하여 집자가 불가능하며, 비양의 결락자
는 '弟·閦·習·書·資·南·京·之·山·寺·住·持·刻'字로 모두 13자이다. 이
13字 중 11字는 碑陽에서 집자가 가능하였다.

이들 결락자를 구체적으로 살펴보면 '弟'字字는 비양 10행에 1자,
'閦'字는 비양 9행과 비음 5행에 각 1자, '書'字는 비양의 8·11·13·25
행과 비음 2행에 각 1자, '資'字는 비양 5행에 1자, '南'字는 비양의
10·17행에 각 1자, '京'字는 비양의 6·10·19행에 각 1자, '之'字는 비
양의 2행 등에 17자와 비음에 7자가, '山'字는 비양에 19자와 비음에

6자, '寺' 字는 비양의 4·7·12행에 각 1자, '住' 字는 비양의 17행에 1자, '持' 字는 비양에 7·15·25행 등에 5자가 있다. 그러나 10行 3번째 字인 '暬' 字와 25행의 마지막 字인 '刻'는 비양과 비음에서 동일한 字를 찾을 수 없다. 따라서 결락자를 자체 집자하려고 하여도 위의 비문에서 3字는 集字가 불가능하다.[155]

결락자에서 집자의 선택은 탑영 상태나 탑영의 보존 상태도 집자할 때 참고가 되어야 할 것이지만, 字列과 字間을 맞추어 글자의 크기를 보아서 각기 그에 해당하는 字를 선택해야 할 것이다.

(5) 原型 復元

[제5장-2-2)-(2) 교감을 통한 원본 확정]에서 살펴본 바와 같이, 비양은 제액을 횡서로 2행을 두고 아래에 종서로 25행을, 비음은 16행을 새겼음을 알 수 있다.

비양의 1행은 12字이고, 2행부터 24행까지는 61字의 行間을 가지고 있으나, 11·13·14·18행에서는 1칸, 3·10행에서는 2회에 1칸씩, 12행에서는 3회에 1칸씩을 임금을 나타내는 字에서 행을 올려 쓰는 擡頭를 하거나 行 바꿈을 하지 않고 隔間만을 두고 있다. 25행에서는 이자현의 문인을 나타내는 곳에서 2회에 1칸씩을 비웠으며, 총 47字이다.

비음에서는 임금을 나타내는 의미에서 비운 격자는 없고, 2행에서 '述·靖·書·承' 字앞에서 반 칸 정도를 띄웠고, 3행에서 제문을 올리는 날짜를 뜻하는 '日' 字만 앞을 비웠다. 각 행은 35字의 行間을 가지고 있으며, 2행에서 비문과 관련 있는 사람을 열거하면서 3칸을 비우고 행을 시작하였다.

---

155) 이 중에서도 일부 자획의 결락이나 비첩을 만들 때 오려진 부분을 포함하면 이 통계의 오차는 클 것이나, 그래도 근접한 통계치는 앞에서 살펴본 것과 같다. 예를 들어 集字가 불가능한 字로 남겨 놓은 碑文의 最終字인 '刻' 字도 朴炳夏·天理大學 본에 「刂」 부분은 남아 있다.

비양과 비음 모두 細註는 없다. 저본을 문헌 자료로 하였기 때문에 본문에 실린 글자가 모두 확정된 자가 아니라, 註 처리한 곳 중에서 탑영을 인용한 것은 탑영이 正本이 된다.

하지만 이 글은 탑영을 토대로 복원을 위한 연구 작업을 진행한 것이 아니라 탑영의 複寫本을 위주로 조사하였기 때문에, 각 行의 字間·行間·字列을 확인하는 데에는 여러 가지로 한계를 갖지 않을 수 없다. 그러나 字列을 예로 든다면 각 비첩의 탑영에서 잘려나간 부분을 찾아 字列의 순서와 行間을 바로잡는다면 복사본이 갖는 한계를 극복할 수 있을 것이다. 즉, 복원을 위해서는 비첩을 만들 때 오려낸 각 부위와 오려내지 않은 行을 구별하여 字間과 字列을 파악하고, 동국대학교 박물관에 소장되어 있는 비편 및 대웅전지 발굴시에 추가로 발견된 비편을 모두 활용하여 재구성하면 큰 도움이 될 것이다. 비문에 새겨진 글자가 각기 일정치 않기 때문에 字列을 맞추어 복원하기란 더욱 어려운 상황에 있다. 즉, 25行의 경우 '門人繼住傳法沙門'에서 '門' 字는 옆 行과의 行이 '閣' 字와 '學' 字의 중간에 위치하고 있다.

앞에서 지적했듯이 集字한 인각사 일연선사비의 비문처럼 모눈종이의 네모 안 안에 글자가 정확히 들어있는 듯이 되어 있는 것이 아니기 때문에 上下左右가 맞지 않는다. 따라서 실제 복원 작업이 제대로 이루어지기 위해서는 정교한 기술적인 지원이 절대적으로 필요하다. 또한 글자 자체의 原 탑영이 남아 있다고 하더라도 비문에서 훼손된 상태의 字體가 다수 있고 비첩을 만들면서 각 行을 오릴 때 잘려나간 부분이 많다. 따라서 탄연의 서체를 연구한 전문적인 서예가의 도움이 있어야 할 것이다.156) 만약 현재의 상태에서 복원을 추진한다면 字列·字間·行間 등과 관련된 사항은 설계 분야에서 맡고, 글자가 훼손된 부분은 서예가의 도움

---

156) 정상옥, 2004, 「眞樂公重修淸平山文殊院記의 釋坦然 書法考」 『江原文化硏究』
　　23, 江原大學校 江原文化硏究所, 153~163쪽.

을 받으면 될 것이다.

결락자는 [제5장-2-2)-(4) 缺落字의 現況과 集子]에서 확인한 바와 같이 신중한 검토와 토론이 이루진다는 전제하에 문수원기 내에서 集字하여 복원을 하는 문제도 검토해 볼 필요는 있다. 그러나 3字는 자체 집자가 불가능하므로 未完의 集字 復元보다는 빈 공간으로 두었다가 보완할 수 있는 탑영이 발견되었을 때 추가적인 복원을 하는 것이 좋을 것이라 생각한다.

비는 아무런 문양 없는 장방형의 비좌 위에 비신을 놓았다. 비신은 점판암으로 비편이 동국대학교 박물관에 보존되어 있으므로 암석학 전공자에게 의뢰하여 동일한 석질로 복원하면 될 것이다. 비신은 별도의 개석이 없이 머릿돌과 비신을 같은 돌로 만들었으며, 머릿돌은 둥글게 처리한 비갈의 일반적인 형식으로 되어 있다.[157]

탑영을 토대로 비를 복원한 결과, 비의 높이는 약 190cm, 두께 약 12cm, 폭 약 100cm 정도로 추정된다. 비좌는 경내 중정의 서쪽에 있고 장방형이다. 높이 24cm, 폭 43cm 정도이고 화강암이다.

여기서 제시하는 복원도를 작성할 때, 비양은 『조선금석총람』을, 비음은 『서통』[158]을 저본으로 하였다. 추정 복원도를 작성할 때는 탑영에 의거하는 것이 비문의 원형에 가장 근접할 수 있을 것이지만, 완전하게 전하는 탑영이 없고 현존하는 탑영의 대부분은 비첩을 만들 때 글자의 위치가 편의상 옮겨진 경우가 있다. 따라서 각 탑영별로 복원도를 작성하면 원형과 혼선을 야기할 수 있다. 아울러 소장자에게 탑영이 있으므로 별도의 복원도를 작성하는 것도 오히려 복원 작업의 번잡함을 가져올 우려가 있을 것으로 판단되어 배제하였다.[159] 이러한 이유로 『조선금석총람』을

---

157) 이와 유사한 양식으로 남한에는 경기도 양평 龍門寺 正智國師塔碑, 경북 예천 龍門寺碑, 북한에는 妙香山 普賢寺碑가 있다.

158) 朴永弴, 1990, 「淸平山文殊院重修碑와 際淸平山居士眞樂公之文」『書通』通卷 17號, 東方硏書會, 105～110쪽.

저본으로 하면서 현존하는 각기의 탑영을 저본에 代入하여 표시하는 **방법으로** 재구성하였다.

각 탑영의 誤·缺字에 관한 비교의 문제는 [제5장-2-2)-(1) 原文 校勘]에서 각기 확인하는 작업으로 대신하였다. 이런 까닭으로 원문과 복원도의 글자는 차이가 있을 수 있으나 추정 복원도 자체를 가지고 각기 탑영으로서 어느 정도의 복원이 가능한가의 문제, 모든 탑영을 합하여 어느 정도 복원이 가능한가의 문제, 자료의 탑영 시기 先後 문제 등이 해결될 수 있을 것으로 생각한다.

국립중앙박물관에 소장되어 있는 비양·비음의 탑영은 보존 상태나 탑영 상태가 양호하지 않더라도 비문의 일부이고 탑영이 그대로 보존되어 있기 때문에 비문 복원에 절대적인 가치를 지니고 있다. 특히 비문 제액 외곽 부분은 탑영으로서 장서각 본과 함께 매우 중요한 자료이다.

비음의 복원은 비양처럼 비문에서 차지하는 위치를 파악하는 것이 간단치 않다. 왜냐하면 비양은 제액을 포함하여 비문 윗부분의 전체를 탑영해 놓은 것이 남아 있으므로 위에서부터 아래로 각 行間을 맞추어 가면 되지만 비음은 상단부가 남아 있는 탑영이 없기 때문이다. 따라서 비양을 복원한 후 국립중앙박물관 본의 비음을 먼저 참조하고, 다시 박영돈 본을 최종 배열한 후 대조 작업을 하게 되면 行을 알 수 있다. 그리고 하단부에서 결락된 것과 비양의 결락된 부분을 서로 맞추어 보면 비음이 비문에서 차지하는 위치를 알 수 있게 될 것이다. 다시 말하면 제액부터 아래로 내려가면서 깨어진 부분과 비음의 탑영이 결락된 부분을 서로 연관하여 대조하여야 할 것이다. 이러한 면에서 국립중앙박물관 본 비음 탑영은 원본 그대로이기 때문에 비양 탑영만큼 중요하다 하겠다.[160] 여기서 각

---

159) 이 작업을 하였을 경우 원위치에서 옮겨진 일부 글자나 오려진 부분에 관한 식별이 쉬운 잇점은 있을 것이나, 대체로 이에 관한 것은 이 글의 [제5장-2-1) 기초자료 검토]를 참고하면 보완이 될 것이다.
160) 이 글의 [제5장-2-2)-(5)-③ 문수원기 비음(추정복원도)]에서 碑陰이 차지하는 위

탑영을 종합하였을 경우, [제5장-2-2)-(5)-① 탑영에 의한 비양 복원도]와 [제5장-2-2)-(5)-② 탑영에 의한 비음 복원도]에 제시한 바와 같다. 그리고 비석의 모양에 비문을 새겼을 경우를 추정하여 복원하여 보이면 [제5장-2-2)-(5)-③ 문수원기 비양(추정 복원도)]와 [제5장-2-2)-(5)-④ 문수원기 비음(추정 복원도)]에 제시한 바와 같다.

① 탑영에 의한 비음 복원도

祭清平山居士眞樂公之文

江西見佛寺沙門慧素逃靖國安和寺沙門坦然書承法沙門祖遠上石

維乙年八月　日門人坦然等謹以茶果肴饌之奠敬告于清平山隴西眞樂公之靈

嗚呼道常無名言而非道長於上古而不爲老靈山一會拈花示要唯大迦葉宛尒微笑大

虛無物希夷寂滅正法眼中不留金屑玆事精微一何奇絶如洪爐中一點殘雪維摩一默

方丈空虛亦有龐公語默自如是二大士遊物之初縶我居士聞而悅諸生長閴閴不溺其

情枇糠富貴螻蟻公卿道與之飾軒冕非榮山林皇壤適我平生高提祖印正令常行坐斷

乾坤自爲主盟雲門之髓雪竇之英囊括玄機終始發明端坐凝心如牆如壁沖虛淵默其

神無欲智照忘善惡都釋惟寂惟寞守之宅飢飡香飯渴飲名茶妙用縱横其樂無涯

玄沙偃溪桃花側耳寓目佛事誼謹立於獨物所煩累學者盈庭願蒙法施菖溪一

滴隨器普被旣以與人而已不覺明鏡當臺胡漢斯現乘機應變迅乎奔電刮垢磨光如金

經鍊消融妄想如雪見呪行不崖異而和其光與□爭席入鳥同行彷徨草野吟詠山堂全

形全德物莫之傷閒以緒餘發爲文章恬和平湛不露鋒鋩或歌或頌惟道是揚恃源而往

其流茫洋厭弃人世神遊寥廓何方之依天堂極樂臨絶從容辭氣自若適麥適去與化酬

酢顧子數子舊遊門庭獲聞警欬稍有惺惺息我之黥曉我冥冥雨蒙潤近蘭襲馨泰山

其頹梁木其毀世界空虛吾將疇倚我果惟時我肴惟旨設祭陳辭情鍾於此

치는 碑陽에서 균열이 진행된 방향이 斜線으로 판단되어, 한쪽으로 조금 치우치게 추정복원도를 작성하였다.

② 탑영에 의한 비양 복원도

眞樂公重修淸平山文殊院記

春州淸平山者古之慶雲山而文殊院者古之普賢院也初禪師永玄自唐來于新羅國至

泰二年也至　　光廟二十四年禪師始來于慶雲山創蘭若曰白巖禪院時大宋開寶六年也至

李公顗爲春州道監倉使愛慶雲勝境乃卽白巖址置寺曰普院時熙寧元年也其歲希夷子卽李公之長男名資玄字眞精容貌瑰偉天性恬淡元豊六年登進士第至元祐四年以大

又再見文殊冥應杳決法要乃易院名曰文殊而仍加營葺希夷子卽

樂署丞弁官逃世行至臨津過江自誓曰此去不復入京城矣其學蓋無所不窺然深究佛理而偏愛禪寂自稱眞讀雪峰語錄云盡乾坤可是元

坐於此言下豁然自悟從此以後於佛祖言教更無疑滯旣而偏遊海東名山尋訪古聖賢遺跡後遇慧炤國師住持山隣華岳寺往來諮問禪理居山惟疏食

納衣以儉約淸淨爲樂院外別洞構閑燕之所其庵室亭軒凡十有餘處室日聞性庵日見性庵日仙洞息庵等各有其名日以逍遙於其中或獨坐夜艾不寐或

坐盤石經日不返或入定見性庵七日而出嘗門人自省窮讀大藏徧閱群書而首楞嚴經乃符印心宗發明要路而學人未有讀之者良可歎也遂令門

之用而學者浸盛

容廟再命內臣等以茶香金繪特加賜予仍命赴闕公不欲負江初心竟不奉詔政和七年

禪理公於是述進心要一篇旣而固請還山乃賜茶香衣服以寵其行上亦答拜旣坐賜茶湯從容說話仍命匥至于三角山淸涼寺

上曰道德之老積年傾慕不可以臣禮見之願得平生見思量日漸加高賢志難奪其奈予心何公上表辭之而　乘興幸于南京遺公之舍弟尙

特開楞嚴講會而諸方學者來集聽受四年　今上卽位特遣近臣李逢原加存問仍賜茶香衣物七年公有微疾遣內臣御醫問疾兼賜茶藥等公豫占　上意懇切不已乃以其年八月謁于

安葬之地一日謂門人曰吾不久住吾沒後門人祖遠繼住山門自遠以後亦擇有道行者相繼爲主是年四月二十一日又謂門人曰人命無常生必有死愼　王命詣于山中

歙頌一卷布袋頌一卷嘗試論之自古高人隱君子多矣然大抵孤臣孽子窮僻不遇者而後能之文始則甘心於山林終則降志辱身者有之若大王遺教山　王乃往諮問

勿爲戚以道爲懷言訖申時入寂臨終聰明不亂談笑如平生入寂時異香滿室漸白如玉屈伸如生二十三日襄事如遺敎以元

而能終身於林下者未之聞也公以富貴之勢又取高第登美仕其人相而浮雲遺世而弃貴富世而浮雲遺世往山中不復京城顧

不異哉又況公之族親累世外戚前三韓之甲族而公獨逍遙子塵垢之外而世累不及德譽愈尊豈特嗟咨村野畎畝之氓苟聞

德風者無不愛而敬之蓋諭人以忠待物以信而至誠感乎人神此所以所居山中盜賊寢息而豺狼絕迹乃之入霸陵山也初終無所擾礙乎高節不爲勢遷移

俱隱麗公之居峴山之陽也未嘗入城府然有妻子之携豈非山中盜賊寢息虎狼絕迹者歟昔者梁鴻之入霸陵山也初終無所擾礙乎高節不爲勢遷移

凜然淸風常照人心膽眞可爲高人隱君子盖古今一而已門人祖遠以公行狀請余爲記其請勤乃爲之記而兼詳言公之終始本末如此若夫淸平

水洞堅之幽勝實東方之美者將以待能文之士賦之此不及爲正議大夫國子監大司成寶文閣學士知制誥金富軾記

大宋建炎四年庚戌十一月　日門人靖國安和■傳法沙門坦然書　門人繼住傳法沙門祖遠立石

門人大師知遠■

③ 문수원기 비양(추정 복원도)

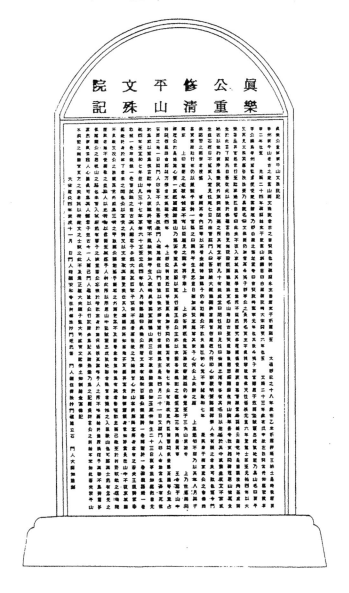

④ 문수원기 비음(추정 복원도)

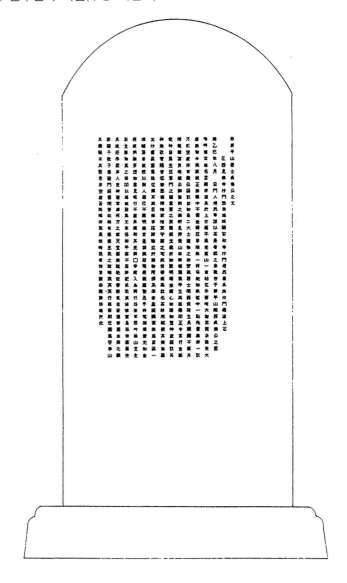

〈탑영 3〉 문수원기 윗부분(국립중앙도서관 소장)

〈탑영 4〉 문수원기 제액(『대동금석서』)

〈탑영 5〉 문수원기 비편(동국대 박물관 소장)

〈탑영 6〉 문수원기비편
(동국대 박물관 소장)

〈탑영 7〉
문수원기비편
(국립중앙도서관 소장)

〈사진 94〉 문수원기 비편(동국대 박물관 소장)

〈사진 95〉 문수원기 비편(동국대 박물관 소장)

〈사진 96〉 문수원기 비좌

〈사진 97〉 문수원기 제막식 전경

〈사진 98〉 복원 전 전경

〈사진 99〉 복원 후 전경

〈사진 100〉 앞면 전경

〈사진 101〉 뒷면 전경

〈사진 102〉 앞면 근경

〈사진 103〉 뒷면 근경

〈사진 104〉 홍각선사비 귀부

〈사진 105〉 홍각선사비 복원된 모습(앞면)

〈사진 106〉 홍각선사비 귀부

〈사진 107〉 홍각선사비 복원된 모습(뒷면)

〈사진 108〉 홍각선사비 귀부

3. 藏經碑 복원

장경비도 문수원기와 함께 현전하지 않는 비문이므로 이에 대한 검토를 하기 위해서는 탑영과 문헌을 바탕으로 복원을 시도하고 이를 토대로 장경비가 갖는 역사적 가치를 언급해야 할 것이다. 그러나 문수원기는

『조선금석총람』을 편찬할 당
시까지 잔존하던 비문의 상부
를 탑영하여 그동안 전해오던
문장을 편집하여 놓은 상태이
기 때문에 전체상을 볼 수 있
어서 行을 파악하는데 도움이
되었으나, 장경비는 비문이 파

〈사진 109〉 장경비 비좌

괴되기 전 상태의 비문 형태에 대한 자료가 전혀 남아 있지 않기 때문에
이러한 작업을 진행할 수 없다. 필자가 일부의 자료를 바탕으로 간략히
정리한 바 있으나 자료검토가 충분하지 않아 큰 참고가 되지 않고[161] 일
부의 문헌자료를 바탕으로 재검토된 바 있다.[162] 그러나 이 연구도 비양
만을 복원하기 위한 기초자료 검토에 지나지 않고 있으며 비음은 기초자
료마저 검토되지 않았다. 이러한 조사과정을 바탕으로 문헌자료와 현재
까지 확인 가능한 몇 질의 탑영을 대상으로 가능한 기초적인 범위 내에
서 검토하고자 한다.

1) 장경비 기초자료 검토

(1) 장경비 문헌 검토

장경비문은 『益齋集』,[163] 『東文選』,[164] 『新增東國輿地勝覽』,[165] 『朝
鮮金石總覽』,[166] 『淸平寺誌』[167] 등에 실려 있다. 이들의 문헌에 대체적

---

161) 홍성익, 1996, 「불교」 『春川百年史』, 春川百年史編纂委員會, 1681~1682쪽.
162) 洪性益, 2007, 「春川 淸平寺 藏經碑 復元을 위한 基礎資料 檢討」 『文化史學』
     第27號, 韓國文化史學會, 705~729쪽.
163) 민족문화추진회, 1985, 『국역 익재집Ⅰ』, 201~203·56~57쪽.
164) 민족문화추진회, 1977, 『국역 동문선Ⅰ』, 131~133·593~594쪽.
165) 민족문화추진회, 1985, 『국역 신증동국여지승람』Ⅵ, 33~35·8쪽.
166) 韓國學文獻硏究所 編, 1976, 『朝鮮金石總覽』上, 亞細亞文化社, 606~607쪽.

인 내용이 실려 있으나 게재된 기록에서는 여러 곳에서 차이가 나타나고 있다. 『익재집』·『동문선』·『신증동국여지승람』이 쓰여지던 당시에는 장경비문이 존재했던 시점이고, 『조선금석총람』과 『청평사지』가 쓰여지던 시기는 破碑가 되어 전해지지 않을 때 편찬된 문헌이다. 『조선금석총람』은 『益齋亂藁』를 인용하였다고 하였으며, 『청평사지』는 전거를 밝히고 있지는 않으나 앞에서 거론한 문헌을 인용하지 않았다. 이는 비문 건립에 참여하는 명단이 말미에 있는데 반하여 문헌자료에서는 이 부분이 모두 누락되어 있기 때문이다. 그렇다고 하여도 이 자료는 전거를 찾을 수 없으므로 1차 사료로 이용할 수 없다. 단지 원문교감의 자료로서 활용하여 원문대조의 2차 사료로서 활용될 수 있을 것이다.

　『신증동국여지승람』은 비 원문을 실은 것이 아니고 앞부분은 원문을 해제하였고, 뒷부분은 원문을 부분적으로 인용하면서 소개하고 있다. 따라서 비문을 확정하는데 1차 사료로서 이용할 수 없다. 단지 전체적인 내용의 틀을 이해하면서 탑영의 배열을 바로잡는데 도움을 받을 수 있다. 『동문선』은 비의 원문을 실으려는 의도로 게재된 글로서, 전체적인 내용이 『익재집』과 동일한 것으로 볼 때 『익재집』을 인용하였음을 알 수 있다.

　『익재집』은 이제현이 지은 문집으로 이제현은 장경비 찬자이기도 하다. 그러나 『익재집』에 실린 장경비의 전문은 탑영으로 전하는 장경비와 문장의 배열이나 문장에서 차이가 발견되고 있다. 이는 현전하는 탑영이 『익재집』보다 1차 사료로 이용할 수 있으나, 『익재집』에 실린 내용을 소홀히 다룰 수는 없다. 이는 현재까지 알려진 모든 탑영이 비문의 각 행을 부분적으로 오려서 비첩으로 만든 本이기 때문이다. 즉, 탑영을 비첩으로 만들면서 부분적으로 행이 바뀌었기 때문에 이 때 발생한 오류를 바로잡을 수 있는 저본을 찾을 수 없기 때문이다. 그러므로 이 글에서는 『익재집』에 실린 장경비문을 저본으로 하고 각 탑영간의 誤·缺字 등을 바로

---

167) 『淸平寺誌』, 698~699쪽.

잡아 비문의 원문을 확정하는 순서로 복원작업을 진행하고자 한다.

(2) 탑영 검토

장경비의 탑영은 몇 곳에 소장되어 있으며, 일부는 공개되거나 또는 제한적으로 공개되었다. 탑영으로는 『大東金石書』 수록본·任昌淳 所藏 2本·『書藝』 수록본·『國寶』 수록본·『옛탁본의 아름다움, 그리고 우리 역사』 수록본 등이다. 이들을 살펴보면 다음과 같다.

① 『大東金石書』

『대동금석서』에 게재된 장경비는 총 4엽으로 제액인 「文殊寺藏經碑」를 「文殊寺/藏經碑」 2행으로 오려서 편집하여 1엽으로 만들었다. 비의 본문은 각 7행씩 오려서 3엽으로 만든 탑영첩이다. 2엽은 碑陽이고 1엽은 碑陰이다. 현재까지 알려진 비음은 탑영과 문헌자료에서 『대동금석서』가 유일하다. 이 자료로 장경비는 2面碑라는 것을 알 수 있다. 부분적으로 파손을 입은 破字도 버리지 않고 게재하였기 때문에 복원작업을 할 때에 도움을 받을 수 있다. 그러나 소개된 글자의 수가 제액을 포함하여 151字, 비음 69字, 총 220字로서 字數가 적다는 단점이 있다.

② 任昌淳 소장 2本

태동고전연구소의 임창순 선생이 소장했던 탑영이다. 1本의 표제는 『杏村書 文殊碑』라 되어 있고 1本은 표제가 없다. 이에 편의상 표제가 있는 『杏村書 文殊碑』本은 『杏村書 文殊碑』本이라 하고, 無題 탑영첩은 任昌淳 本이라 하고자 한다.

『杏村書 文殊碑』本은 표제에 「杏村書 文殊碑」라 종서하였다. 표지를 제외하고 총 15엽의 탑영첩으로 제액인 「文殊」·「寺藏」·「經碑」를 각기 1엽으로 오려 3엽으로 만들고 비문의 본문은 각 6행씩 오려서 12엽으로 만든 비양 탑영첩이다.168) 탑영 상태가 양호하여 복원을 위한 기초 작업을 하는데 많은 도움이 된다. 원문을 확정을 하는데『대동금석서』본과 더불어 중요한 탑영이다.

임창순 본은 총10엽으로 엮어진 탑영첩으로 제액 6자는 1엽에 편집되었고 8엽은 6행으로 가장 뒷장 1엽은 5행으로 편집된 비양 탑영첩이다. 비문에서 탈락된 字는 일부 먹으로 글자를 보충하고 일부는 편집하면서 자획이 오려진 것이 있다. 보존상태는 대체로 양호하다.

③ 『書藝』 수록본169)

『서예』 수록본은 1엽만이 소개되었는데 篆額인 「문수사장경비」의 「文 殊/寺」를 「文殊寺」로, 「藏經/碑」는 「藏經碑」로 각 1엽으로 편집하였다. 이 탑영은 엽수에서 차이가 있으나『대동금석서』와 같은 체제로 편집되었는데 탑영을 오려서 붙인 접착면에서 차이가 나고 있으며 탑영상태에서도 차이가 나고 있다. 즉 「殊/寺」와 「藏/經」의 오린 부분이『대동금석서』에서는 보이지 않으며 두 행간의 탑영이 붙은 반면,『옛탁본의 아름다움, 그리고 우리 역사』 수록본에서는 서로 떨어져 있어서 별도의 탑영임을 알 수 있는데, 임창순 소장 2본과도 차이가 있다는 것이다. 이 탑영의 소장처를 찾는다면 비를 복원하는데 많은 도움을 받을 수 있을 것으로 생각된다.

④ 『國寶』 수록본170)

국보와 보물로 지정된 문화재 중에서 서예와 전적을 별도의 책으로 묶은『국보』23에 게재된 탑영의 영인본으로, 임창순 선생의 소장본이라고 한다. 임창순 본 2종을 검토하였으나『국보』에 게재된 탑영과 차이가 있

---

168)『杏村書 文殊碑』本의 葉數를 표시할 때는 표지를 제외한 數이다.
169) 任昌淳 監修, 1992,『韓國의 美』6 書藝, 中央日報社, 23쪽.
170) 千惠鳳 編著, 1986,『國寶』23 書藝·典籍Ⅰ, 國寶編纂委員會·藝耕産業社, 21쪽.

음을 확인하였다. 그런데 탑영 상태와 비문에서 파손된 부위 등을 대조하였을 때 『杏村書 文殊碑』本에 실린 내용을 재편집하여 게재한 것으로 추정된다. 즉, 4번째 엽의 2행과 14번째 엽의 전체를 1엽으로 편집하여 총 8행이 수록된 것으로 판단된다.

　⑤ 『옛탁본의 아름다움, 그리고 우리 역사』수록본[171]

　『옛탁본의 아름다움, 그리고 우리 역사』의 수록본은 탑영첩이나 탑영 상태를 보았을 때 임창순 본인 『杏村書 文殊碑』本의 일부를 영인하여 게재한 본으로 제액인 「文殊」·「寺藏」·「經碑」를 각기 1엽으로 오려서 3엽으로 만들고, 비문은 각 행을 오려서 만든 비첩 3엽과 함께 모두 6엽을 원본대로 소개하고 있다.

2) 장경비 복원의 실제

(1) 原文 校勘[172]

① 碑陽

有元高麗國淸平山文殊寺施藏經碑[173]

　泰[174]定四年三月庚子 僉議政丞臣恰等 令中謁者 復于王曰 天子之近臣

---

171) 예술의 전당, 1998, 『옛탁본의 아름다움, 그리고 우리 역사』, 194~199쪽.

172) 민족문화추진회, 1985, 『국역 익재집』Ⅰ, 56~57쪽을 底本으로 하였다. 略字로 표기된 글자도 구분하여 표기하였다.

173) 문헌간에 약간의 차이가 보이고 있다. 그러나 이는 탑영과 비교·검토하였을 때, 底本인 『益齋集』이 오류가 적다.

174) '泰' 字 앞에 撰者와 글씨를 쓴 사람의 관련 내용이 있는데, 이 부분에서 탑영간의 차이를 발견할 수 있다. 이를 검토하면 아래와 같다.

　①『大東金石書』 '推誠亮節功臣重大匡金海君臣李齊賢奉敎撰內侍道直郎都官正郎賜紫金魚袋臣李君侅奉敎書并篆額'

　②『杏村書　文殊碑』 '推誠亮節功臣重大匡內侍道直郎都官正郎金海君臣李齊賢奉敎撰'

司徒剛塔里中 政院使忽篤帖木兒 受命天子之后伻來 以僧性澄寺人尤堅等
所進佛書一藏 歸諸淸平山[175]文殊寺 施緡錢萬 令取其息 爲皇太子皇子祈
福 各取其誕辰 飯僧閱經[176] 歲以爲凡 且曰 樹碑以示永久 臣等竊[177]惟
佛法入中國 隨世興替 且千餘歲 皇朝謂其道無爲爲宗 有契于聖理 廣度爲
心 有補于仁政 尊信之尤篤 今旣以傳車 輸其書數千里窮山之中 又立食本
以瞻其徒 斯乃佛者之幸也 名山福地 在天下不爲少 不鄙弊邑 爰置祝釐之
所 斯則非惟佛者之幸 亦弊邑之[178]幸也 將大書特書 誇[179]耀無極 況中宮
有旨 敢不祗承 請付執筆者以記[180] 於是 以[181]命臣某[182] 其銘曰

於皇有元 旣世以仁 陽春時雨 亭毒九垠 乃眷金仙 無爲爲敎 用其土苴
利生禁暴 是崇是敬 厚復其徒 不徭不賦 顓習其書 其書千函 浩若烟海 妙
柝毫釐 廣包覆載 律絲戒立 論自定興 維經之演 維慧之明 路彼獲軒 卓乎
羊鹿 載熏[183]其香 一林薝蕄 俶哀于[184]竺 曰葉與難 俶播于[185]震 曰騰与
蘭 梁取其秕 我嚌維穀 告石者唐 我剖維玉 伊澄伊堅 服異心同 旣成法寶
以奏爾[186]功 天后爾[187]嘉 載謀之地 曰維[188]三韓 樂善敦義 維時維王 我

③任昌淳 本 ‘推誠亮節功臣重大匡金海君臣李君侅奉敎書幷篆額內侍道直郎都官
　　正郞賜紫金魚袋臣李齊賢奉敎撰’. 이에 대한 내용은【Ⅴ-3-2)-(1)-① 碑陽】
　　원문 끝부분에서 자세히 재검토하겠다.
175) ‘山’字 다음에 탑영에는 ‘之’字 있음.
176) 經 : 탑영에는 ‘藏’.
177) 竊 : 사지에는 ‘窃’.
178) ‘之’字 다음에 탑영에는 ‘大’字 있음.
179) 誇 : 탑영에는 ‘夸’.
180) 記 : 탑영에는 ‘紀’.
181) 以 : 사지에는 없음.
182) 사지 : ‘某’字 다음에 ‘銘’字 있음.
　　　탑영 : ‘某’字 없고 ‘齊賢’이 있음.
183) 熏 : 사지에는 ‘薰’.
184) 于 : 탑영에는 ‘乎’.
185) 于 : 탑영에는 ‘乎’.
186) 爾 : 탑영에는 ‘尒’.
187) 爾 : 탑영에는 ‘尒’.

出我甥 祝釐報上 允也其誠 于國之東 之山之寺[189] 毋憚阻脩[190] 置郵往
施 發緒內帑 俾轉食輪 可繼以守 誒王曁臣 王拜稽首 天子萬歲 天后是偕
本支百世 鯷岑石爛 鰈海[191]塵飛 維功德聚 不騫不墮[192]

註) 451·469에서 검토하고자 했던 자료를 살펴보고자 한다. 문헌에서
는 이 부분의 문장이 전혀 보이지 않고 있어서 참고할 수 없고, 이 글에
서 절대적 史料로 인용하고 있는 탑영 3종 모두에서 이제현과 이암의 벼
슬이 혼합되어 있으며, 『杏村書 文殊碑』에서는 이암과 관련된 자료는 行
의 위치가 비양의 앞부분과 가장 뒷부분에 따로 편집되어 있기 때문에
이 문제도 검토가 필요하다. 이를 원문과 어떠한 차이가 있고 어느 本을
正本으로 사용할 것인가를 살펴보고자 한다.

〈표 15〉 탑영 各葉에 의한 이제현과 이암 관계 자료

典 據	葉數	내 용	비 고
『大東金石書』	2葉	·推誠亮節功臣重大匡金海君臣李齊賢奉教撰 ·內侍道直郎都官正郎賜紫金魚袋臣李君侅奉教書幷篆額	[탑영 9]
『杏村書 文殊碑』	4葉	·推誠亮節功臣重大匡內侍道直郎都官正郎金海君臣李齊賢奉教撰	[탑영 11]
	14葉	·賜紫金魚袋臣李君侅奉教書幷篆額	[탑영 12]
任昌淳 本	2葉	·推誠亮節功臣重大匡金海君臣李君侅奉教書幷篆額 ·內侍道直郎都官正郎賜紫金魚袋臣李齊賢奉教撰	[탑영 14]

---

188) 維 : 사지에는 '惟'.
189) 之山之寺 : 사지에는 '文殊之寺'.
190) 脩 : 사지에는 '修'.
191) 海 : 사지에는 '域'.
192) 墮 : 사지에는 '隳'.
　　　『杏村書 文殊碑』本에서는 '墮'字 다음에 '賜紫金魚袋臣李君侅奉教書幷篆額
　　　泰定四年五月日沙門臣性澄奉使臣不花帖木兒等立石沙門臣戒非刊字'가 있고, 任
　　　昌淳 本에는 '墮'字 다음에'泰定四年五月日沙門臣性澄奉使臣不花帖木兒等立
　　　石沙門臣戒非刊字'가 있다. 이에 대한 내용은 【제5장-3-2)-(1)-① 碑陽】원문 끝
　　　부분에서 재검토하겠다.

이를 인물별로 정리하면 아래의 표와 같다.

〈표 16〉 탑영에 의한 이제현과 이암 관계 자료[193]

典 據	내용	
	이 제 현	이암(이균해)
『大東金石書』	推誠亮節功臣重大匡**金海君**臣	內侍道直郎**都官正郎**賜紫金魚袋臣
『杏村書 文殊碑』	推誠亮節功臣重大匡內侍道直郎**都官正郎金海君**臣	賜紫金魚袋臣
任昌淳 本	內侍道直郎**都官正郎**賜紫金魚袋臣	推誠亮節功臣重大匡**金海君**臣

위의 내용만으로는 破碑가 되어 비의 원문과 대조할 수 없는 상황이므로 어느 本이 원비문과 동일한 문장 순으로 탑영이 오려져 비첩이 되었는지 알 수 없다. 이 문제도 原 탑영을 참고로 하여 오려진 부분을 찾아내 字列을 맞추고 이를 바탕으로 行을 바로 잡는다면 가능할 수 있으나, 탑영을 참고로 할 수 없는 상황이기 때문에 현재로서는 이 방법을 채택할 수 없다. 그러나 이제현과 이암의 자료가 실려 있는 『高麗史』를 검토하면 다음과 같은 결론을 얻을 수 있다. 즉, 『大東金石書』에서 金海君을 이제현이라하고 任昌淳 本에서는 김해군이 이암이라 하고 있다. 그런데 金海君은 李齊賢에 봉해진 칭호이고,[194] 李嵒은 鐵原君에 봉해진다.[195] 따라서 김해군은 이제현이므로 철원군에 봉해진 이암을 김해군이라고 편집된 任昌淳 本은 正本이 될 수 없다. 그러면 『大東金石書』와 『杏村書 文殊碑』本의 2本 중에서 하나가 正本일 가능성이 있다. 여기서 『杏村書 文殊碑』에서는 이제현을 內侍道直郎都官正郎賜紫金魚袋臣이라 하였고, 『大東金石書』에서는 이암을 內侍道直郎都官正郎賜紫金魚袋臣이라 하였다. 그런데 『高麗史』列傳 李嵒條를 보면 충숙왕이 그의 재능을 인정하

---

193) **都官正郎**과 **金海君**의 굵은 글씨는 편의상 표시한 것이다.
194) 사회과학원 고전연구실, 1992, 『北譯 高麗史』 第九册, 新書苑, 547쪽.
195) 사회과학원 고전연구실, 1992, 『北譯 高麗史』 第十册, 新書苑, 7쪽.

여 都官正郎에 발탁하였다고 하였다.[196] 그러나 이제현은 이 자리에 발탁되었다는 기록을 찾을 수 없다. 따라서 도관정랑을 이제현의 職이라 편집한 『杏村書 文殊碑』 本도 정본으로 삼을 수 없게 되었다.[197] 이와같은 오류가 발생한 원인에 대한 논의는 더 이상 진행할 수 없으나 현재까지 알려진 자료를 통하여 검토한 결과 『대동금석서』 本이 역사적 사실에 부합하고 있으므로 이 본을 正本으로 삼고자 한다.[198]

② 碑陰[199]

...性澄竊念爲如來第子上... / ...苦浮海如杭越轉而北上... / ...諸達官聞而樂施爲錢三... / ...特遣使者不花帖木兒與... / ...錢以光佛事立石記本末... / ...功德林若此其易豈非所... / ...氏于碑陰沙門性澄誌...

(2) 校勘을 통한 原文 확정

위에서 살펴본 바와 같이 어떠한 문헌이나 탑영 단일본으로는 원문을 확정할 수 없다. 탑영이 가장 확실한 원문이지만 破字나 파손이 심한 行은 碑帖을 제작할 때에 빼거나 비첩 제작자가 임의로 行과 字를 바꾸는 사례가 있기 때문에 탑영의 단일본이 아니고 비첩일 경우에는 저본으로 사용할 수 없다. 따라서, 이 글도 확정적이지는 않지만 문헌을 바탕으로

---

196) 사회과학원 고전연구실, 1992, 『北譯 高麗史』 第十册, 新書苑, 6쪽.
197) 다른 本과 달리 李崇과 관련한 문장의 탑영이 2엽에 이제현과 같이 연결되어 있지 않고 14엽에 별도로 편집되어 있다. 원인은 알 수 없으나 2엽에 있어야 옳을 것이다. 任昌淳 本에서도 都官正郎을 李齊賢의 관직으로 보고 있다. 따라서 이 부분도 原碑文과 다르게 편집되었음을 알 수 있다.
198) 앞으로 碑帖의 原本을 살펴 탑영에서 오려진 부분을 확인하고 복사본을 이와같이 오려서 편집하는 과정을 거치면 原碑文과 같은 行과 字列을 찾을 수 있을 것이다. 좀더 세밀한 연구과정을 거치면 오려진 부분의 字間도 확인이 가능할 것이다.
199) 확인된 탑영 중에서 碑陰이 게재된 本은 『大東金石書』 本이 유일하다. 이 글에서는 확인된 原文만을 싣는다.

문장을 완성하고 탑영을 이에 대입하여 원문을 추정하는 방법론을 사용하였다. 현재까지 알려진 자료를 바탕으로 장경비의 원문을 1차적으로 확정하고자 한다.

① 碑陽

文殊寺藏經碑[200]

推誠亮莭功臣重大匡金海君臣李齊賢奉教撰內侍道直郎都官正郎賜紫金魚袋臣李君侅奉教書幷篆額 泰定四年三月庚子 僉議政丞臣恬等 令中謁者復于王曰 天子之近臣司徒剛塔里中 政院使忽篤帖木兒 受命天子之后伻來以僧性澄寺人尤堅等所進佛書一藏 歸諸淸平山之文殊寺 施緡錢萬 令取其息 爲皇太子皇子祈福 各取其誕辰 飯僧閱藏 歲以爲凡 且曰 樹碑以示永久臣等竊惟 佛法入中國 隨世興替 且千餘歲 皇朝謂其道無爲爲宗 有契于聖理 廣度爲心 有補于仁政 尊信之尤篤 今旣以傳車 輸其書數千里窮山之中又立食本 以贍其徒 斯乃佛者之幸也 名山福地 在天下不爲少 不鄙弊邑 爰置祝釐之所 斯則非惟佛者之幸 亦弊邑之大幸也 將大書特書 夸耀無極 況中宮有旨 敢不祇承 請付執筆者以紀 於是 以命臣齊賢 其銘曰

於皇有元 旣世以仁 陽春時雨 亭毒九垠 乃眷金仙 無爲爲教 用其土苴利生禁暴 是崇是敬 厚復其徒 不徭不賦 顗習其書 其書千函 浩若烟海 妙柝毫釐 廣包覆載 律絲戒立 論自定興 維經之演 維慧之明 路彼犪軒 卓乎羊鹿 載薰其香 一林詹蔔 儵哀乎竺 曰葉與難 儵播乎震 曰騰与蘭 梁取其秕 我嚌維穀 訾石者唐 我剖維玉 伊澄伊堅 服異心同 旣成法寶 以奏尒功天后尒嘉 載謀之地 曰維三韓 樂善敦義 維時維王 我出我甥 祝釐報上 允也其誠 于國之東 之山之寺 毋憚阻俻 置郵往施 發緡內帑 俾轉食輪 可繼以守 誶王曁臣 王拜稽首 天子萬歲 天后是偕 本支百世 鯤岑石爛 鰈海塵飛 維功德聚 不騫不墮 泰定四年五月日沙門臣性澄奉使臣不花帖木兒等立

---

200) 篆額.

石沙門臣戒非刊字.

② 碑陰

...性澄竊念爲如來第子上... / ...苦浮海如杭越轉而北上... / ...諸達官聞
而樂施爲錢三... / ...特遣使者不花帖木兒與... / ...錢以光佛事立石記本末...
/ ...功德林若此其易豈非所... / ...氏于碑陰沙門性澄誌...

(3) 原文 譯註201)

① 碑陽

문수사장경비

유원고려국청평산문수사시장경비

추성량즉공신중대광김해군신이제현봉교선내시도직랑도관정랑사자금
어대신이군해봉교서병전액

태정202) 4년203) 3월 경자에 첨의정승 臣 흡 등이 궁중의 알자를 시켜
왕에게 아뢰기를 "천자의 신하 司徒 강탑리중과 정원사 홀독첩목아가 천
자의 명을 받고 사신으로 와서 중 성정과 시인 윤견 등이 바친 불경 한
상자를 청평산 문수사에 보내고 돈 1만꿰미를 시주하여 그 이식을 받아
황태자와 황자들을 위해 복을 빌되 각기 그들의 탄신한 날에는 영구히

---

201) 민족문화추진회, 1985,『국역 익재집』Ⅰ, 201∼202쪽을 주로 참고하되, 이 글의
    【제5장-3-2)-(2) 原文 확정】을 底本으로하여 일부 수정하였다.
202) 元 晋宗의 年號. 원나라 貢女로 간 金深의 딸 達麻失里가 4대 仁宗의 편비가
    되었다가 1328년 태정제의 황후가 되었다고 한다(『高麗史』 권35, 충숙왕2, 무진
    15년조). 이는 장경비가 1327년에 세워지므로 달마실리는 당시에 태정제의 황후
    가 되기 1년전으로, 장경비 건립을 달마실리의 발원에 의한 것으로 보는 견해가
    있다(윤기엽, 2004,「高麗後期 寺院의 實狀과 動向에 관한 硏究」『보조사상』
    22, 보조사상연구원, 315∼318쪽 ; 喜蕾, 2001,「元나라 高麗貢女制度 硏究」『亞
    細亞文化硏究』5, 경원대학교 아시아문화연구소, 479∼481쪽)
203) 忠肅王 14년(1327).

상례로 반승하고 대장경을 읽게하며 비를 세워 영구히 전하도록 하라"라
고 하였습니다. 신 등이 그윽이 생각하건대 불교가 중국에 들어와서 시대
에 따라 성했다 쇠했다 한지 또한 1천년이 넘는데 황조에서 "불가 무위
로 종지를 삼는 것은 성인들의 도리와 합치되고 광도하기로 마음 먹음은
인정에 도움이 되는 일이다"라고 하여 존숭하고 신봉하기를 매우 돈독히
합니다. 이번에 역전의 수레로 수천리 되는 궁벽한 산중에 불경을 실어
보내고 또한 먹고 지낼 근본을 마련하여 불도들을 넉넉하게 해주었으니
이는 곧 불도들의 행복이며 명산과 복지가 천하에 적지 않게 있는데도
우리나라를 비루하게 여기지 아니하여 복 빌 자리를 설치했으니 이는 오
직 불도들만의 행복이 아니라 또한 우리나라의 행복입니다. 장차 대서 특
필하여 영구히 자랑하고 빛내야 할 일인데 더구나 중궁께서 분부가 계셨
으니 감히 조심스럽게 받들지 않을 수 있겠습니까. 바라건대 집필할 사람
에게 맡겨 사실을 기록하도록 하소서 하였다. 이리하여 臣 제현에게 명하
기에 아래와 같이 銘한다.

거룩한 원나라 대대로 인정을 펴 온화한 봄철 때맞춘 비처럼 온 천하
양육하였도다. 불교를 사모하여 무위로 교를 삼고 그 속의 土苴로 민생
을 구제하고 포악을 막았도다. 이를 숭상하고 이를 받들되 그 무리를 후
히 보살펴 부역과 세납도 없애고 오로지 글을 익히게 하였도다. 그 글
일천상자 연해처럼 호한한데 세밀히 묘리 따져 넓은 천지 덮었도다. 律은
오계따라 세우고 論은 입정에서 나왔는데 오직 경을 부연하고 오직 지혜
로 밝혔도다. 타고 온 저규현은 양거204)·녹거205) 보다 우뚝한데 그 향기
훈훈하여 온 산에 좋은 향기 가득찼도다. 천축에서 모은 이는 가섭·아난
이고 진단206)에 전한 이는 등·난207)이었도다. 梁나라는 쭉정이 씹었지만

---

204) 소승불교의 聲聞乘.
205) 소승불교의 緣覺乘.

우리는 알곡식 먹고 당나라는 돌이라 했지만 우리는 옥으로 캤도다. 성징·윤견이 의복은 다르지만 마음은 같아 법보를 완성하여 준공을 상주했도다. 황후가 가상히 여겨 보낼 곳을 의논하되 오직 삼한이 善을 좋아하여 의리가 두텁고 지금 임금 우리 외손이니 참으로 정성껏 복 빌어 보답하리라 하고 우리나라 청평산 문수사를 험하고 멀다 않고 역마로 시주 보냈도다. 내탕고 돈내어 스님들 살게 하고 오래도록 지키기를 임금·신하에 맡기도다. 임금님 절하고 조아려 천자 만세 부르며 황후와 해로하고 자손만대 누리도록 빌었도다. 제잠[208]의 돌 흙이 되고 접해[209]에 먼지 나도록 오직 공덕 모여 이 비석 상하지 않으리라. 태정 4년 오월일 사문신 성징 봉사신 불화첩목아 등 입석 사문신 계비 간자.

② 碑陰

비음은 탑영 후 비첩을 만들면서 각 행의 일부만을 제본하였기 때문에 현재의 문장으로는 문맥이 연결되지 않으므로 비첩의 원문을 그대로 전제한다.

性澄竊念爲如來第子上 … / … 苦浮海如杭越轉而北上 … / … 諸達官聞而樂施爲錢三 … / …特遣使者不花帖木兒與 … / …錢以光佛事立石記本末 … / …功德林若此其易豈非所 … / …氏于碑陰沙門性澄誌 …

이상으로 문헌 자료와 각종의 탑영 그리고 비편 등을 중심으로 문수원기와 장경비의 복원에 관한 문제를 검토하였다. 문수원기와 장경비는 破碑가 되어 현전하지 않지만, 서예사와 불교사 연구 등에서 그 중요성을

206) 인도에서 부르는 중국의 명칭.
207) 迦葉摩騰과 竺法蘭의 약칭. 모두 중국으로 와서 불경을 번역한 이들이다.
208) 우리나라.
209) 우리나라.

인정받고 있다.

그동안 두 비문에 대해서는 『조선금석총람』 또는 『동문선』과 『익재집』 등의 문헌 자료에 의거하여 연구가 이루어져 왔다. 따라서 기존의 연구를 바탕으로 현존하는 비편과 탑영 등을 토대로 연구한다면 보다 정확하고 실제적인 연구가 이루어질 수 있을 것이다. 즉, 1차 사료의 복원을 통하여 종래 2차 사료를 바탕으로 한 연구의 한계를 극복할 수 있을 것으로 기대된다. 아울러 신품사현의 한 사람으로 알려진 탄연은 물론 이암의 진적을 접할 수 있게 될 것이다. 그간 탄연이 썼다고 이야기되는 몇몇 비문이 있었지만, 이 중에서 문수원기만이 학계에서 공인되고 있으며 이암의 금석문 진적은 장경비가 유일한 것으로 알려져 있다.

문헌자료에 실린 문수원기는 비문을 바탕으로 편찬된 것이기는 하지만 비문과 일치하지 않는 부분이 여러 곳에서 확인된다. 또 비편을 통해서는 395字를 확인할 수 있는 반면에, 1,601字가 결락되어 확인할 수 없으므로 이를 바탕으로 복원을 할 경우는 많은 문제가 있음을 알 수 있다. 탑영 역시 제작자의 의도에 따라서 비에 새겨졌던 원문과 달리 편집되거나 누락되었음도 확인할 수 있었다. 이처럼 문헌 자료나 비편, 탑영의 어느 한 가지만으로는 문수원기의 원문을 확정할 수 없다. 따라서 문헌 자료를 바탕으로 비문의 원문을 추정한 뒤, 현존하는 비편과 탑영을 중심으로 원문을 완성하는 과정을 거쳐야 비로소 문수원기의 원문 확정 작업을 달성할 수 있을 것이다.

비양은 『조선금석총람』을, 비음은 『서통』에 실린 탑영의 영인본을 저본으로 삼아 각기 여러 자료와의 비교검토를 거친 뒤, 현존하는 여러 탑영을 참조하여 行과 字列을 바로 잡는 작업을 하였다. 그러나 원래의 모습에 근접하도록 재구성하는 이 글의 시도는 복원의 기초적인 단계에 불과하다. 따라서 문수원기와 같이 字間이 일치하지 않아 복원도에서 각기 行의 길이가 다르며, 行間의 폭도 원비문과 같지 않기 때문에 行間의 문제도 보다 더 정밀한 검토가 필요하다.

장경비는 2면비로 비양은 이제현이, 비음은 성징이 찬하였으며, 비음은 알 수 없으나 비양은 이암이 썼다는 사실과 건립년대가 1327년 5월이라는 사실 등을 밝힐 수 있었다. 그리고 비양의 2행에서 3행에 이르는 문장은 탑영에서만 확인되면서도 탑영 3종이 모두 다르게 편집된 부분은 『고려사』 열전을 통하여 원문을 확정하였다.

그러나 비음의 경우 문헌에는 보이지 않고 단지 탑영에서 일부분만이 조사되어 원문을 확정하지 못하였다. 따라서 현시점에서는 복원이 시도될 수 없다. 그리고 원문을 확정한 비양에서도 복원의 가장 기초적인 작업이라 할 수 있는 行과 字列, 行間을 파악하지 못하였고 字間도 역시 파악하지 못하였다. 이는 문수원기처럼 原 탑영을 母本으로 분석을 시도하지 않고 탑영의 복사본을 자료로 사용하였기 때문에 탑영에서 비첩으로 만들면서 오려진 각 부분을 확인할 수 없었기 때문이다. 이 문제는 탑영의 비첩을 참고로 하여야 검토가 가능할 것이다.

앞으로 원 탑영을 통하여 밝혀야 할 문제점 즉, 字列과 行, 行間과 字間, 비의 전체적인 양식과 크기 등에 대하여 이 글에서는 밝히지 못하였다. 단지 비좌의 비신공으로 추정할 때 비신의 폭은 약 84cm, 두께는 약 21cm 정도로 판단되었을 뿐이다. 이러한 문제는 탑영을 포함한 새로운 탑영의 조사를 통하여 해결될 문제이므로 이를 보완할 수 있는 탑영의 출현이 요망된다.

이 연구를 바탕으로 장경비의 서예사적인 측면에서의 복원뿐 아니라 장경비는 元나라와의 관계 속에서 세워진 비문이므로 청평사가 갖는 고려 왕권 및 원과의 국제관계와 불교 교류관계, 금강산의 장안사와 표훈사 등에 건립되는 유사한 비문과의 관계 등의 연구가 보다 활발해질 수 있기를 기대한다.[210]

---

210) 윤기엽, 2004, 「元干涉期 元皇室의 布施를 통해 中興된 高麗寺院」『보조사상』

〈탑영 8〉 장경비 제액(『대동금석서』 : 1葉)

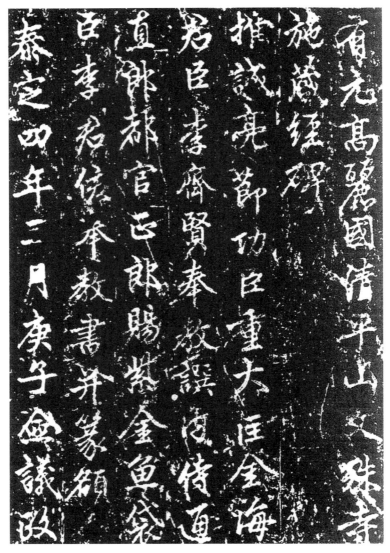

〈탑영 9〉 장경비(『대동금석서』 : 2葉)

〈탑영 10〉 장경비(『대동금석서』: 3葉)

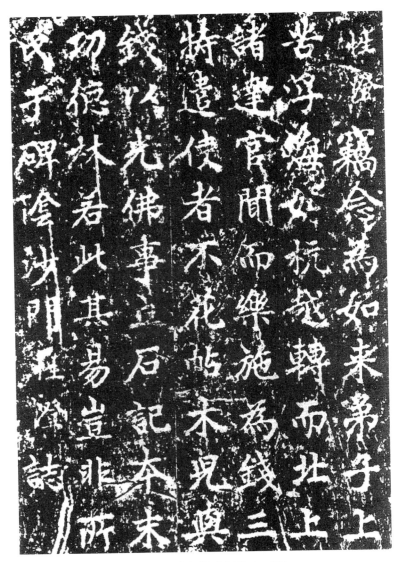

〈탑영 11〉 장경비(『대동금석서』 : 4葉)

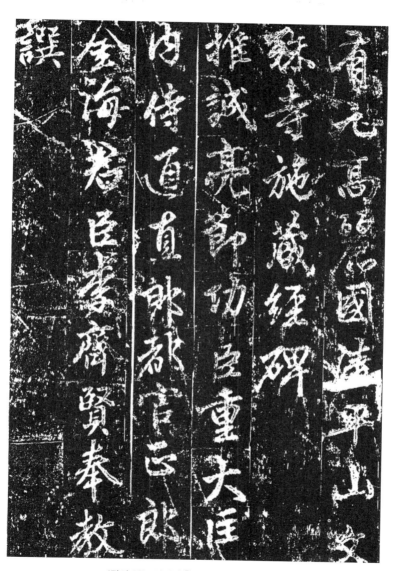

〈탑영 12〉 장경비(『행촌서 문수비』: 4葉)

〈탑영 13〉 장경비(『행촌서 문수비』 : 14葉)

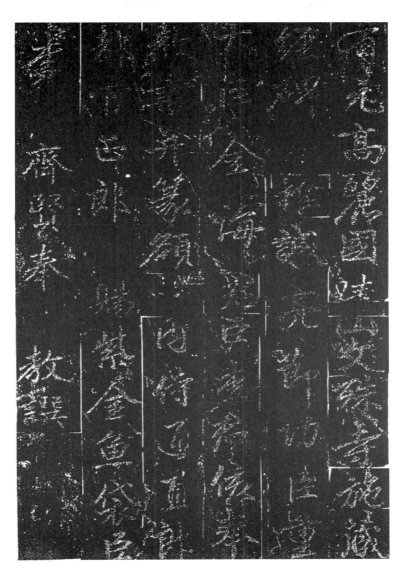

〈탑영 14〉 장경비(임창순 소장본 : 2葉)

4. 獻畓碑와 獻畓記의 검토[211]

1) 獻畓碑

(1) 헌답비의 현황과 양식

헌답비는 영지의 서쪽 傳, 眞樂公 浮屠 옆에 건립되어 있다. 원위치는 알 수 없으나 1984년 발간된 보고서의 전, 진락공 부도를 소개하는 사진 를 보면 헌답비는 없고 탑신이 멸실된 상태의 부도만이 있는 것으로 보 아서[212] 1984년 이후에 다른 곳에서 옮겨온 것으로 판단된다.

비신의 최대 높이는 93.5㎝, 폭은 44.5㎝, 두께는 15.5㎝이다. 비좌는 높이 11㎝, 폭 66×45㎝로 모죽임을 하였다. 비신의 윗면은 둥글게 처리 한 비갈의 형태이며, 비신과 비좌는 문양을 새기지 않은 화강암이다.

(2) 獻畓碑의 銘文

헌답비의 앞면과 뒷면에 새겨진 명문은 다음과 같다.

〈표 17〉 헌답비의 명문

〔앞면〕	〔뒷면〕
佛糧祭位獻畓主	大正十二年[213]陰四月二日立
權興植君子	住持黃桂月[214]
朴貞明萬年	
長子基俊介爾	
次子炳奇景福[215]	

---

211) 洪性益, 2007, 「春川 淸平寺 獻畓碑와 獻畓記에 대한 小考」『江原文化史研究』 12, 江原鄕土文化研究會, 37~44쪽.

212) 江原大學校 附設 産業技術研究所, 1984, 『淸平寺 實測調査報告書』, 春城郡, 101쪽. 圖版 81·82.

213) 1923년.

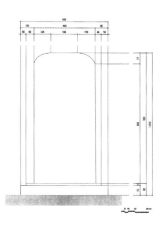

〈사진 110〉 무명 부도와 헌답비(전경)　　　　〈도면 39〉 헌답비(정면)

〈사진 111〉 헌답비(뒷면)　　〈사진 112〉 헌답비(앞면)　　〈사진 113〉 헌답비(좌측면)

---

214) 韓國學文獻硏究所 編, 1977, 「淸平寺誌」 『楡岾寺本末寺誌』, 亞細亞文化社, 709
　　쪽. 黃桂月은 本末寺制度가 수립된 후 취임한 淸平寺 住持 5世 스님이다.

215) 施主者 이름 뒤에 附記한 君子, 萬年, 介爾, 景福은 『詩經』의 「大雅」편 旣醉에
　　"旣醉以酒 旣飽以德 君子萬年 介爾景福"이란 구절을 인용한 것으로 생각된다.
　　이는 '이미 술에 취하고 이미 덕에 배부르니, 군자 만년토록 크나큰 복 누리소
　　서'라는 뜻으로 사찰에 토지를 헌납한 일로 인하여 그 가족의 복을 기원하는 의
　　미에서 삽입한 것으로 보인다.

2) 獻畓記

(1) 원문[216)]

清平寺土地獻畓記

大抵秦皇萬乘天子, 若比於秦皇則人皆惡之, 夷齊孑孑獨夫, 若比於夷齊則人皆喜之, 以此觀之, 善雖小而不可不作, 惡雖小而不可不止, 人皆知福之爲福, 而不知所以爲福, 知禍之爲禍, 而不知所以爲禍, 知禍之爲禍, 則因積惡而出, 知福之爲福, 則緣慶善而興, 然, 禍福本無二門, 唯人所召也, 故, 仁者以財發身, 不仁者以身發財, 今大檀信權興植, 同夫人朴貞明, 相議而忽發大信心, 水畓十九斗落, 田四日耕, 佛粮兼祭位, 獻納于三寶前, 朝焚夕點, 施佛及僧, 先亡父母, 乃至法界寃魂, 無不遷度, 如此大誓願大仁之德, 不無揭額故, 請余記載 然而, 余以薄學蔑識, 固辭不獲, 畧記顚末, 使將來者. 隨喜景仰

大正[217)]十二年五月十七日

權興植 忌正月十九日子 基俊 忌十月二十八日

朴貞明 忌正月十二日炳奇 忌十二月四日

時住持黃桂月 引權鄭河月 監院李鍾燮 書記韓贊弼 木手安鍾麟

(2) 번역문

청평사에 토지와 논을 헌납하는 기록

무릇 진시황제는 만승의 천자이지만, 진시황에 비교하면 사람들은 모두 그것을 싫어하고, 백이숙제는 혈혈단신의 외로운 사내지만 백이숙제에 비교하면 사람들은 모두 그것을 좋아한다. 이로써 보면 선은 아무리 작더라도 하지 않으면 안 되고, 악은 아무리 작더라도 그만두지 않으면

---

216) 韓國學文獻硏究所 編, 1977,「淸平寺誌」『楡岾寺本末寺誌』, 亞細亞文化社, 693~
    694쪽.
217) 1923년.

안 된다. 사람들은 모두 복이 복임을 알지만, 복이 되는 까닭은 모르고, 화가 화임은 알지만, 화가 되는 까닭은 모른다. 화가 화라는 사실을 아나니, 화는 쌓인 악을 원인으로 하여 나오는 것이다. 복이 복이라는 사실을 아나니, 복은 아름다운 선을 인연으로 하여 일어나는 것이다. 그러나 화복은 본래 두 가지 문이 아니다. 오로지 사람이 불러들이는 것이다. 따라서 仁者는 재물을 가지고 자기 앞길을 열고, 不仁한 사람은 자신을 가지고 재물을 모은다. 이번에 큰 시주 권흥식과 부인 박정명이 상의하여 홀연 커다란 신심을 내서 논 19두락과 밭 4일경을 불공에 쓰는 곡식과 제위전으로 三寶 앞에 바치고, 아침 저녁으로 향을 사르고 등불을 켜 부처와 스님에게 보시하니 먼저 돌아가신 부모님으로부터 법계의 충혼에 이르기까지 천도되지 않음이 없었다. 이와 같이 커다란 서원과 대인의 덕을 현판으로 걸어놓지 않을 수 없었으므로 나에게 글을 써줄 것을 요청하였다. 그러나 내 얕고 하찮은 학식때문에 고사했지만 그만 둘 수 없어서 전말을 대략 기록하여 후세 사람들이 기뻐하며 우러러보게 하였다.

　대정십이년오월십칠일
　권홍식 기정월십구일자 기준 기십월이십팔일
　박정명 기정월십이일병기 기십이월사일
　시주지황계월 인권정하월 감원이종섭 서기한찬필 목수안종린

3) 碑文와 記文의 차이

　권홍식 등이 청평사에 헌답한 것을 기념하기 위하여 大正 12년에 비를 세우고 현판에 새겨 계판한 내용을 기록한 것이다. 그러나 앞에서 살펴본 바와 같이 두가지의 기록에는 약간의 차이가 있다. 비문에는 권홍식과 박정명, 두 아들인 기준과 병기가 땅을 헌답한 것으로 기록되어 있어서 4인 공동의 시주자로 추정되도록 기록하고 있다. 그러나 기문에는 권홍식과 박정명이 상의하여 헌답했다고 기록하고 있다. 이는 비문에서 알

수 없는 獻畓主의 구체적인 사실을 알려주고 있다. 그리고 논 19斗落[218)]과 밭 4일耕[219)]을 헌답한다는 사실을 기록하고 있다.

헌답비와 헌답기의 자료간에 차이가 보이는 것은 비문에서는 흔히 보이는 현상이다. 비문은 금석에 새겨 보존하는 작업을 거쳐야 하기 때문에 간단한 내용만을 기록하고 나무판에 새겨 게판한 헌답기는 보다 많은 내용을 기록한 것으로 판단된다. 헌답비에서는 시주자와 자식이 생존인물인지 아닌지에 관한 내용이 없고 이름만이 나오고 있으나 헌답기에서는 시주자와 그의 자식 2명이 모두 사망한 것으로 되어 있다. 또한 권홍식과 부인 박정명이 토지를 헌답했는데 자식의 이름까지 거론되면서도 역시 자식도 忌日이 있는 것으로 보아 2代가 모두 사망한 후에 이를 기념하기 위하여 비석을 세우고 현판을 걸은 것으로 파악할 수 있다.

기록 시점을 보면 헌답비는 대정 12년 음력 4월 2일에 주지 황계월이 건립하였다고 하였고 헌답기는 대정 12년 5월 17일에 게판하였다고 하였다. 대정 12년은 1923년이다. 두 자료는 음력과 양력을 혼용하여 사용하였는데 양력의 대정 12년 5월 17일은 음력으로 대정 12년 4월 2일이다. 따라서 비문과 기문은 동일한 시기에 세우고 게판한 것으로 생각된다.

이상으로 1923년 청평사에 건립된 헌답비와 현재는 전하지 않지만 청평사 경내에 게판되었던 헌답기에 대하여 살펴보았다. 비석의 양식은 미술사적인 측면에서 단순한 비갈의 형태이며, 비문과 기문의 내용이 헌답자와 관련된 단순한 내용만이 있어서 양식사와 비문 내용 자체만으로는 중요성이 크지 않다고 하여도 1920년을 전후한 어느 시기에 권홍식과 박정명 부부가 청평사에 재산을 투탁한 일면을 볼 수 있는 자료로서 청평사의 사원경제연구에서는 가치가 있다고 할 것이다.

---

218) 斗落은 마지기의 음차이다(檀國大學校 東洋學硏究所, 1993, 『韓國漢字語辭典』).
219) 耕은 밭을 소로 하루에 갈 수 있는 면적의 개념으로 여기서는 4일을 가는 면적을 말한다.

5. 巖刻文

1) 影池 옆 巖刻文

청평사 영지 남쪽의 축대 아래에 자연 암석 윗면에 새겨져 있다. 이는 연구자에 의하여 2차례에 걸쳐 판독된 바 있다. 조유전과[220] 신종원은 다음과 같이 판독하였다.[221]

〈표 18〉 조유전 판독문

禪	處	如	心	心
慶	慶	是	▼	生
山	安	▼	種	祖
樂	樂	▼	▼	和
▼		已	▼	▼

〈표 19〉 신종원 판독문

		處	如	心	心
		處	是	滅	生
		安	俱	種	種
祝	▼	樂	滅	種	種
慈	慶	國	已	滅	生
▼	山				
	大				
	禪				
	師				

〈사진 114〉 영지 옆, 명문 암석 전경

〈탑영 15〉 명문 탁영

---

220) 趙由典 外, 1987, 「淸平寺 影池 및 能仁殿址 發掘調査」『文化財』20, 文化財管理局, 119쪽.

221) 辛鍾遠, 1989, 「淸平寺 影池 옆 銘文巖石」『江原史學』5, 江原大學校 史學會, 189~191쪽.

2) 기타

3층석탑 주변에 많은 암각문이 새겨져 있는데 불교와 관련된 명문을 보면 다음과 같다. 암각문을 보면 「佛」·「南無阿彌陀佛」은 사찰에서 일반적으로 나타나는 용어이고, 「桂月堂」·「錦愼堂」·「碧雲堂」·「度明」·「度賢」·「志淳」은 청평사에 주석하였거나 관련있는 스님으로 추정된다. 특히 계월당은 청평사지에 의하면 토지헌답비 등에서 보이는 黃桂月 스님으로 판단된다. 이외에 삼층석탑을 오르는 암벽에는 金禎根, 거북바위의 아랫돌에는 申圭善 등 근대의 인물도 새겨져 있는데 김정근은 1900년 11월, 강원도 관찰사에 임명된 인물이고, 신규선은 문수원기를 극락전으로 이전할 당시인 1914년 춘천군수를 지낸 사람이다.

제6장

清平寺 浮屠에 대한 새로운 이해

부도는 스님이 입적하고 다비를 한 후에 나온 사리를 봉안한 조형물로
僧塔이라고도 한다. 강원도내에는 한국 부도의 효시인 양양 陳田寺 道義
禪師 부도로부터 근대에 이르기까지 조성된 많은 부도가 산재해 있고 현
재까지도 계속하여 건립되고 있다. 강원도의 경우 도와 시·군·연구기관에
서 지역별, 권역별 조사가 꾸준히 진행되고 있다.[1] 그러나 특정 지역이
제외되거나 폐사지의 부도가 누락되는 등 종합적으로 조사와 집계가 되지
않아 전체상을 파악하기에는 무리가 있다. 이에 기왕에 발간된 자료와 일
부지역에 대하여 현지를 조사한 결과 부도재를 제외하고 어느 정도 온전
한 형태를 갖춘 부도는 약 231基가 현존하고 있는 것으로 파악되었다.[2]
　또한 浮屠銘 판독에 있어 자료간에 차이점이 발견되고 있다. 이는 부
도 주인공에 대한 오류만을 가져오는 것이 아니고 해당 사찰의 법맥과

---

1) 元永煥 外, 1990, 『浮屠調査報告書』, 江原道.
　대한불교조계종 문화유산발굴조사단, 2002, 『한국의 사찰문화재:강원도』.
　江原道內의 18개 市·郡에서, 『▽▽市(郡)의 歷史와 文化遺蹟』 및 『文化遺蹟分布
　地圖-▽▽市(郡)』라는 册名으로 발간되었는데 조사기관별로 차이가 있으나 일부
　조사기관에서는 부도를 각 기별로 전수조사 한 예가 있어서 도움이 된다.
2) 강원도내에는 春川5基(淸平寺4, 興國寺1), 原州10基(龜龍寺6, 黃山寺址2, 國亨寺
　1, 石南寺址1. 法泉寺址·興法寺址·居頓寺址에서 각 1基는 서울 반출), 江陵39基
　(普賢寺21, 龍淵寺8, 靑鶴寺址5, 法王寺2, 屈山寺址1, 白雲寺1, 普光里寺址1), 東
　海2基(三和寺2), 三陟11基(新興寺4, 靈隱寺4, 天恩寺3), 束草27基(神興寺17, 內院
　庵5, 安養庵2, 慕蓮庵3), 太白1基(深源庵1), 高城57基(乾鳳寺43, 禾巖寺14), 楊口3
　基(深谷寺3), 襄陽20基(明珠寺12, 靈穴寺3, 開運寺址2, 洛山寺2, 陳田寺1), 寧越5
　基(法興寺3, 報德寺2), 麟蹄2基(百潭寺2), 洪川16基(壽陀寺9, 雙溪寺7), 橫城9基
　(鳳腹寺6, 普光寺2, 石泉寺址1), 華川4基(法藏寺1, 啓星寺址1, 雲峰庵址1, 多木里
　寺址1), 平昌20基(月精寺20)이고, 旌善과 鐵圓에서는 조사된 바 없는데 모두 231
　基이다. 그러나 이 통계는 浮屠材와 각 박물관에 소장된 부도는 제외하였고, 廢寺
　址를 재조사하면 더욱 증가할 것이다. 寺誌 등에 기록된 부도의 수는 이보다 훨씬
　많다.

부도의 조영 시기, 해당 시기의 사원 경제 연구에도 영향을 주는 문제이기 때문에 정확한 부도명의 판독이 이루어져야 할 것이다.

강원도내에서 현재까지 조사된 231기의 부도 중에서 한 스님의 부도가 1개소가 아니라 2개소 이상의 사찰에 건립되는 예를 발견할 수 있다. 이를 分舍利 부도라고 한다.[3] 그런데 분사리한 부도의 외형적 양식을 살펴보면 동일 스님임에도 불구하고 8角圓堂型, 6角 또는 8角圓球型, 鍾型 등의 다양한 형태로 조성되기도 한다. 일례로, 太古普愚의 부도를 보면 舍那寺에는 石鍾型, 太古寺에는 圓球型, 懶翁慧勤의 부도는 神勒寺에 鍾型이 더해진 戒壇型, 華藏寺에 스투파型, 檜巖寺에는 圓球型, 令傳寺에는 3層石塔型으로 조성된다.[4]

이렇게 분사리한 스님의 부도를 개인별로 정리하여 이를 종합하여 보면 분사리한 모든 스님의 부도에 대한 전체상을 파악하게 되고 이를 바

---

3) 그간 학계에서 부도에 관하여 많은 연구논문이 제시되었으나 분사리 부도에 관한 연구는 아직 미미하고 연구된 결과물도 몇 편에 불과한 실정이다.

　朴昌鎬, 1996,「朝鮮時代 石鍾型浮屠 硏究」, 韓國教員大學校 碩士學位論文.

　成春慶, 2003,「조선시대 소요대사부도에 대한 고찰」『文化史學』第20號, 韓國文化史學會, 209～223쪽.

　嚴基杓, 2005,「朝鮮時代 分舍利에 의한 石造浮屠의 建立」『전통문화논총』3호, 한국전통문화학교, 157～193쪽.

　朴英九, 2005,「梁山 通度寺의 石造浮屠 硏究」, 東國大學校 碩士學位論文, 41～50쪽.

　嚴基杓, 2006,「朝鮮初期 己和大師 涵虛堂의 分舍利 石造浮屠에 대한 考察」『文化史學』25, 韓國文化史學會, 147～173쪽.

　홍성익, 2006,「江原道 壽陀寺·鳳腹寺 瑞谷堂 二分舍利 浮屠에 관한 硏究」『江原文化研究』25, 江原大學校 江原文化研究所, 61～80쪽.

　南東信, 2007,「여말선초기 懶翁 현창 운동」『韓國史研究』139, 韓國史研究會, 161～203쪽.

4) 이 글에서 8角圓堂型은 廉居和尙 부도와 같이 하대석부터 옥개석까지 모두 8각으로 구성된 부도를 말하며, 8角 또는 6角圓球型은 塔身만이 圓球型이고 하대석부터 옥개석까지는 8각 또는 6각을 유지하는 부도를 말한다. 鍾型은 스투파의 형식이 간략화되어 梵鍾의 형태를 갖춘 부도를 말한다.

탕으로 사찰에 주석한 스님의 계보를 파악하는 것은 물론 시기별, 지역별 양식사를 정리할 수 있을 것이다. 이러한 연구가 진행되면 한 스님의 부도가 한 곳에 있다는 가설로 특정 부도의 절대년도가 판단되면 그 부도를 그 시대의 기준작으로 보고 부도명이 없는 부도를 기준작의 시기에 적용하는 부도 양식사 연구의 방법론적인 한계를 극복할 수 있는 대안으로 제시될 수 있을 것이다. 즉 분사리한 부도의 경우 한사람의 부도임에도 불구하고 부도명이 없을 경우 양식적인 면이 다르다고 하여 선대 또는 후대의 시기로 편년하는 오류를 줄일 수 있을 것이다. 그러나 浮屠銘에 집착하면 同名異人의 부도를 동일인의 부도로 판단하는 오류를 범할 수 있으므로 부도명과 관련된 문헌자료에 대하여 철저한 사료비판을 거쳐 부도 연구에 대입하여야 할 것이다.

이 章에서는 환적당의 8분사리 부도와 나머지 3기의 부도명에 대하여 검토해 보고자 한다.

1. 幻寂堂의 八分舍利 부도

청평사에는 총 4기의 부도가 있다. 부도명이 있는 환적당 부도를 제외하고 나머지 3기는 부도명이 없다. 그런데 부도 1은 진락공 부도라 하고, 부도 2는 설화당 부도라 전하고 있다. 그러나 부도명에 대한 전거는 현재까지 명확히 밝혀지지 않았다. 특히 진락공 부도라 전하는 부도 1의 탑신석은 1980년대 중반 춘천시 신북읍 천전리 농가에서 절구로 사용하던 것을 이전하여 현재의 모습으로 복원한 것이다.[5] 또한 환적당의 부도는 그의 行狀에 의하면 청평사 외에도 7곳에 건립되었다고 한다. 한국에서 분

---

5) 金裕煥(1934년생. 당시 강원도 춘성군 공보실장) 口述. 1984년 보고서에 청평사 부도 1의 기단부와 옥개석만이 있고, 원구형 탑신이 보이지 않는 것은 당시에 복원하지 않은 상태로 보관하였기 때문이라고 한다(<사진 114·115, 도면 39>).

사리 부도의 건립은 고려말 태고보우와 나옹혜근에서 부터 성행하는데
8곳에 분사리한 환적당의 부도가 현재까지 알려진 분사리 부도 중에서
가장 많은 예이다.

환적당 부도는 청평사 경내지의 서천 계곡 등산로 옆에 있다. 부도 2
(傳, 설화당 부도)의 동쪽에 건립된 부도이다. 환적당 의천은 조선후기의
고승으로 청평사를 비롯하여 8곳에 분사리하여 건립하였다고 그의 행장
에 기록되어 있다. 이에 관련한 자료를 바탕으로 김풍기와 홍성익에 의하
여 발표된 바 있다.6) 이 절에서는 8곳에 사리를 分藏한 조선후기 환적당
의 팔분사리 부도에 대하여 살펴보고자 한다.

1) 舍利八分處의 부도 주인공 및 양식 검토

(1) 춘천 청평사 환적당 부도

청평사는 춘천시 북산면 청평리 경운산에 있는 사찰로 대한불교조계
종 제3교구 본사인 신흥사의 말사이다. 환적당은 청평사에서 48세(1650
년)에 양신암을 중수하고 3년간 수행하였으며, 55세(1657년)에 다시 양신
암에서 하안거를 지냈다.

환적당 부도는 청평사 경내에서 서쪽의 요사를 지나 西川으로 불리우
는 계곡을 따라 약 200m 가면 등산로 우측 길가에 있는데 2기의 부도
중에서 동쪽의 부도이다. 2기의 부도는 건립 당시의 형태를 그대로 유지
하고 있는데 모두 조선시대의 8각원구형 부도이다. 지대석은 2매의 직사
각형 판석을 잇대어 사각형이 되도록 결구하였고 하대석·중대석·상대

---

6) 金豊起, 1992, 「淸平寺 幻寂堂 浮屠에 대한 一考察」『江原文化硏究』11, 江原大
   學校 江原文化硏究所, 93~104쪽.
   홍성익, 2006, 「朝鮮後期 幻寂堂 八分舍利 浮屠에 관한 硏究」『博物館誌』13, 江
   原大學校 中央博物館, 85~108쪽.

석·탑신석·옥개석을 각기 일석씩으로 조성하였다. 탑신석만이 원구형이고 나머지는 모두 8각이다. 하대석과 상대석에는 복판으로 복련과 앙련을 조식하였으며 중대석에 「幻寂堂」이라 종서로 음각하였다. 하대석은 높이 34cm, 중대석은 27cm, 상대석은 29cm이다. 탑신석은 76cm, 옥개석은 약 77cm이고, 전체 높이는 약 243cm이다.

(2) 문경 鳳巖寺 환적당 부도

봉암사는 경상북도 문경군 가은면 원북리 희양산에 있는 사찰로 대한불교조계종 제8교구 본사 直指寺의 말사이다.[7] 경문왕 4년(864)에 현계산 安樂寺의 주지를 맡고 있던 智證道憲에게 거사 沈忠이 제자로 칭하면서 희양산에 절 짓기를 청하므로 헌강왕 7년(881)에 왕이 승통 後恭과 肅正史 裵律文을 보내 절의 경계를 정하게 하고 봉암사라 하였다. 고려 태조 18년(935) 靜眞兢讓이 중창하여 희양산문으로 번창하였다. 이후, 涵虛得通이 세종 13년(1431)에 절을 중수하였고 현종 15년(1674)에 소실된 것을 숙종 29년(1674)에 다시 중건하였다. 숙종 29년(1703)에 재차 소실되자 중건하였다.

환적당이 봉암사에서 처음 수행한 것은 60세(1662년)부터 61세까지로 행장에 의하면 백운대에 미륵상(경상북도 유형문화재 제121호)을 조성하고, 사적비를 세웠으며 환적암을 지었다. 두번째로 봉암사에서 수행한 시기는 64세 때로 十王證師로 수행하였다.

봉암사의 부도는 東庵의 동쪽 능선을 따라 涵虛得通(경상북도 문화재

---

7) 權相老 編, 1979, 『韓國寺刹全書』上, 東國大學校 出版部, 546쪽.

李智冠, 1994, 「聞慶 鳳巖寺 智證大師 寂照塔碑文」『校勘譯註 歷代高僧碑文』新羅篇, 伽山佛教文化研究院, 280~338쪽.

李智冠, 1994, 「聞慶 鳳巖寺 靜眞大師 圓悟塔碑文」『校勘譯註 歷代高僧碑文』高麗篇1, 伽山佛教文化研究院, 440~513쪽.

李政 編, 1996, 『韓國佛教寺刹事典』, 불교시대사, 266~267쪽.

자료 제134호), 幻寂義天(경상북도 문화재자료 제133호), 靜眞兢讓(보물 제171호) 부도가 각기 위치하고 있다.[8]

부도는 기단에서부터 옥개석까지 결실된 부재없이 모두 8각으로 이루어져 있고 상륜부만이 원형의 보주를 얹은 8각원당형이다. 지대석은 8각의 판석을 놓고 얇게 조각한 복련을 조식한 하대석을 놓았으며 아무런 문양이 없는 중대석과 하대석과 같이 얇게 앙련을 조식한 상대석을 같은 돌로 만들었다. 하대석과 상대석은 복련과 앙련을 각면에 1엽씩 새겼으며 사이에는 작은 간엽을 배치하였다. 탑신은 하나의 돌로 만들었는데 한면 전체에 방곽을 만들고 그 안에 「幻寂堂智鏡之塔」이라 종서로 새겨 놓았다. 옥개석은 지붕선을 욱은지붕으로 처리하였다. 그러나 기와골이나 지붕선이 모두 생략되고 추녀만이 표현된 매우 간략화한 양식이다.

상륜부는 2단의 8각받침 위로 꽃봉오리 모양의 원형부재가 놓여 있고 다시 그 위에 8각의 보개가 있으며 보주 2개가 더 올려져 있다. 전체 높이는 350cm이다.

(3) 제천 德周寺 환적당 부도

충청북도 제천시 한수면 송계리 월악산에 있는 사찰로 대한불교조계종 제5교구 본사 法住寺의 말사이다. 창건년대 등에 관한 기록이 없어 자세한 사적은 알려져 있지 않으나 의종 12년(1158)에 조성된 崔觀奧의 墓誌에 덕주사는 그의 원당이라 하였다.[9] 이로 보아 덕주사의 창건 하한 년대는 1158년으로 볼 수 있다. 그리고 「泰和六年」銘(희종2:1206)의 禁口와[10] 「天啓二年」銘(광해군14:1622) 기와가 수습되었다.[11]

---

8) 鳳巖寺에는 이외에도 지증대사적조탑(보물 제137호)과 석종형 부도(경상북도 문화재자료 제135호, 보조국사 지눌의 부도라 전함)가 있다.

9) 金龍善 編著, 1993, 『高麗墓誌銘集成』, 翰林大學校 아시아文化硏究所, 165~167쪽.
　 신종원, 1996, 「갑둔리 5층석탑 銘文과 관련된 역사해석의 문제」 『整備·補修를 위한 麟蹄 甲屯里一帶 石塔 調査報告書』, 江原大學校 博物館, 81·86쪽.

이들의 자료를 보면 고려 희종 2년(1206) 이전에 창건되어 신증동국여
지승람이 쓰여지는 1450년 경에도 법맥이 이어지고 있었으며 광해군 14
년(1622)에 사찰이 중창되거나 번와가 있었음을 알 수 있다. 또한, 덕주
사는 계속하여 상·하의 덕주사가 각기 경영되고 있음을 알 수 있다. 寺內
에는 마애불(보물 제406호), 약사여래입상(충청북도 유형문화재 제196
호), 대불정주범자비(충청북도 유형문화재 제231호)가 있다. 환적당 의천
은 79세가 되던 해인 숙종 7년(1681)에 덕주사에서 수행하였다.

원래의 위치는 덕주사 서쪽 밭가에 4기의 부도와 함께 있었으나(<사
진 116>),[12] 현재의 위치에 동일한 순서로 4기를 이전하였다(<사진
117>). 동쪽에서 서쪽으로 부도명을 보면 幻寂堂, 浮遊堂, 龍谷堂最脫之
塔/壬申四月立, 洪波堂大禪師印定之塔 순이다.

환적당 부도는 상대석이 없는데 기존의 사진을 보았을 때, 현재의 위
치로 이전하기 전에 이미 멸실되었음을 알 수 있다. 8엽의 복련을 두툼하
게 조각한 하대석을 놓고 상면에 1단의 8각 탑신받침을 조각하였으며,
그 위에는 8각의 중대석을 얹었다. 높이는 37cm로 각 모서리에는 우주를
모각하였다. 이 중대석의 한 면에 「幻寂堂」이라 부도명을 음각하였다.

현재는 중대석 위에 원구형의 탑신을 놓았는데 이는 상대석을 잃은 모
습으로 추정된다. 즉, 하대석-중대석-상대석-탑신석-옥개석의 순서로 부
도가 결구되는데 이 부도는 하대석-중대석-탑신석-옥개석의 배열을 하고
있기 때문이다. 이로 인하여 중대석과 탑신석의 마감처리가 어색하게 세
워져 있다. 탑신석의 상부는 짧은 원통의 형태로 조각하여 옥개석을 받치

10) 忠州工業專門大學 博物館, 1992, 『德周寺 磨崖佛과 德周山城 地表調査 報告書』,
    60쪽. "泰和六年丙寅月日造上德周寺禁口一坐重十參斤棟梁道人戒安了閑新主直
    長宋公候記糸告"
11) 忠州工業專門大學 博物館, 1992, 『德周寺 磨崖佛과 德周山城 地表調査 報告書』,
    59·106·172쪽.
12) 忠州工業專門大學 博物館, 1992, 『德周寺 磨崖佛과 德周山城 地表調査 報告書』,
    172쪽(寫眞 再引用).

고 있다. 탑신석의 높이는 67㎝이고 지름은 184㎝이다. 옥개석은 6각으로 전각부가 심하게 반전하고 있으며 기와골이나 연목이 모두 생략되었다. 상륜부는 보주를 얹었는데 중간에 하나의 돌대문을 모각하였다. 상륜부의 높이는 42㎝이고, 현재의 총높이는 약 151㎝이다.

(4) 합천 海印寺 환적당 부도

해인사는 경상남도 합천군 가야면 치인리 가야산에 있는 사찰로 대한불교조계종 제12교구 本寺이다. 애장왕 3년(802), 順應에 의하여 창건되기 시작하여 利貞이 완공하였다고 전한다. 해인사는 신라 이후 화엄종 사찰로서 고려초 희랑에 의해 화엄사상이 강의되기도 하였다. 조선초에는 팔만대장경이 보관되어 왕실의 특별한 지원 속에 지속적인 발전을 거듭한 사찰로 홍제암, 백련암, 원당암, 국일암, 지족암, 희랑대 등의 암자가 있다.

환적당이 해인사에서 수행한 기간을 보면 42세(1644년)와 83세(1685년), 그리고 85세(1687년)부터 입적하는 88세(1690년)까지이다.

환적당 부도는 홍제암의 동쪽 마당 부도군에 있다. 그의 행장에 의하면 사명당비 옆에 있다고 하였는데 지금도 사명당비 옆에 있다. 결실된 부재없이 완전한 형태를 갖추고 있다. 큰 사각형의 지대석 위에 하대석 받침이 있다. 원형의 복련이 조식된 하대석의 높이는 29㎝이며, 중대석은 높이가 46㎝로 방형인데 문양이 없고, 하대석과 같이 얇게 조식된 연판문이 앙련으로 조식된 상대석은 41㎝이다. 탑신석은 원구형으로 91㎝인데 별도의 면처리 없이 「幻寂堂智鏡之塔」이라 종서로 음각하였다.[13] 옥개석은 8각으로 부연이나 기와골 등이 모두 생략되었다. 단지 추녀만이 표현되었고 원통형의 짧은 석주 위에 둥근 돌대문이 있으며 위에 보

---

13) 몇차례 탑영을 시도하였으나 표면처리가 거칠고 마모가 진행되어 탑영 상태가 고르지 않아 자료로 제시하지 못하였다. 그러나 육안으로 浮屠銘 판독이 가능하다.

주를 얹어 비교적 간략화된 양식을 지니고 있다. 총높이는 약 298cm이다.

(5) 대구 龍淵寺 환적당 부도

대구광역시 달성군 옥포면 반송리 비슬산에 있는 사찰로 대한불교조
계종 제9교구 본사 桐華寺의 말사이다.[14] 신덕왕 3년(914) 寶壤이 창건
하였다고 전한다. 세종 1년(1419)에 天日이 중건하고 선조 36년(1603) 松
雲惟政이 靑霞 印英, 坦玉, 敬天 등에게 중창하도록 하였다.

용연사는 이후에도 매우 활발한 중건과 중수를 거치고 있으며 이에 대
한 寺蹟은 사적비 등에 자세히 기록되어 있다. 문화재로는 현종 14년
(1673)에 완성한 불사리석조계단(보물 제539호)과 삼층석탑(경상북도 문
화재자료 제26호)이 있다. 환적당이 용연사에 머문 시기는 행장에 기록
되어 있지 않다.

용연사의 부도는 2개소에 모두 12기가 건립되었다. 부도군 2는 7기로
용연사 적멸보궁과 연접한 북서쪽 산록에 있고, 부도군 1은 5기로 부도
군 2의 약 100m 산아래 서쪽의 밭가에 있다. 7기가 있는 2군은 1기만이
원구형 부도이고 모두 종형부도의 형식을 갖추고 있다. 5기가 있는 1군
은 모두 종형부도이다. 그러나 1군과 2군의 부도군에서 환적당의 부도명
은 조사되지 않았다. 이중에서 1군에는 모든 부도에 銘이 남아 있으므
로[15] 환적당의 부도는 1군에 있을 수 없고 2군에 있을 것으로 추정할

---

14) 정병삼, 1994, 「용연사」『명찰순례』③, 대원사, 350~375쪽.
　　李政 編, 1996, 『韓國佛敎寺刹事典』, 불교시대사, 466쪽.
　　大邱大學校 博物館, 1997, 『達城郡 文化遺蹟 地表調査報告書』, 226~229쪽.
15) 모두 종형부도이고, 浮屠銘이 세로로 음각되었는데 사찰 방향의 부도로부터 無爲
　　堂 自彦, 西旿堂 致淸, 返虛堂 法贊, 省幻堂 神順順, 玄津堂 大淑의 부도이다. 「西
　　旿堂 致淸」의 부도명을 「西歸堂 致淸」으로, 「省幻堂 神順順」의 부도명을 「有幻
　　堂 神△順」 등으로 판독한 예가 있으나(大邱大學校 博物館, 1997, 『達城郡 文化
　　遺蹟 地表調査報告書』, 296쪽), 이는 誤讀이다. 「神順順」에서 順字가 중복된 것은
　　'順' 字를 刻字할 때 잘못이 있어 중복되게 刻字한 것으로 판단된다.

수 있다. 부도군 2의 부도를 동쪽에서 서쪽으로 소개하면 다음과 같다.

〈표 20〉 용연사 부도군 2[16]

주인공 ＼ 번호	1	2	3	4	5	6	7
浮屠銘					仁嶽	遠溪	洛坡
浮屠碑銘	松坡			東雲			
主人公 綜合	松坡			東雲	仁嶽	遠溪	洛坡

　위의 부도명과 부도비명을 판독하였을 때 환적당의 부도명은 확인할
수 없다. 이 부도군에 대하여 朴昌鎬와[17] 大邱大學校 博物館에[18] 의하여
보고된 바 있다. 朴昌鎬는 龍淵寺重修碑에 기록된 내용 중에서 다음과
같은 문장에 주목하고 있다.

　　　절 안에 옛날 부처님의 사리를 모신 탑이 있었는데 스님들이 이것을 새로
　　운 것으로 바꾸어 예전의 규모보다 특별히 크게 만들었다. 그 뒤편으로 **松坡**,
　　友雲, 幻寂, 東雲 등의 사리탑을 배열하였으니, 이 분들은 모두 宗師가 될 만
　　한 분들이다.[19]

　위의 인용문을 보면 松坡·友雲·幻寂·東雲의 부도가 배열되어 있다고
하였다. 그러나 이 순서가 동 → 서인지, 서 → 동인지 또는 無順인지 알

---

16) 浮屠銘을 보면 仁嶽大師塔·遠溪大師塔·洛坡大師塔이고, 碑銘은 松坡大師碑銘·
　　東雲大師碑이다. 이 글에서 浮屠群의 기별 기술 순서는 별도의 표기가 없는 한,
　　앞 열 東쪽에서 西쪽 순으로 표기하였다.

17) 朴昌鎬, 1996,「朝鮮時代 石鍾型浮屠 硏究」, 韓國敎員大學校 碩士學位論文, 26∼
　　28쪽.

18) 大邱大學校 博物館, 1997,『達城郡 文化遺蹟 地表調査報告書』, 296쪽. 부도 사진
　　과 부도 주인공의 표기에 혼선이 있다.

19) 朝鮮總督府, 1919,『朝鮮金石總覽』下, 1098쪽. 碑文에, "寺中舊有世尊舍利所藏
　　之塔緇徒等易以新之特壯于前撲後列**松坡友雲幻寂東雲**等舍利之塔皆浮屠之所宗
　　者也"이다.

수 없다. 만약 무순이라면 이 자료를 바탕으로 환적당의 부도를 확정하는
데 도움이 되지 않는다. 용연사 부도군 2에서 부도비를 보면 동쪽에 송파
의 부도비가 있고 서쪽에 동운의 부도비가 있는데 우운과 환적의 부도가
그 사이에 들어가면 부도비와 기록의 순서가 부도의 위치와 일치하게 된
다. 이러한 점을 착안하여 박창호는 동쪽의 3번째 부도를 환적당 부도로
파악하였다.

　이러한 견해에 동의하면서 계단, 부도, 중수비의 건립시기와 기록에
관한 사료에 대하여 검토할 필요가 있다. 즉, 용연사 적멸보궁의 계단은
1673년에 조성되었고, 이에 대한 내용을 기록한 비문인 「용연사석가여래
부도비」가 1676년에 건립된다.[20] 또한 1722년에는 「용연사중수비」가
건립되는데 용연사 중수비에는 석가여래부도 즉, 적멸보궁 계단이 언급
되면서 4기의 부도명이 등장하게 된다. 이는 1673년에 적멸보궁의 계단
이 조성되고 3년 후에 이에 대한 비문이 건립되고 있으므로 동시대라고
볼 수 있으며, 46년 후에 건립되는 용연사 중수비는 부도 건립에 관련된
내용을 검토하였을 때 역시 1차 사료로 볼 수 있다.

　이 비에 언급된 松坡, 友雲, 幻寂, 東雲의 입적년대에 주목하면 <표
21>에서 보는 바와 같이 석조계단이 조성된 후에 모두 입적하며, 또한
용연사 중수비가 건립되기 이전에 입적하였고 적멸보궁 석조계단의 석종
형을 모본으로 삼고 있음을 알 수 있다. 또한 부도군에 조성되었으나 비
문에 기록되지 않은 나머지 3기의 부도는 용연사중수비가 세워진 이후에
입적한 스님들이기 때문에 비문에는 등장할 수 없게 된다. 따라서 비문에
는 당시에 건립되어 있던 4기의 부도를 동쪽에서 서쪽 순으로 모두 기록
하였고, 이 기록은 松坡와 東雲의 부도비를 참고하였을 때 사료적 가치
가 매우 신뢰할 수 있다고 하겠다. 또한 송파 부도부터 건립되기 시작하
여 서쪽으로 계속 건립되는데 7번 낙파의 부도는 계곡 끝에 세워지게 되

---

20) 朝鮮總督府, 1919, 『朝鮮金石總覽』 下, 948~949쪽.

면서 부도를 세울 수 있는 공간이 없다. 이는 1번 부도부터 7번까지의 부도가 입적순으로 건립된 것을 보아도 알 수 있다.

따라서, 용연사 부도군 2의 동쪽에서 3번째에 건립된 종형부도가 환적당 부도임을 알 수 있다. 환적당 부도의 양식은 다른 사찰에 봉안된 분사리 부도와의 친연성 보다는 적멸보궁 석조계단의 석종형을 모본으로 삼아 조성되었음을 알 수 있다. 140×124cm의 사각형 지대석 위에 부도를 세웠는데 높이는 148cm이다. 가장 하부의 둘레는 258cm, 중심부의 둘레는 268cm이며, 최상부 둘레는 188cm이다. 상륜은 1단의 돌대문을 두고 위에 보주를 놓았다.

이상으로 용연사 부도군 2에 대하여 표로 정리하면 아래와 같다.

〈표 21〉 용연사 부도군 2 주인공 종합 검토

번호 주인공	1	2	3	4	5	6	7
浮屠銘					仁嶽	遠溪	洛坡
浮屠碑	松坡			東雲			
龍淵寺重修碑	松坡	友雲	幻寂	東雲			
朴昌鎬 說	松坡	友雲	幻寂	東雲	仁嶽	遠溪	洛坡
大邱大 博物館 說	東雲		松坡		仁嶽	遠溪	洛坡
生存年代	1595 ~1675	1650 년대	1603 ~1690	1704 立碑	1704 ~1796	미상	1794 ~1877
主人公 綜合	松坡	友雲	幻寂	東雲	仁嶽	遠溪	洛坡

(6) 거창 演水寺 환적당 부도

연수사는 경상남도 거창군 남상면 무촌리 감악산에 있는 사찰로 대한불교조계종 제12교구 본사 해인사의 말사이다.[21] 전하는 기록이 없어서 자세한 寺蹟은 알 수 없으나 신라 헌안왕(857~860)이 이곳의 약수를 마시고 병을 치유하고 창건하였다고 전한다. 거창군 가조면의 古見寺와 함

---

21) 李政 編, 1996, 『韓國佛教寺刹事典』, 불교시대사, 425~426쪽.

께 지역을 대표하는 고찰이나 종형부도 1기를 제외하고는 오래된 문화재
는 없다. 현재의 건물은 모두 신축된 것이다. 환적당이 연수사에 머문 시
기는 행장에 기록되어 있지 않고 神珠 1枚를 봉안하였다고 한다.

연수사에는 1기의 부도가 현존하고 있다. 그러나 현존하고 있는 1기에
는 부도명이 없으며, 환적당의 부도라고 확정할 만한 자료도 없다. 그렇지
만 환적당의 행장에 연수사에 부도를 건립한다고 한 것으로 보면 이 부도
일 가능성은 매우 높다. 이 부도의 높이는 하대석 30㎝, 상대석 31㎝, 탑
신석 93㎝, 상륜부 34㎝로 기단부의 중대석이 상실된 부도처럼 보여지
고 있다. 이러한 양식적 계보가 어디서 연유되었는지 밝혀지지 않았지만
연수사 인근의 몇 개 사찰에서 이러한 유형의 부도들이 보이고 있다.

하대석과 상대석은 원형으로 각 부재마다 8엽의 복련과 앙련이 조식
되었다. 탑신석도 원형으로 아무런 문양이 없다. 상륜부는 탑신석 윗면을
다듬은 후 보주를 놓았다. 총높이는 190㎝이다.

(7) 봉화 覺華寺 환적당 부도

경상북도 봉화군 춘양면 석현리 태백산에 있는 사찰로 대한불교조계
종 제16교구 본사 孤雲寺의 말사이다.[22] 신라 문무왕 16년(676)에 원효
대사가 인근의 覽華寺를 이전하여 창건하면서 옛 절인 남화사를 생각한
다고 하여 각화사라 하였다고 한다. 고려 숙종 6년(1101) 無碍智 戒膺이
중건했다. 이후 여러 차례 중수가 있었으며 太白山史庫가 건립되자 사고
수호사찰이 되었다. 환적당이 각화사에 머문 시기는 84세인 1686년이다.

각화사의 부도는 총 10기로 사찰 입구의 우측 길가에 2열로 부도군으
로 조성되었다. 모두 종형부도로 지대석과 별도의 하대석을 놓았으며, 그
위에 종형 부도를 놓은 양식이다. 원형의 탑신석 상부를 다듬어 보주 형
태로 만든 양식으로 동일한 수법을 보이고 있다. 이 부도군에서 환적당이

---

22) 李政 編, 1996, 『韓國佛敎寺刹事典』, 불교시대사, 14쪽.

라는 부도명은 확인되지 않는다. 앞 열 2기를 동쪽으로부터 부도명을 보면, 中創主京河堂/大德大鉉大師, 白月堂/尙定大師이고 뒷열의 부도를 역시 동쪽에서부터 서쪽으로 보면, 5기는 부도명이 없고 虛岩堂/宏勒大師, 幻虛堂/尙心大師, 蒙岩堂/有虛大師 부도이다. 따라서 각화사 부도군에서는 환적당의 부도명을 확인할 수 없다. 부도군의 대체적인 높이는 110~150cm로 비교적 작은 규모이다.

(8) 의성 大谷寺 환적당 부도

경상북도 의성군 다인면 봉정리 비봉산에 있는 사찰로 대한불교조계종 제16교구 본사인 孤雲寺의 말사이다.[23] 指空이 元나라와 高麗를 왕래하면서 불법을 펼친 것을 기념하기 위하여 大國寺라 창건하였으나 조선 선조 30년(1597) 정유재란으로 소실되자 선조 38년(1605) 坦祐가 중창하였고, 숙종 13년(1605)에 太顚이 중건하면서 골이 깊다고 하여 大谷寺로 개칭하였다고 한다. 그러나 이규보(1168~1241)가 고려 명종 26년(1196)에 大谷寺를 방문하고 쓴 「十七日入 大谷寺」라는 시를 통해 1196년에 대곡사라는 寺名이 이미 사용되고 있음을 알 수 있다. 환적당이 대곡사에 머문 시기는 행장에 기록되어 있지 않다.

대곡사의 석조물들은 사찰 주변에 흩어져 있던 것을 경내 입구에 모아 놓았는데 모두 원래의 모습을 잃고 있어서 환적당 부도를 확인할 수 없다. 연화문이 조식된 하대석이 있으나 양식으로 볼 때 고려시대 작품으로 추정되고 명문이 없는 석종형 부도 1기가 있는데 원래의 부재가 아닌 석

---

23) 『新增東國輿地勝覽』 卷24, 醴泉郡 佛宇條 大谷寺項.
大邱大學校 博物館, 1987, 『義城郡 文化遺蹟 地表調査 報告』, 202~216·246~247쪽.
李政 編, 1996, 『韓國佛敎寺刹事典』, 불교시대사, 116쪽.
金若秀, 1989, 「義城 大谷寺의 遺蹟과 遺物」, 『鄕土史硏究』 1, 韓國鄕土史硏究全國協議會, 131~149쪽.

재로 지대석을 놓았다. 부도의 높이 153㎝, 하단의 직경 82㎝, 중간부분의 직경이 90㎝, 최상부 직경 80㎝이다. 부도의 상부에는 변형된 고사리문이 조식되었다. 상륜은 일조의 연주문이 있는 돌대문을 두고 보주를 놓았다.

2) 환적당 부도와 부도군과의 양식 검토

(1) 청평사

청평사 경내에는 4기의 부도가 분산되어 건립되어 있다. 모두 8각원구형 부도로 사찰 입구에 있는 1기는 진락공 이자현의 부도라 전하고 있으며, 1기는 雪花堂 부도라 전하고 있다. 전체적으로 환적당 부도와 같은 양식이지만, 환적당 부도를 제외하고 부도명을 알 수 있는 부도는 없다. 따라서 청평사 부도의 선후시기는 파악할 수 없으나 규모와 문양 등의 양식으로 판단할 때 부도 2, 傳 雪花堂 부도가 가장 선행시기의 부도로 보이고, 다음이 환적당 부도 그리고 부도 1, 傳 진락공 부도와 부도 3, 無銘 浮屠로 추정된다. 이는 부도 2, 傳 설화당 부도는 옥개석에서 우동이 욱은지붕으로 조선전기에 건립된 원구형 부도의 대부분이 이와 같기 때문이다.

〈표 22〉 청평사 부도군

번호 / 주인공	1	2	3	4
浮屠銘	無銘 (傳, 眞樂公)	幻寂堂	無銘 (傳, 雪花堂)	無銘
生存年代	(1061~1125)	1603~1690		
浮屠型式	中臺石:4角 上臺石:圓型. 屋蓋石:8角	8角圓球型	8角圓球型	8角圓球型

〈사진 115〉 청평사 환적당 부도

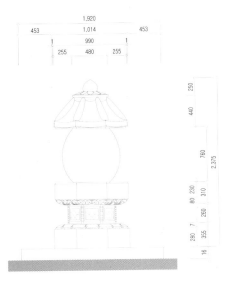

〈도면 40〉 청평사 환적당 부도

〈탑영 16〉 청평사 『幻寂堂』銘

〈사진 116〉 환적당 부도(左)와 청평사 부도 2(右)

(2) 봉암사

봉암사의 환적당 부도는 동쪽 산능성이에 있는데 각 능선마다 함허당 (1376～1433) 부도, 환적당 부도, 정진대사(878～956) 부도가 동쪽 능선 방향으로 건립되었다. 전체적으로 8각원당형으로 조성되었는데 함허당 부도와 친연성이 있다.[24]

함허당 부도에서는 옥개석의 기와골이 모두 표현되었으나 환적당 부
도에서는 생략되었으며 상륜부에서도 약식화되는 경향을 보이고 있다.
하대석과 상대석에서의 연엽도 환적당 부도에서는 섬약화되어 간략히 표
현되는 등 조선초기의 부도에서 보이는 정교함이 많이 생략되었다. 부도
명을 새긴 부분에서도 함허당 부도에서는 위패형을 만들고, 그 안에 부도
명을 刻字한 반면 환적당 부도에서는 방곽을 새기고 그 안에 부도명을
새겨 넣었다. 이러한 부분적인 면에서는 차이가 있다고 하더라도 전체적
으로 8각원당형을 나타내고 있으며, 각 연엽과 부도명을 새긴 점 등은
환적당 부도가 함허당의 부도를 모방하였음을 알 수 있다.

〈표 23〉 봉암사 부도군

주인공 \ 번호	1	2	3	4	5
浮屠銘	智證道憲	靜眞兢讓	無銘 (傳, 普照知訥)	涵虛得通	幻寂義天
生存年代	824~882	878~956	(1158~1210)	1376~1433	1603~1690
浮屠型式	8각원당형	8각원당형	종형	8각원당형	8각원당형

〈사진 117〉 봉암사
환적당 부도

〈탑영 17〉 봉암사
『幻寂堂』銘

〈사진 118〉 봉암사
함허당 부도

〈탑영 18〉 봉암사
『涵虛堂』銘

24) 嚴基杓, 2006,「朝鮮初期 己和大師 涵虛堂의 分舍利 石造浮屠에 대한 考察」『文
化史學』25, 韓國文化史學會, 147~173쪽.

(3) 德周寺

〈사진 119〉 덕주사 환적당 부도

〈탑영 19〉 덕주사 『幻寂堂』 銘

덕주사에는 4기의 부도가 건립되어 있다. 부도군에서 환적당의 부도는 가장 동쪽에 있는데 부도의 중대석에 환적당이라 음각되어 있어서 주인공을 알 수 있다. 부도 군의 3기는 4각과 6각원구형 부도이고 1기는 종형 부도이다. 부도의 건립시기에 대한 선후시기는 알 수 없으나 덕주사 역시 종형부도 1기를 제외한 3기는 서로 친연성이 있어서 지역성을 보여주고 있다.

〈표 24〉 덕주사 부도군

번호 주인공	1	2	3	4
浮屠銘	幻寂堂	浮遊堂	龍谷堂	洪波堂
生存年代	1603~1690			
浮屠型式	6각원구형	4각원구형	종형	4각원구형

〈사진 120〉 덕주사 부도군 (원래의 모습)	〈사진 121〉 덕주사 부도군 (현재의 모습)	〈사진 122〉 덕주사 환적당 부도(사리함)

(4) 海印寺

해인사의 부도는 4곳에 산재하여 있다. 弘濟庵에 4기와 약 100m 뒷산에 傳, 四溟堂 浮屠 1기, 국일암 서쪽 담장가에 3기, 국일암 입구에 8기, 國一庵 서쪽 계곡 부도군에 3기가 있다. 부도군 별로 살펴보면 아래의 표와 같다.

〈표 25〉 해인사 홍제암 부도군

번호 주인공	1	2	3	4	5
浮屠銘	禮峯平信	幻寂智鏡	松坡堂	桂坡堂	無銘 (傳, 四溟堂)
生存年代	1819~1896	1603~1690	1596~1675	1750년, 通度寺 戒壇 重修	(1544~1610)
浮屠型式	방형	6각원구형 上下臺石:원형	종형	종형	종형

〈표 26〉 해인사 국일암 부도군[25]

번호 주인공	1	2	3
浮屠銘	浮休堂	孤閑堂	碧岩堂
生存年代	1543~1615	1572~1647	1575~1660
浮屠型式	종형	종형	종형

---

25) 孤閑堂은 大邱 桐華寺 浮屠群에도 分舍利되었다.

〈표 27〉 해인사 국일암 입구 부도군[26]

번호 주인공	1	2	3	4	5	6	7	8
浮屠銘	伴松堂	海峯堂	平岳堂	慕隱堂	和寂堂	凌雲堂	淨月堂	豊庵堂
生存年代		1699~1753				?~1755		
浮屠型式	종형	종형	종형	4각원구형 上臺石:원형	종형	종형	종형	종형

〈표 28〉 해인사 국일암 서쪽 계곡 부도군[27]

번호 주인공	1	2	3
浮屠銘	枕雲堂	喜雲堂	雲▽堂
生存年代			
浮屠型式	종형	종형	종형

홍제암 부도군의[28] 동쪽에 환적당과 평원당, 국일암 입구의 慕隱堂 부도만이 각기 6각원구형, 4각형, 4각원구형이고 나머지는 모두 종형 부도이다. 해인사에 건립된 환적당의 부도는 동일 부도군내에서는 동일한 양식을 찾을 수 없다. 단지 국일암 입구의 모은당 부도가 친연성이 있으나

---

26) 海印寺에서 출발하여 國一庵을 30m정도 못미쳐 길가에 있다. 2열로 건립되었는데 각 열은 4기이다. 海峯堂과 凌雲堂의 생몰년대는 韓贊奭 外, 『陜川海印寺誌』(韓一綜合印刷社, 1994, 65·92~93쪽)를 참조하였다.

27) 海印寺에서 출발하여 國一庵 浮屠群의 서쪽 계곡 동쪽사면에 있다. 북동쪽부터 남서쪽 순으로 표기하였다. 이 표의 번호에서 부도3의 부도명이 雲▽堂으로 확실하지 않으나 雲峯堂으로 보인다. 枕雲堂의 부도는 연화문이 조식된 원형의 하대석과 상대석을 갖춘 양식으로 거창 演水寺 부도와 유사한 양식을 지니고 있다.

28) <표 25>의 번호 3, 松坡堂 부도는 이 글의 大邱 龍淵寺 浮屠群 1의 번호 1과 동일한 스님의 分舍利 浮屠이고, 번호 4, 桂坡堂 부도는 구례 華嚴寺에도 건립되었다(朴昌鎬, 1996, 「朝鮮時代 石鍾型浮屠 硏究」, 韓國敎員大學校 碩士學位論文, 18~20·43쪽). 번호 5, 무명부도는 四溟堂 浮屠라고 전해지는데 弘濟庵 浮屠群의 뒷산 약 100m지점에 건립되어 있다(慶南發展硏究院, 2005, 『咸安 明德高等學校·陜川 海印寺 浮屠 및 石藏碑 周邊遺蹟 試掘調査 報告書』). 사명당은 弘濟庵에서 입적하였는데, 광해군이 慈通弘濟尊者로 시호하고 암자는 홍제암이 되었다.

4각원구형이고, 중대석과 하대석이 결구방식에 차이가 있다.

현재까지 해인사 경내에서는 환적당 부도와 양식적으로 친연성을 보이는 계열이 나타나지 않고 또한 현재까지 해인사 인근 지역에서 환적당 부도에 영향을 준 사례를 찾지 못하였으나 앞으로 광범위한 조사를 병행할 예정이다.

〈사진 123〉해인사 환적당
부도

〈사진 124〉해인사 홍제암 부도군

〈사진 125〉해인사
국일암 부도군

〈사진 126〉해인사 국일암
입구 부도군

〈사진 127〉해인사 국일암
서쪽 계곡 부도군

(5) 용연사

용연사에는 12기의 부도가 있는데 적멸보궁의 주차장 서쪽에 7기가 일렬로 건립되었고, 5기는 적멸보궁의 산자락 아래쪽 서쪽 밭가에 건립되었다. 12기의 부도 중에서 인암당 부도만이 8각원구형 부도이고 11기는 석종형 부도이다. 이를 표로 정리하면 아래와 같다.

〈표 29〉 용연사 부도군1

번호 주인공	1	2	3	4	5
주인공	無爲堂 自彥	西白文堂 至支 淸	返虛堂 法贊	省幻堂 神順順	玄津堂 大淑
生存年代					
浮屠型式	종형	종형	종형	종형	종형

〈표 30〉 용연사 부도군2

번호 주인공	1	2	3	4	5	6	7
주인공	松坡	友雲	幻寂	東雲	仁嶽	遠溪	洛坡
浮屠型式	종형	종형	종형	종형	8각원구형	종형	종형

위의 표에서 보는 바와 같이 부도군 1은 모두 부도명이 있고 여기에는 환적당의 부도명이 없으며 부도군 2에서는 앞에서 살펴본 바와 같이 환적당 부도는 2군의 3번째 석종형 부도로 용연사의 부도 역시 용연사 석가세존사리탑을 모본으로 조성되었음을 알 수 있다.

〈사진 128〉 용연사 부도군1　　〈사진 129〉 용연사 부도군2　　〈사진 130〉 용연사 환적당 부도

(6) 연수사

연수사의 부도는 1기만이 현존하고 있다.[29] 부
도명이 없고 부도에 관한 자료가 전하는 것이 없
기 때문에 환적당의 부도인지는 알 수 없다. 단지,
연수사의 부도는 인근 사찰에서 동일한 양식이 많
이 보이고 있어서 역시 지역적인 영향을 받았음을
알 수 있다.

〈사진 131〉 연수사
부도1

(7) 각화사

각화사의 부도는 모두 종형
부도로 동쪽에서부터 부도명은
中創主京河堂/大德大鉉大師,
白月堂/尙定大師이고, 뒷열의
부도를 역시 동쪽으로부터 보
면, 5기는 부도명이 없고, 虛岩
堂/宏勒大師, 幻虛堂/尙心大師,

〈사진 132〉 각화사 부도군

蒙岩堂/有虛大師 부도이다. 따라서 부도명으로는 환적당 부도를 찾을 수
없다. 만약 이 부도군에 있다면 부도명이 없는 3번부터 7번의 無銘浮屠
중에서 환적당의 부도가 있을 가능성이 있으나 현재로서는 추정에 불과
할 뿐이다. 그러나 각화사에서도 모두 종형부도라는 친연성이 있는 양식
으로 조성되었을 것이다.[30]

---

29) 1980년대부터 현재까지 주지를 맡고 있는 스님에 의하면 연수사에는 원래부터 1
    기의 부도만이 있다고 한다.
30) 覺華寺에는 羅末麗初期의 8각원당형 부도 1기가 사찰 뒤편에 건립되었으나, 寺中
    에 의하면 1980년경에 도난당하였다고 한다. 엄기표, 2003, 『신라와 고려시대 석
    조부도』, 학연문화사, 428~432쪽에 자세히 언급되어 있다.

〈표 31〉 각화사 부도군

번호 주인공	1	2	3	4	5	6	7	8	9	10
浮屠銘	京河堂	白月堂						虛岩堂	幻虛堂	蒙岩堂
生存年代									1882년, 金山寺 改金佛事	
浮屠型式	종형	종형	종형	종형	종형	종형	종형	종형	종형	종형

(8) 대곡사

대곡사에는 연화문이 조식된 부도재와 종형부도 1기가 있으나, 부도명이 없어서 주인공을 알 수 없다. 단지, 사찰 입구 계곡 부도군에서 일부의 부도가 도난당한 후, 남은 부재를 현재의 위치로 이전하였으므로 환적당의 부도

〈사진 133〉 대곡사 부도군

역시 도난당하였는지에 대하여는 알려진 바 없다. 따라서 대곡사에 건립되었던 환적당 부도에 관한 문제는 더 이상 진전된 연구를 할 수 없게 되었다.

이상으로 환적당 부도의 양식을 각 사찰에 건립된 부도들의 양식과 부도군과의 관계를 검토하였다. 환적당의 부도와 부도군에 대한 자료를 정리하면 〈표 32〉와 같다.

〈표 32〉를 보면, 幻寂堂 八分舍利 浮屠는 5개의 분사리 부도가 확인되었다. 幻寂堂이라 새긴 부도는 부도명을 중대석에, 幻寂堂智鏡之塔이라한 부도는 탑신석에 새겨 놓았다. 부도의 양식은 8각원당형 1기, 8각원구형 2기, 6각원구형 1기, 종형 1기로 파악되었다. 또한 연수사와 각화사의 부도 역시 종형으로 추정되고 있는데 한 스님의 부도라고 하여도 조영되는 양식은 동일하지 않고 다양한 형식을 띠고 있음을 알 수 있다.

이는 각 사찰에 분사리한 부도의 양식은 해당 사찰의 부도군과 친연성을 보이고 있는데 다른 여러 사찰에서도 이러한 사례를 볼 수 있다.[31]

〈표 32〉 환적당 부도와 부도군 자료 일람

구분 사찰	幻寂堂 浮屠				浮屠群 樣式(환적당 부도 포함)						
	浮 屠 銘	浮屠銘 位置	浮屠 樣式	높이 (cm)	8角 圓堂型	圓 球 型			四角 型	鍾型	계
						8角	6角	4角			
淸平寺	幻寂堂	中臺石	8각원구형	237		4					4
鳳巖寺	幻寂堂智鏡之塔	塔身石	8각원당형	350	4					1	5
德周寺	幻寂堂	中臺石	6각원구형	151			1	2		1	4
海印寺	幻寂堂智鏡之塔	塔身石	6각원구형	298			1	1	1	16	19
龍淵寺	(無銘)		종형	148						12	12
演水寺			종형(?)							1	1
覺華寺			종형(?)							10	10
大谷寺										1	1

3) 팔분사리 부도 間의 몇가지 문제

이상으로 조선후기 환적당 팔분사리 부도의 양식에 관하여 살펴보면서 다음의 결과를 얻을 수 있었다. 청평사의 환적당 부도는 설화당 부도라고 전해지는 서쪽의 부도와 지대석에서 상륜부까지 결구방식과 8각원구형의 양식이 매우 유사하고, 서쪽의 부도가 선행시기의 부도로 판단되어 이를 모본으로 삼아 조성되었음을·알 수 있었다. 봉암사는 함허당 득통의 부도를 모본으로 삼았고, 덕주사에서도 동일 부도군에서 영향을 받았음을 알 수 있었다. 반면, 해인사의 경우에는 경내에 현존하는 총 19기의 부도 중에서 1기는 사각형이고 16기는 종형이며 탑신이 원구형인 부

---

31) 조선시대 부도에서 이러한 사례는 많이 볼 수 있다. 전라북도 순창군의 龜巖寺 부도군에 正觀堂·雪坡堂·白坡堂 浮屠, 김제시 金山寺의 西峰堂·仁峰堂·▽雲堂· 白谷堂·南嶽堂 부도가 있고, 전라남도 담양군 龍興寺 부도군에 7기가 있으며 강원도 양양군의 明珠寺 부도군에 원당형 부도가, 고성군 乾鳳寺 부도군에는 유사한 양식의 종형 부도 數十基가 조성되고 있음을 볼 수 있다.

도는 환적당 부도와 국일암 입구의 慕隱堂 浮屠 2기뿐이었다. 그러나 모은당은 환적당 보다 후대의 스님이므로 모본이 될 수 없고 오히려 환적당의 부도가 모은당 부도의 모본이 될 수 있었을 것이다. 따라서 부도군 내에서는 환적당 부도에 영향을 준 부도는 확인할 수 없다.

각화사와 용연사의 부도는 각 10기와 12기로 모두 종형부도이다. 두 사찰에서 환적당의 부도가 명확히 밝혀지지는 않았지만 용연사는 부도비와 용연사중수비를 참고로 하여 부도군 1의 동쪽 3번째 종형부도는 환적당 부도임이 확실하고, 각화사도 부도군에 있는 모든 부도가 종형으로 조성되었으므로 종형 부도일 가능성이 높다. 이러한 결과로 보았을 때 환적당 부도의 양식은 팔분사리간에 친연성은 발견할 수 없었고, 오히려 동일 부도군 또는 인근 사찰의 부도에서 영향을 받아, 양식에서도 원당형, 원구형, 종형 등 다양한 형태로 조성되었음을 알 수 있었다. 이러한 예는 전라남도 해남군 대흥사와 미황사, 경상남도 양산군 통도사, 평안북도 향산군 안심사,[32] 강원도 안변 백화암[33] 등에서 확인되는 바와 같이 부도군에서 특징지어지는 미시적인 감각에서 전체적인 구도에 이르기까지 부도의 양식은 시대적인 한계를 벗어날 수는 없지만 지역적인 특징의 범주 내에서 조성되고 있음을 볼 수 있다.

미황사에서는 탑신이 원구형인 팔각원구형이되 옥개석에서는 대부분 과장되게 표현되는 귀꽃과 2단의 보주를 볼 수 있다. 안심사에서는 대부분 과장된 보주를 얹은 종형이며, 백화암에서는 탑신이 원구형이되 기단부는 하대, 중대, 상대가 동일한 형태를 갖추고 옥개석의 우동마루 역시 급한 물매로 조성되었다. 그리고 원구형인 탑신은 상하에서 급격히 체감되어 미황사와는 현격히 다른 면을 찾아 볼 수 있다.

---

32) 이광표 해설, 1997, 『사진으로 보는 북한의 문화유산』, 東亞日報社, 88쪽.
   國立文化財研究所, 1997, 『北韓文化財解說集』I－石造物篇, 35쪽.
33) 이광표 해설, 1997, 『사진으로 보는 북한의 문화유산』, 東亞日報社, 64쪽.

〈사진 134〉 전라남도 용흥사 부도군

〈사진 135〉 전라남도 미황사 부도군

〈사진 136〉 강원도 백화암 부도군

〈사진 137〉 평안북도 안심사 부도군

이러한 결과를 토대로 보았을 때 부도의 양식이란 시대적인 산물이면서도 지역적인 산물임을 확인할 수 있다. 따라서 부도 양식사 연구의 한 방편으로 분사리 부도에 대하여 부도명 조사를 겸한 전수조사를 거친 후 시대적인 양식과 지역적인 양식에 이를 접목한 양식의 계열화 문제에 접근해야 할 것이다.

그러나 이 연구에서는 동일한 부도군이나 인근 부도군에서 영향을 받아 분사리 부도가 조영되었음을 밝혔지만 부도군내에 가장 선행시기의 부도 양식에 영향을 준 부도에 관한 연구는 진행하지 못하였다. 이러한 연구는 스님들의 행장을 포함한 문헌자료와 분사리한 사찰을 종합하여 해당 사찰에서 수행한 스님의 계보를 파악하고 나아가 계보간의 교류와 사상성에 대한 연구로 확대 진행되어야 할 것으로 생각한다.

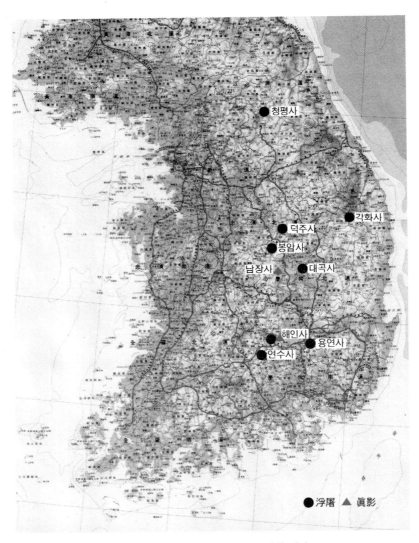

〈지도 3〉 환적당 부도와 진영 봉안 사찰 위치도

2. 浮屠名의 재검토

청평사 부도에 대한 최초의 정리는 1990년 강원도청에서 도내에 산재한 부도를 일괄 정리하는 과정에서 조사 보고되었다. 이 조사에서 청평사의 부도 4기가 모두 보고되었는데 부도명은 환적당 부도와 부도 1을 진락공 부도라 하였고 나머지는 부도명을 부여하지 않았다.[34) 한림대학교에서는 부도 1을 진락공 부도, 부도 2를 설화당 부도, 부도 3을 사리탑이라고 이름하였다.[35] 홍성익은 부도 1을 傳 진락공 부도, 부도 2를 傳 설화당 부도, 부도 3을 일명부도라 하여 그간 안내문 등에 전하는 명칭을 인용하면서 몇가지의 자료를 들어 이러한 명칭의 부여에 대한 문제점을 지적하고 있다.[36] 이렇게 보고자에 따라 부도명이 다른 것은 부도에 환적당을 제외하고 부도명이나 부도비가 전하지 않고, 또한 문헌에서도 부도에 대한 명확한 자료가 전하지 않기 때문이다. 그러나 현재까지 알려진 문헌을 바탕으로 그동안 전해진 부도명에 대하여 그간 이름 지어진 부도명에 대한 재검토를 하고자 한다.[37]

1) 부도 1

부도 1은 影池 서쪽에 위치한다. 양식적으로는 팔각원구형에서 변형된 양식으로 지대석까지 총높이는 약 2m이다. 지대석은 4각이고 중대석

---

34) 元永煥 外, 1990, 『浮屠調査報告書』, 江原道, 44~48쪽.
35) 金正基 外, 1994, 「春川郡의 佛敎遺蹟」 『春川郡의 歷史와 文化遺蹟』, 翰林大學校 博物館, 126~127·140쪽.
36) 洪性益, 1994, 「春川·華川 地域 浮屠에 關한 硏究」 『春州文化』 9, 春川文化院, 36~40쪽.
37) 부도의 명칭은 혼선을 피하기 위하여 부도명이 밝혀진 환적당 부도 외에는 현재까지 불리고 있는 명칭으로 진락공 부도를 부도 1, 설화당 부도를 부도 2, 적멸보궁 동쪽 산록에 있는 부도를 부도 3으로 이름하고자 한다.

받침은 8각으로 모각하였으며 연꽃을 線刻으로 표현하였다. 중대석과 상대석이 하나의 돌로 이루어졌으며 중대석의 우주는 동자주로 표현하였고 각 면에는 범자를 새겨 놓았다. 상대석에는 앙련을 모각하였으며 탑신괴임은 없다. 원구형인 탑신의 하단부 둘레가 1.8m, 중간부가 2.1m, 상단부가 1.3m로 약간의 원추형을 따나 전체적으로 균형이 맞지 않는다. 옥개석은 팔각형을 따르되 기와골이 생략되었고 우동만이 상징적으로 크게 조각되었다. 상륜은 보주만 조각되었다. 양식으로 볼 때 모두 조선 중기 이후의 작품으로 고려시대의 스님 부도로 볼 수 없는 양식이다. 그런데 부도 1은 1125년에 입적한 이자현의 부도로 알려져 있고 현재도 진락공 이자현의 부도로 이름되어 있다. 그러나 그간 조사된 자료에 의하며 진락공 부도는 사실과 다르게 나타나고 있다. 자료를 살펴보면, 우선 부도 1을 진락공 부도라 한 것은 『擇里志』를 인용한 듯하다.

> 이자현은 왕비의 인척으로서 젊은 나이였지만 혼인도 벼슬도 아니하고 여기에 숨어 살며 도를 닦았다. 그가 죽자 절 중이 부도를 세워서 유골을 갈무리하였는데 지금도 절 남쪽 십여리 지점에 남아 있다.[38]
>
> 이자현의 것은 청평사 앞에 봉안되어 있다.[39]

위의 인용문을 보면 진락공의 부도가 절 입구의 십여리 지점에 있다고 하였는데 십여리는 아니지만 절의 남쪽 영지 옆에 있는 부도를 진락공의 부도로 추정할 만하다고 생각된다. 그러나 택리지에서 진락공은 혼인과 벼슬을 하지 않았다고 하는 등 사실과 다른 점에 대하여 기술하는 것으로 보아서 진락공의 부도라는 부분에도 역시 신빙하기 어렵다. 단지 택리지가 쓰일 당시 이곳에 부도가 건립되어 있었음을 알 수 있음으로서 건립 하한년대에 대한 자료로 참고할 만하다.[40]

---

38) 李重煥 著·李翼成 譯, 1994, 『擇里志』, 을유문화사, 55·273쪽.
39) 春川市 外, 1984, 『春州誌』, 春川文化院, 1102쪽.

다음 자료들에는 보다 구체적인 사실들에 대하여 알 수 있다.

그 해 4월 21일... 申時에 입적하였다. ... 23일 그의 유언대로 장례를 치렀다.

선동식암에 오르니... 진락공의 藏骨處에서 나온 지석을 보았는데 글자가 깎여 모두 해석할 수는 없었다. 지석 처음 면에는 진락공의 諱字가 새겨져 있었고 항아리 속에 있는 유골을 사람들마다 꺼내어 보고 있었다. ... 지석은 두 개로 항아리와 함께 돌 틈 사이에 같이 두어서 왕래하는 監兵과 수령이 항아리를 꺼내게 하여 앉은 자리에서 보고 감상한다고 하였다.[41]

古骨은 선동에 있고 질그릇 네모통이에 乾坤坎离의 괘를 새기고 주홍색을 메워서 돌 사이에 갈무리하였는데 진락의 유해는 정두원이 방백일 때 기와와 벽돌에 명을 새기고 승 文玉에게 개장토록 하였다고 한다.[42]

4~5리 올라가면 식암이 있는데 암옥은 두서너 사람이 들어갈 정도인데 벼랑 끝에 매달려 어지럽다. 내가 자랑스럽게 생각하는 文玉이 여기에 산다. 곧바로 석대에 올랐는데 석대는 암자의 기와와 잇닿아 있다. 와봉은 석대 아래에 있고 서북쪽으로 몇걸음 올라가자 나한전이 있다.[43]

이 곳에서 꺾어지면 2기의 부도가 있으며 북쪽 수리의 절벽에 암자가 있다. 바위 곁 두단의 폭포가 있는데 위쪽에 나한전이 있고 물가에 진락공의 유골이 담긴 석함이 있다.[44]

위의 자료를 종합하면 이자현은 1125년 4월 21일 오후 3시에서 5시 사이에 입적하고 4월 23일에 장사를 지냈다고 한다. 이는 이자현이 입적

40) 李重煥은 1690년에 태어나 1752년에 사망한 조선후기 학자로 『擇里志』는 1751년에 저술되었다. 따라서 부도 1의 건립 하한년대는 1751년으로 볼 수 있다.
41) 丁時翰 著・金成讚 譯註, 1999, 『山中日記』, 國學資料院, 214~215쪽.
42) 嚴惶, 『春川邑誌』 ; 임민혁 역주, 1997, 『春川地理誌』, 春川市, 53~56쪽. 『淸平寺誌』, 717쪽.
43) 朴長遠, 『久堂集』 遊淸平山記 ; 임민혁 혁주, 1997, 『春川地理誌』, 春川市, 787~794쪽.
44) 徐宗華, 『藥軒遺稿』 淸平山記 ; 오강원 역주, 1997, 『春川地理誌』, 春川市, 852~860쪽. 서종화는 1700년에 태어나 1748년에 사망하였다. 따라서 환적당 부도 옆에 있는 부도 2의 건립 하한연대는 1748년이다.

하고 만 2일에 장사를 지내므로 부도를 미리 준비해 두지 않았다면 세울 수 있는 시간이 없다. 서종화의 기록에 의하면 절 서쪽으로 가면 부도 2기가 있고 북쪽으로 수리를 가면 나한전이 있다고 하였는데 이곳은 현재 적멸보궁이 있는 아래쪽 계곡이며 이 지역을 이자현의 사리가 봉안된 곳으로 비정해야 한다. 그런데 정두원이 사승 文玉에게 개장하도록 하였다는 기사가 주목된다. 정두원은 1632년 8월부터 1633년 9월까지 강원도 관찰사를 지낸 사람이다. 文玉은 춘천부사 박장원이[45] 1651년에 청평사를 방문하여 만난 실존 인물이므로 정두원이 이자현의 유해를 문옥에게 개장하도록 했다는 기록은 사실로 보여지고 있지만 이 자료에서는 개장한 것이 부도인지는 알 수 없다. 그러나 정두원 보다 70년 이상 후대 사람인 서종화의 기록에 '물가에 진락공의 유골이 담긴 석함이 있다'라는 자료를 통하여 볼 때 정두원이 문옥에게 개장하도록 한 것은 적멸보궁이 있는 계곡의 물가에 석함으로 조성하였음을 알 수 있다. 따라서 부도 1은 진락공의 부도가 될 수 없고 주인공을 알 수 없는 부도이며 진락공 부도는 적멸보궁이 있는 계곡에 도기와 석함으로 조성했다고 할 수 있다.

〈사진 138〉 청평사 부도1(전경) 〈사진 139〉 청평사 부도1(근경)
(탑신석 분실 당시 모습:1984년경) (탑신석 분실 당시 모습:1984년경)

---

45) 朴長遠은 1649년 12월부터 1652년 4월까지 춘천부사를 역임하였다.

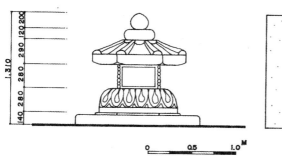
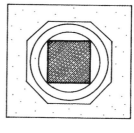

〈도면 41〉 청평사 부도1(탑신석 분실 당시 모습)

〈사진 140〉 청평사 부도1(현재)

〈도면 42〉 청평사 부도1(현재)

2) 부도 2

부도 2는 환적당 부도 서쪽에 위치한다. 환적당 부도와 규모와 양식이
거의 동일하다. 단지 환적당 부도는 옥개석의 우동이 부른지붕의 형태를

띠고 있으며, 부도 2는 욱은지붕의 형태이며, 보주가 크고 원구형인 탑신석이 안정감이 있도록 만들어진 점 등이 다르다. 총높이는 2.6m이며 원구형인 탑신부를 제외하고 전체적으로 팔각을 띠고 있다.

현재까지 고려시대의 설화당 부도로 알려져 있고 부도 앞에 게시된 안내문46)에도 같은 내용이 쓰여져 있다. 이는 어떤 자료를 전거로 삼았는지 알 수 없다. 그러나 부도 2는 양식으로 보면 건립시기를 고려중기로 볼 수 없다. 탑신이 원구형인 부도가 양주 회암사에서 고려말에 보이고 있으나, 부도 2와 같은 양식으로 대표적인 것이 보은군 복천사의 秀庵화상 부도(1480:성종 11년 건립)와 學祖화상 부도(1514:중종 9년 건립)가 조선전기에 해당하고 있다. 몇가지의 논의를 거쳐야 하겠지만 통설로서 부도 2와 같은 문양과 외형적 양식은 회암사의 부도 3기와 비교해도 양식적으로 이미 후대임을 알 수 있는데 청평사에 건립된 부도 4기는 이 시기로 볼 수 없다. 따라서 안내문에 제시된 고려시대 스님의 부도라고 할 수 없다. 환적당 부도는 「幻寂堂」이라는 부도명이 중대석에 새겨져 있고 앞에서 살펴본 바와 같이 행장에 1690년에 입적한 환적당 의천임이 확인되었으므로 안내문에 두기가 모두 고려시대 스님의 부도라 기술한 것은 오류임을 알 수 있다. 그러나 단편적이지만 다음의 자료를 살펴보고자 한다.

> 이 곳에서 꺾어지면 2기의 부도가 있으며 북쪽 수리의 절벽에 암자가 있다. 바위 곁 두단의 폭포가 있는데 위쪽에 나한전이 있고 물가에 진락공의 유골이 담긴 석함이 있다.47)

---

46) "환적당 및 설화당부도 : 이곳에 서 있는 2기의 부도는 고려시대 이곳 청평사에서 수도하던 고승인 환적대사와 설화대사가 입적한 후 그 몸에서 나온 사리를 모신 부도탑으로 그 중 1기는 탑신에 환적당이라는 글이 새겨져 있다. 모두 고려중기 이후에 세운 것으로 화강석을 다듬어 세운 부도이다"

47) 徐宗華, 『藥軒遺稿』 淸平山記 ; 오강원 역주, 1997, 『春川地理誌』, 春川市, 852~860쪽.

浮屠. 一, 幻寂堂 浮屠, 二, 字泐未詳, 三, 雪花堂 浮屠.48)

서종화는 1700년에 태어나 1748년에 사망하였다. 서종화가 청평사를 다녀간 시기는 알 수 없으나 이 자료의 하한년도가 1748년임이 분명하다. 따라서 1기는 1690년에 입적한 환적당의 부도임을 부도명을 통하여 알 수 있고, 1기는 주인공을 알 수 없으나 건립 하한년대를 1748년으로 추정할 수 있다. 『淸平寺誌』에 수록된 3기의 부도에 대하여 자료에서는 환적당은 이미 밝혀졌고 이름을 알 수 있는 설화당 부도는 위치를 언급하지 않아 부도 3기 중에서 어느 부도를 지칭한 것인지 알 수 없다. 여기서 추론을 하면 영지 서쪽에 있는 부도 1은 청평사를 출입하는 주 도로변에 있으므로 누구나 확인할 수 있는 곳에 있으며 부도 2는 적어도 1748년 이후에는 현재까지 환적당 부도와 함께 있었다고 볼 수 있다. 그러나 부도 3은 적멸보궁의 동쪽 산능성이에 있었기 때문에 청평사지를 편찬할 당시에 소재를 파악하지 못하여 쉽게 소재지를 알 수 있는 3기만을 등록했다고 판단된다. 따라서 청평사지가 편찬되는 이러한 상황을 추정하고 부도 2를 설화당 부도라고 이름을 붙여 안내판을 세웠고, 이를 다시 비판적 검토없이 인용한 것으로 보인다. 따라서 청평사지에서 어떠한 자료를 바탕으로 설화당이라는 실명을 인용하였는지 알 수 없고 또한 어느 시기의 스님인지는 현재로서 알 수 없지만 『청평사지』의 전체 내용을 검토하면 사실에 근접한 자료를 기술하는 것을 볼 때 부도 1~3 중에서 어느 하나는 설화당의 부도로 볼 수 있을 것이다. 또한 환적당 부도보다 선행하는 시기에 건립되었고 조선전기의 부도와 양식적으로 친연성이 있으므로 청평사에서 주석하였던 조선전기 스님의 부도로 추정된다.49)

---

48) 『淸平寺誌』, 688~689쪽.
49) 부도 2의 주인공이 누구인지는 알려진 바 없지만 청평사에 주석하였던 스님으로

〈사진 141〉 청평사 부도2

〈도면 43〉 청평사 부도2

3) 부도 3

이 부도는 적멸보궁과 거의 같은 해발고도의 동쪽 산능성이에 위치한다. 앞에서 살펴본 바와 같이 부도명은 알 수 없다.

1990년대 후반에 부도의 중대석이 멸실되어 현재의 모습이 되었다. 사리함을 도굴하기 위해서 훼손된 것으로 보이나 정확한 훼손 사유를 알 수 없다. 중대석만이 멸실되고 탑신석과 옥개석이 다시 올려져 있는 것을 보면 중대석이 인근 계곡에 있을 가능성이 있으나 현재까지 발견할 수 없었다. 부도 2에서 언급한 바와 같이 부도명을 알 수 없다. 훼손 전에는

조선전기에서 환적당 이전 스님으로 추정된다. 『梅月堂集』에 의하면 춘천사람으로 추정되는 學梅가 있는데 雪岑 김시습에게 학습하고 芙蓉靈觀이 선리를 자문하러 올 정도의 고승인 것을 보면 단정할 수 없으나 시기적으로 학매의 부도일 가능성이 있다.

전체높이가 1.3m였고, 현재는 0.9m이다. 거칠게 다듬은 적심석은 구릉
지에 건립되었기 때문에 하부가 거의 드러나 있다. 사각형의 지대석과 중
대석 괴임이 같은 돌로 만들었고 연꽃문양을 조식하였다. 중대석은 팔각
이며 상대석은 앙련을 돌려 새겼다. 탑신은 원구형이나 상하가 조금 체감
되어 원통형에 가깝다. 옥개석은 팔각원당형이고 추녀에서 반전이 심하
다. 전체적으로 옥개석이 커서 둔중한 감을 주고 있으나 작고 아담한 부
도이다.

　부도 1과 부도 2에서 살펴본 바와 같이 청평사지와 지리지 등에서 언
급된 바 없기 때문에 현재까지 부도명에 대하여 알려진 바 없다.

〈사진 142〉 청평사　　〈사진 143〉 청평사 부도 3　　　〈도면 44〉 청평사 부도 3
부도 3(훼손 전)　　　　(훼손 후)　　　　　　　　(훼손 후)

　이상으로 부도명을 알 수 없는 부도 1~3을 살펴보았다. 기존설에 의
하면 부도 1의 주인공을 진락공으로, 부도 2는 설화당의 부도라고 이름
하였다. 그러나 지리지 등을 검토한 결과 이러한 명칭은 택리지 등의 잘
못된 자료를 바탕으로 자료에 대한 비판적 검토없이 붙인 명칭임을 알
수 있다. 앞으로 명확한 자료검토가 요구된다.

제7장

결   론

　이 책은 청평사의 역사성을 종합적으로 연구해 보고자 하는 목적으로 작성되었다. 이를 위해 기존의 연구성과를 살피면서 본문에서는 청평사가 갖는 각각의 속성들을 역사고고학적인 측면에서 면밀히 검토하였다.

　강원지역의 불교전파와 청평사 창건 및 변천과정에서는 청평사의 법맥과 연계성을 찾고자 하였다. 강원도의 불교는 자장, 원효, 의상 등에 의해 전파되고 있으나 영서지역에서는 그다지 활발하지 않은 것으로 나타나고 있다. 신라말 선종이 전국적으로 확산되면서 영서지역에는 889~894년간에 崛山門의 2祖 朗空에 의하여 建子若가 창건됨으로서 禪宗이 파급되기 시작하였다. 선종은 지방호족세력을 기반으로 성장하는데 춘천지역에서는 현재까지 유력한 호족세력이 알려진 바 없으나 후삼국시대 弓裔에 귀부한 朴儒를 들 수 있다. 박유는 궁예에 귀부하여 東宮記室을 맡아 보았으나 궁예의 실정으로 산으로 피신한 후, 王建이 고려를 건국하자 귀부하여 機要를 주관하고 朴氏에서 王氏를 받게 되었다. 이는 춘천을 기반으로하는 세력을 갖고 있었음을 유추해 볼 수 있고 이는 낭공이 춘천에 건자야를 창설할 수 있는 후원세력으로 파악하였다. 현재 건자야의 위치를 파악할 수 없으나 춘천 인근에 나말여초기의 절터로는 法華寺址가 있고 이 사지가 고려중기 李資玄이 굴산문의 慧炤國師에게 禪理를 자문하던 華岳寺로 비정하면서 건자야 역시 이 터로 비정하였다. 이는 이자현이 굴산문에 속하게 되는 바가 되었으며 이후에도 청평사가 계속하여 굴산문의 승려들이 주석하게 되는 연유가 되었다고 보았다.

　寺名의 변천에서는 白巖禪院(973년) → 普賢院(1069년) → 文殊院(1078년) → 文殊寺(1327년 이전) → 淸平寺(1368년 이전)임을 확인하였다. 특히 문수원에서 청평사로 개칭된 것이 1555년 普雨에 의하여 이루어진다고 알려져 있었으나 元天錫의『耘谷詩史』에 詩題로 등장하는 것을 찾아 1368년 이전에 이미 청평사로 개칭되었음을 밝혔다.

청평사의 가람배치는 고고자료와 문헌자료를 바탕으로 보면 산지중정형과도 다른 독특한 양상이 확인되고 있다. 그러나 청평사는 조선후기 화재로 대웅전을 비롯한 요사가 소실되고 한국전쟁 직전에 극락전이 방화로 소실되면서 회전문만 남는 폐사 위기에 있었기 때문에 현존하는 당우로는 가람배치 연구를 진행할 수 없었다. 따라서 寺址에 잔존하는 유구와 2차례에 걸쳐 시행된 발굴조사에서 얻어진 고고자료를 바탕으로 가람배치를 재구성하였다. 이 자료를 바탕으로 보았을 때 조선시대의 산지중정형 가람배치를 따르고 있지만 중문과 누각 등이 독립적으로 건립되지 않고 좌우 행각이 연결되도록 배치된 것이 밝혀졌다.

그러나 발굴조사가 전면발굴이 아니고 부분발굴조사로 진행되었기 때문에 청평사의 가람배치에 관한 전모를 규명하는 데에는 미흡하였다. 따라서 문헌자료를 조사하여 이를 보완하고자 하였다. 청평사는 사대부와 지방관리들이 다녀가면서 남긴 시문과 일기문에 비록 부분적이긴 하지만 가람배치를 보완할 수 있는 다양한 내용들을 많이 담고 있다. 고고자료와 문헌자료를 종합하여 보면, 回轉門 - 降仙樓 - 幻門 - 大雄殿 - 極樂殿을 축으로 가람이 배치되었음을 밝혀 낼 수 있었다.

또한 Ⅲ구역인 회전문, Ⅵ구역인 강선루, Ⅴ구역인 환문에 이르는 3개의 문에는 좌우로 모두 행각이 배치되고 승방으로 사용되었음도 확인하였다. 이는 보우가 중창한 奉恩寺와 동일한 축선의 가람배치를 보이고 있으며 보우가 주석하였던 회암사에서도 횡축으로 승방이 건축되었음을 보여주고 있다. 또한 보우가 주석하지 않은 용주사, 봉선사, 낙산사에서도 동일한 배치법을 볼 수 있다. 이들의 사찰은 願刹 또는 陵刹로서 왕실의 주도하에 건축되고 있는데 보우와 관련이 없음에도 동일한 배치법이 사용되는 것은 願堂寺刹이 갖는 독특한 가람배치로 파악해야 한다는 것을 입증하고 있다. 이러한 배치법이 나타나는 것은 산지중정형 가람배치에서는 사람이 거처할 요사가 금당 앞 중정의 좌우에만 있으므로 상대적으로 방이 적고 왕실에서 방문하였을 경우 많은 대중이 참여하게 되므로 행각을 짓고 이를 요사로 꾸몄을 것이다.

그러나 청평사에 복원된 가람배치에서 행각은 모두 빗물만을 피할 수 있는 통로와 같이 건축되었다는 점이다. 원래의 건축 의도는 방으로 설계되었으나 복원할 때에 이러한 문헌적 고찰을 하지 않고 발굴 당시에 유구가 교란되어 구들시설을 비롯한 방에서 볼 수 있는 자료가 조사되지 않았기 때문에 단순 회랑으로 복원되었다고 추정된다. Ⅴ구역의 환문에서 봉은사의 진여문과 같이 솟을대문처럼 행각과 지붕선이 다른 별도의 문으로 조성되지 않고 동일한 축선으로 건축되었다. 극락전의 경우 전면 3칸 측면 3칸 중에서 全面 3칸, 側面 1칸이 마루로 시설되어 내부는 전면 3칸, 측면 2칸이었으나 『조선고적도보』에 게재된 소실 전의 사진을 참조하지 않고 전면 3칸, 측면 3칸인 통칸의 일반적인 건축물로 복원되어 국내에서 유일한 금당 건축물 구조의 특성을 살리지 못하는 복원이 되었다.

청평사의 법맥에 대한 연구에서는 어떠한 계통과 특징이 있는가에 대하여 정리하였다. 청평사는 이자현 이후 居士佛敎가 가장 번성한 사찰로 연구되어 왔다. 그러나 이번 연구를 통하여 이자현이 갖는 성격의 거사불교는 계승되지 못하고 단절되었음을 확인하였다. 이자현 이후 李嵓과 雪岑 金時習이 맥을 이어 은둔의 사찰이라고 표현하고 있으나 이암은 벼슬에서 물러나 5년간 머물다 문하시중이 되어 관직에 복귀하며, 설잠 김시습은 출가승이었기 때문에 거사불교의 한 맥으로 판단하는 것은 문제가 있다고 보았다. 따라서 청평사의 법맥은 거사불교보다는 고려 중후기를 거치면서 주석하는 스님들의 공통된 맥이 무엇인가에 대하여 살폈다.

이자현과 교유하는 혜소 그리고 그의 법을 잇고 있는 탄연은 모두 굴산문에 속하는 스님이고 따라서 이자현도 넓은 의미의 굴산문중이라고 보았다. 또한 문수원기를 보고 크게 깨우치는 圓眞國師 承逈도 역시 굴산문의 스님이고 후에 주석하는 懶翁王師도 굴산문의 스님이었다. 따라서 현재까지 청평사에 주석한 것으로 알려진 스님들은 모두 굴산문에 속하고 있어서 이러한 영향은 낭공이 삭주에 건자야를 창설하고 이 사찰이 화악사로 개칭되어 혜소국사가 주석하면서 이자현과 교유하게 됨으로서 청평사가 굴산문에 속하게 되었고 이후에도 계속하여 굴산문의 법맥이 계승되었다고 보았다. 조선시대에는 淸虛의 스승인 芙蓉이 청평사의 學梅를 찾아와 선리를 자문하고 이후에는 청허계의 법손인 幻寂, 楓溪, 喚惺 등이 주석하여 浮休善修系가 아닌 淸虛休靜系가 청평사에 법맥을 잇고 있음을 확인할 수 있었다.

금석문 복원에서는 청평사에 건립되었던 3기의 비문 중에서 파비가 되어 현존하지 않는 文殊院記와 藏經碑에 대한 복원을 위한 연구이다. 문수원기는 1125년에 이자현이 입적하고 1130년에 眞樂公이란 시호를 받으면서 세운 비문으로 비양은 金富轍이, 비음은 慧素가 찬하고 大鑑國師 坦然이 쓴 비문으로 현재는 일부의 비편이 전하고 있다. 문수원기는 10여종의 탑영이 전하고 있으므로 이를 바탕으로 복원의 가능성과 방법론에 대하여 살펴보았다. 현전하는 단일본의 탑영으로는 복원이 불가능하지만 문헌자료를 바탕으로 일제강점기에 탑영된 본을 저본으로 하고 비첩으로 전하는 본을 각기 나누어 편집하면 부분적인 복원이 가능하고 이를 컴퓨터 그래픽의 도움을 받으면 대부분 가능하다는 연구결과를 얻었다. 장경비는 1327년 원나라에서 돈과 대장경을 보내온 것을 기념하기 위하여 비양은 李齊賢, 비음은 性澄이 찬하고 비양은 李嵒이 쓴 비문으로 역시 현전하지 않는 비석이다. 조선후기에 파비가 되어 비편조차 전하지 않는다. 그러나 탑영을 바탕으로 진행한 복원 연구에서 비양의 전체상은 파악하였으며, 비음은 자료의 부족으로 부분적인 면만을 파악하는데 그쳤다. 비양은 문장에 맞도록 탑영을 찾아 배열하였을 뿐 탑영의 보존상태가 좋지 않고 마멸이 심하여 자획을 알 수 없는 글자가 많아 字間과 行間을 알 수 없으며, 行도 파악하지 못한 단계에 머물렀다. 특히 탑영의 진본을 확인하지 못하고 복사본을 저본으로 하였기 때문에 각기 오려서 배접한 부분에 대한 길이와 폭을 계산하고 이를 재구성하는 과정이 필요하다고 판단하였다. 그렇다고 하여도 이번 연구를 통하여 탄연과 이암의 유일한 금석문 眞蹟을 복원할 수 있는 계기가 되었다.

청평사 부도에 관한 연구는 4기의 부도를 검토하면서 1기는 부도명이 있어서 주인공을 알 수 있지만 3기는 부도명이 없음에도 2기는 주인공의 이름을 부여하여 부르고 있는 것에 대한 비판적 검토를 하였다. 1기는 조선후기 환적당 의천의 부도로 그의 행장을 보면 8곳에 分舍利하여 부도를 건립하였다고 하였다. 이러한 자료를 바탕으로 해당 사찰을 답사하여 1人의 부도가 어떠한 양식으로 건립되고 있으며 동일인의 부도 간에 상관관계가 있는가와 아니면 부도군과의 관계성이 있는가를 살펴보았다.

그 결과 환적당 부도간의 상관성 보다는 오히려 각기 건립된 부도 2와 친연성이 있으며 봉암사는 함허당 득통의 부도와 친연성이 있음을 확인하였다. 그리고 덕주사와 용연사 역시 동일 부도군내의 양식과 거의 동일한 형태를 띠고 있음을 볼 수 있었다. 이러한 현상은 양식은 전국적이고 시대적인 양상을 띠면서도 지역적인 양식에 지배를 받고 있음을 알 수 있었다. 부도명이 없는 3기는 각기 문헌자료를 조사하여 부도 1을 진락공 부도라 한 것은 문헌적 근거가 없고, 부도 2는 雪花堂 부도라 하고 있는 것은 청평사지를 바탕으로 부도명을 정했음을 알 수 있었다.

청평사는 영현선사에 의하여 개창된 후 거사불교와 楞嚴經으로 대표되는 이자현이 주석하고 굴산문과 연계되면서 영서지역의 굴산문 중심지가 되었다고 할 수 있을 것이다. 이자현 이후에도 꾸준히 굴산문의 스님들이 주석하였고 조선시대에는 청허휴정계의 스님들이 주석하여 단일문중을 이루고 있음을 볼 수 있었다. 가람배치에서는 왕실의 지원으로 원찰형 가람배치를 보여주는 예가 되었으며 탄연과 이암의 진적이 비문으로 남아 있어서 한국서예사의 가장 주목받는 사찰이 되었다.

앞으로 보다 심도있는 연구가 진행되어 청평사의 역사성이 보다 구체적으로 밝혀지기를 기대한다.

參考文獻

1. 史料

史書 및 飜譯書

李丙燾 譯註, 1989, 『三國遺事』, 을유문화사.

사회과학원 고전연구실, 1992, 『北譯 高麗史』, 新書苑.

민족문화추진회, 1977, 『국역 고려사절요』.

_____, 1977, 『국역 신증동국여지승람』.

_____, 1977, 『국역 동문선』.

_____, 1985, 『국역 익재집』.

_____, 1985, 『국역 퇴계집』.

_____, 1985, 『국역 동국이상국집』.

_____, 1985, 『국역 양촌집』.

_____, 1994, 『국역 계곡집』.

동국역경원, 2004, 『祖堂集』.

藏經閣, 1991, 『懶翁錄』, 海印寺 白蓮庵.

_____, 1991, 『太古錄』, 海印寺 白蓮庵.

李智冠, 1994, 『校勘譯註 歷代高僧碑文』 新羅篇, 伽山佛教文化研究院.

_____, 1994, 『校勘譯註 歷代高僧碑文』 高麗篇1, 伽山佛教文化研究院.

_____, 2000, 『校勘譯註 歷代高僧碑文』 高麗篇2, 伽山佛教文化研究院.

_____, 2000, 『校勘譯註 歷代高僧碑文』 高麗篇3, 伽山佛教文化研究院.

_____, 2000, 『校勘譯註 歷代高僧碑文』 高麗篇4, 伽山佛教文化研究院.

_____, 1999, 『校勘譯註 歷代高僧碑文』 朝鮮篇1, 伽山佛教文化研究院.

_____, 1986, 『韓國佛教全書』 第九册, 東國大學校 出版部.

徐宗華, 『藥軒遺稿』 清平山記: 오강원 역주, 1997, 『春川地理誌』, 春川市.

朴長遠, 『久堂集』 遊清平山記: 임민혁 역주, 1997, 『春川地理誌』, 春川市.

金尙憲, 『清陰集』 清平錄: 김학수 역주, 1997, 『春川地理誌』, 春川市.

金昌協, 『農巖集』 卷24, 東征記: 김학수 譯註, 1997, 『春川地理誌』, 春川市.

成海應, 『東國名山記』, 清平山: 김학수 譯註, 1997, 『春川地理誌』, 春川市.

嚴惶, 『春川邑誌』: 임민혁 역주, 1997, 『春川地理誌』, 春川市.
宋枏壽, 『海東山川錄』 清平山: 김학수 역주, 1997, 『春川地理誌』, 春川市.
『春川邑誌』 純祖年間 本: 김학수 譯註, 1997, 『春川地理誌』, 春川市, 1997.
崔滋 著·朴性奎 譯, 1984, 『補閑集』, 啓明大學校 出版部.
李仁老 著·柳在泳 譯, 1992, 『破閑集』, 一志社.
李重煥 著·李翼成 譯, 1994, 『擇里志』, 을유문화사.
梵海 撰·金侖世 譯, 1994, 『東師列傳』, 廣濟院.
李承休 著·金慶洙 外 譯, 1995, 『國譯 動安居士文集』, 三陟市.
김상일 역, 1996, 『大覺國師文集 外』, 동국대학교부설 동국역경원.
丁時翰 著·金成讚 譯註, 1999, 『山中日記』, 國學資料院.
金時習 著·강원향토문화연구회 역, 2000, 『국역 매월당집』, 강원도.
元天錫 著·李仁在 外 譯, 2001, 『耘谷詩史』, 原州文化院.
元天錫 著·운곡학회 역, 2008, 『국역 운곡시사』, 국학자료원.
國史編纂委員會, 1973, 『輿地圖書』, 영인본.
『承政院日記』 효종 9년 6월 14일(경진).
李能和, 1918, 『朝鮮佛敎通史』 下編.
高橋亨, 1971, 『李朝佛敎』, 佛書普及社.
朝鮮總督府, 1919, 『朝鮮金石總覽』 上, 亞細亞文化社.
韓國學文獻硏究所 編, 1977, 「清平寺誌」 『楡岾寺本末寺誌』, 亞細亞文化社.
_____ 編, 1986 『韓國地理志叢書:邑誌』 十八(江原道①) 영인본, 亞
　　細亞文化社.
_____ 編, 1986 『韓國地理志叢書:邑誌』 十八(江原道②) 영인본, 亞
　　細亞文化社.
東亞日報, 1950年 2月 15日字.
許興植, 1984, 『韓國金石全文』, 서울亞細亞文化社.
東國大學校 出版部, 1986, 「清虛集」 『韓國佛敎全書』.
_____, 1986, 「四溟大師集」 『韓國佛敎全書』.
_____, 1986, 「楓溪集」 『韓國佛敎全書』.

碑片 및 攝影 資料

東國大學校 博物館 所藏 碑片·任昌淳 本·朴永弴 本·朴炳夏 本·國立中央圖書
館 本·藏書閣 本·國立中央博物館 本·具正吉 本·天理大學 本·『杏村書 文殊碑』·
『名家筆譜』

韓國學文獻研究所 編, 1979, 『大東金石書』, 亞細亞文化社.

任昌淳, 1973, 『韓國美術全集:書藝』 卷11, 同和出版社.

千惠鳳 編著, 1986, 『國寶』 23 書藝·典籍 I, 國寶編纂委員會·藝耕產業社.

葛城末治, 1978, 『朝鮮金石攷』, 亞細亞文化社.

朝鮮總督府, 1918·1932, 『朝鮮古蹟圖譜』 六·十二.

韓國精神文化研究院, 1997, 『藏書閣所藏拓本資料集 I』 古代·高麗篇, 韓光文化社.

中央僧家大學 佛教史學研究所, 1992, 『麟角寺 普覺國師碑帖』, 保景文化社.

예술의 전당, 1998, 『옛탁본의 아름다움, 그리고 우리 역사』.

任昌淳 監修, 1992, 『韓國의 美』 6 書藝, 中央日報社.

金元龍 監修, 1994, 『한국미술문화의 이해』, 예경.

정영호 감수, 1999, 『그림과 명칭으로 보는 한국의 문화유산』 2, 시공테크.

2. 單行本

朝鮮總督府, 1932, 『朝鮮寶物古蹟調查資料』 卷十二.

韓國佛教研究院, 1974, 『大興寺』, 一志社.

勸相老, 1979, 『韓國寺刹全書』, 東國大學校 出版部.

韓國庭苑學會, 1982, 『韓國庭園學會誌』 創刊號.

杉山信三, 1984, 『韓國の中世建築』, 相模書房.

國立文化財研究所, 1984, 『韓國의 古建築:淨水寺·開目寺』 第6號.

春川市 外, 1984, 『春州誌』, 春川文化院.

金禧庚, 1986, 『韓國의 美術』 2 塔, 悅話堂.

리화선, 1989, 『조선건축사』 I, 과학백과사전종합출판사.

江原大學校 出版部, 1989, 『梅月堂－그 文學과 思想』.

元永煥 外, 1990, 『浮屠調查報告書』, 江原道.

國立文化財研究所, 1990, 『韓國의 古建築:龍門寺』 第12號.

文明大 監修, 1991, 『朝鮮佛畫』, 中央日報社.

閔庚玹, 1991, 『韓國의 庭苑文化－始源과 變遷論』, 藝耕產業社.

耘虛龍夏, 1991, 『佛敎辭典』, 東國譯經院.

李政 編, 1993, 『韓國佛敎人名辭典』, 불교시대사.

寺刹文化研究院, 1993, 『北韓寺刹研究』, 韓國佛教宗團協議會.

_____, 1993, 『경기도』 I.

최완수, 1994, 「용주사」 『명찰순례』 ①, 대원사.

_____, 1994, 「봉선사」 『명찰순례』 ②, 대원사.

정병삼, 1994, 「용연사」『명찰순례』③, 대원사.

金炯佑 外, 1994,『서울』전통사찰총서 4, 사찰문화연구원.

文化財管理局 文化財研究所, 1994,『小川敬吉調查文化財資料』.

韓贊奭 外, 1994,『陝川海印寺誌』, 韓一綜合印刷社.

寺刹文化研究院, 1995,『인천·경기도의 전통사찰』Ⅱ.

全基雄, 1996,『羅末麗初의 政治社會와 文人知識人層』, 혜안.

尹張燮, 1996,『韓國의 建築』, 서울大學校 出版部.

金福順 外, 1996,『江原佛教史研究』翰林科學院叢書 51, 小花.

江原大學校 博物館, 1996,『華川의 歷史와 文化遺蹟』.

한국문화사학회, 1997,『한국 문화유산의 위상 제고 — 삼화사 철불과 삼층석탑을
       중심으로 —』, 동해시.

翰林大學校 博物館, 1997,『春川의 歷史와 文化遺蹟』.

이광표 해설, 1997,『사진으로 보는 북한의 문화유산』, 東亞日報社.

國立文化財研究所, 1997,『北韓文化財解說集』Ⅰ — 石造物篇.

국립문화재연구소, 1998,『北韓文化財解說集』Ⅱ — 寺刹建築篇.

韓基汶, 1998,『高麗寺院의 構造와 機能』, 民族社.

寺刹文化研究院, 1998,『洛山寺』.

동해시, 1998,『두타산과 삼화사』.

聲準和尙門徒會編, 1999,『聲準和尙牧牛錄』, 불교시대사.

낙산사, 1999,『동아시아에서 의상의 관음신앙과 낙산사』, 불교춘추사.

국립문화재연구소, 2001,『회암사지 선각왕사비 보존』.

고성문화원, 2001,『국역 건봉사의 역사적 발자취』.

대한불교조계종 문화유산발굴조사단, 2002,『한국의 사찰 문화재』강원도.

대한불교조계종 교육원 불학연구소, 2002,『曹溪宗祖 道義國師의 생애와 사상』,
       불교신문사.

대한불교조계종 총무원, 2003,『한국전쟁 피해 보고서 — 한국전쟁과 불교문화재』Ⅰ
       강원도편.

경기도박물관, 2003,『묻혀 있던 조선 최대의 왕실사찰 檜巖寺』.

이영선, 2003,『乾鳳寺事蹟』, 東山法門.

한국불교연구원, 2004,『인각사 보각국사비 재현 연구보고서』.

강원대학교 중앙박물관, 2004,『소설암지 및 화악리 절터 지표조사 보고서』.

현해, 2004,『오대산 월정사·상원사』, 월정사.

鄭永鎬, 2005,『道義國師와 陳田寺』.

이정오 외, 2006,『사진으로 보는 춘천의 어제와 오늘』, 춘천문화원.

강릉대학교 인문학연구소, 2007, 『강릉 단오제 정체성 확립을 위한 범일국사 세미나 자료집』.

강원지역문화연구회, 2007, 『춘천 청평사 문수원기 복원을 위한 학술대회』.

영덕군, 2008, 『영덕이 낳은 고승 나옹왕사 재조명 학술세미나』.

江原地域文化研究會, 2008, 『眞樂公重修淸平山文殊院記碑 復元事業 報告書』.

윤영활, 2009, 『청평사』, 대원사

3. 地表·發掘調査 報告書

江原大學校 附設 產業技術研究所, 1984, 『淸平寺 實測調査報告書』, 春城郡.

國立文化財研究所, 1998, 『韓國의 古建築:淸平寺』 第20號.

江原文化財研究所, 2001, 「淸平寺 降仙樓·回轉門 部分 補修工事에 따른 遺構 確認 調査 略報告書』.

삼풍엔지니어링, 2002, 『淸平寺 廻轉門 修理實測報告書』, 춘천시.

이재근 외, 2005, 『청평사 선원 학술조사보고서』, 춘천시.

檀國大學校 中央博物館, 1989, 『陳田寺址 發掘報告』.

강원문화재연구소, 2002.2, 「양양 진전사지 발굴조사 약보고서」.

_____, 2002.5, 「양양 진전사지 발굴조사 지도위원회의 자료」.

辛鍾遠, 1983.12.1, 「水多寺址 調査」 『박물관 신문』 148號, 國立中央博物館.

_____, 1984.1.1, 「水多寺址 調査」 『박물관 신문』 149號, 國立中央博物館.

江陵大學校 博物館, 1999, 『屈山寺址 浮屠 學術調査報告書』.

江原文化財研究所, 2006, 『江陵 屈山寺址 發掘調査 報告書』.

江陵大學校 博物館, 1996, 「神福寺址 試掘調査 報告」 『江陵 文化遺蹟 發掘調査 報告書(試掘 및 緊急 收拾調査)』.

江原文化財研究所, 2007, 『神福寺址』.

관동대학교 박물관, 1996, 「강릉 관음리사지 및 보광리사지 시굴조사 결과 약보고」.

예맥문화재연구원, 2007, 「강릉 과학일반지방산업단지 진입도로부지내 유적 발굴조사 약보고서」.

江原文化財研究所, 2007, 『江陵 普賢寺-江陵 普賢寺 食堂禪院 新築敷地內 遺蹟』.

새한建築文化研究所, 1986, 『居頓寺址 石物實測 및 地表調査報告書』, 原城郡.

翰林大學校 博物館, 2000, 『居頓寺址 發掘調査 報告書』.

무진종합건축사사무소, 2001, 『거돈사지 3층석탑 정밀실측 및 수리공사보고서』, 원주시.

신평綜合建設, 2000, 『興法寺址 石物實測 및 地表調査報告書』, 原州市.

關東大學校 博物館, 1998,「嶺東高速道路(橫溪－江陵間)建設豫定地域內 文化遺
　　　蹟 發掘調査 結果 略報告」.
새한建築文化研究所, 1992,『法泉寺址 石物實測 및 地表調査報告書』, 原城郡.
江原文化財研究所, 2002,「原州 法泉寺」시굴조사 지도위원회의자료.
　　　　　　　　　, 2003,「原州 法泉寺」2次 발굴조사 지도위원회의자료.
　　　　　　　　　, 2003,「原州 法泉寺」3次 발굴조사 지도위원회의자료.
　　　　　　　　　, 2004,「原州 法泉寺」4次 발굴조사 지도위원회의자료.
　　　　　　　　　, 2007,「原州 法泉寺」5次 發掘調査 지도위원회의자료.
　　　　　　　　　, 2003,『本寂寺址』.
　　　　　　　　　, 2003,『三陟 興田里寺址 地表調査 및 三層石塔材 實測調査
　　　地表調査 報告書』.
關東大學校 博物館, 1999,『三陟 天恩寺 李承休遺墟址 發掘調査 報告書』.
江原文化財研究所, 2006,『三陟 天恩寺 李承休遺墟址 發掘調査 報告書』.
國立文化財研究所, 2005,「襄陽 洛山寺 發掘調査 現場說明會 資料」.
　　　　　　　　　, 2006,「襄陽 洛山寺 發掘調査 現場說明會 資料－圓通寶殿
　　　구간」.
江陵大學校 博物館, 2001,『橫城 鳳腹寺 地表調査 報告書』.
노혁진 외, 1998,「횡성댐 수몰지구내 중금리 사지 발굴보고서」『횡성댐 수몰지
　　　구내 문화재 발굴보고서(3)』, 한림대학교 조사단.
江原大學校 中央博物館, 2002,『華川 啓星寺址 地表調査報告書』.
江原地域文化研究會, 1998,『華川 成佛寺址 地表調査報告書』, 華川文化院.
　　　　　　　　　　　, 1997,『楊口 深谷寺址 地表調査報告書』, 楊口文化院.
江原文化財研究所, 2004,『蒼嶺寺』.
　　　　　　　　　, 2002,『師子山 興寧禪院 地表調査 報告書』.
강원문화재연구소, 2002,「寧越 興寧禪院址 시굴조사 약보고서」.
　　　　　　　　　, 2004,「寧越 興寧禪院址」2次 試掘調査 指導委員會議 資料.
江原文化財研究所, 2006,「師子山 興寧禪院」3次 發掘調査 指導委員會議 資料.
　　　　　　　　　, 2005,『洪川 雙溪寺 地表調査 報告書』.
　　　　　　　　　, 2005,『寧越 報德寺 四天王門址 發掘調査 報告書』.
강원문화재연구소, 2006,「영월 보덕사 극락보전 주변 건물지 추가 발굴조사 약
　　　보고서」.
　　　　　　　　　, 2007,「영월 보덕사 극락보전 주변 건물지 발굴조사(2차) 지
　　　도위원회의 자료」.
江原文化財研究所, 2008,「영월 하송리 산 33번지 일대 도시개발사업부지내 시

굴조사 지도위원회의 자료」.

새한建築文化硏究所, 1990,『乾鳳寺址 地表調査 報告書』, 高城郡.

江原文化財硏究所, 2004,『乾鳳寺 鳳棲樓址』.

대한불교조계종, 2004,『五臺山 月精寺 석조보살좌상 주변 지역 문화유적 시·발굴조사보고서』.

_____, 2005,『五臺山 月精寺 석조보살좌상 주변 지역 문화유적 시·발굴조사보고서』 Ⅱ.

江原文化財硏究所, 2006,『平昌 大上里寺址－주택신축부지내 유적 발굴조사 보고서』.

_____, 2004,『原州 大安里寺址 石塔材 實測 및 地表調査 報告書』.

江原大學校 博物館,『寒溪寺』, 1985.

_____, 1996,『整備·補修를 위한 麟蹄 甲屯里一帶 石塔 調査報告書』.

江原地域文化硏究會, 1998,『華川 成佛寺址 地表調査報告書』, 華川文化院.

대한불교조계종, 2003,『金剛山 神溪寺 試掘調査報告書』.

삼풍엔지니어링 건축사사무소, 2000,『삼화사 삼층석탑 실측조사 보고서』, 삼화사.

東樺綜合建設, 2000,『襄陽 五色里 3層石塔 實測調査 報告書』, 襄陽郡.

예그린건축사사무소, 2002,『束草 香城寺址 三層石塔 實測調査報告書』, 束草市.

京畿道 博物館, 2001,『檜巖寺Ⅰ 試掘調査報告書』.

경기도 박물관, 2003,『檜巖寺Ⅱ－7·8단지 발굴조사 보고서』.

三成建築士事務所, 1990,『修道山 奉恩寺 實測調査報告書』, 서울特別市.

대한불교조계종 문화유산발굴조사단, 2004,『수도산 봉은사 지표조사보고서』.

大邱大學校 博物館, 1987,『義城郡 文化遺蹟 地表調査 報告』.

_____, 1997,『達城郡 文化遺蹟 地表調査報告書』

새한建築文化硏究所, 1985,『檜巖寺址 現況調査 一次調査 報告書』, 楊州郡.

대한불교조계종 문화유산발굴조사단, 2001,『棟裏山 泰安寺 지표조사보고서』.

忠州工業專門大學 博物館, 1992,『德周寺 磨崖佛과 德周山城 地表調査 報告書』.

慶南發展硏究院, 2005,『咸安 明德高等學校·陜川 海印寺 浮屠 및 石藏碑 周邊 遺蹟 試掘調査 報告書』.

國立春川博物館, 2007,『洪川 物傑里寺址 學術調査報告書』.

4. 論文

鄭炳昱, 1958,「金時習 硏究」『論文集』7, 서울대학교.

金庠基, 1961,「古搨麟角寺碑」『考古美術』15, 韓國美術史學會.

洪思俊, 1961, 「崇福寺 碑片」『考古美術』 15, 韓國美術史學會.

黃壽永, 1961, 「新羅 崇福寺 碑片」『考古美術』 14, 韓國美術史學會.

_____, 1968, 「新羅 崇福寺 碑片」『考古美術』 96, 韓國美術史學會.

_____, 1968, 「淸平寺 文殊院記 碑片의 調査」『考古美術』 99, 韓國美術史學會.

鄭永鎬, 1969, 「新羅 獅子山 興寧寺址 研究」『白山學報』 7, 白山學會.

黃善化, 1972, 「僧 普雨의 一生」『綠友研究論集』, 梨花女子大學校 師範大學 社
會生活科.

閔賢九, 1980, 「李藏用小考」『韓國學論叢』 3, 國民大學校 韓國學研究所.

申千湜, 1980, 「韓國佛教史上에서 본 梵日의 위치와 屈山寺의 歷史性 검토」『嶺
東文化』 創刊號, 關東大學校 嶺東文化研究所.

金鎬然, 1981, 「文殊院 庭園에 관한 學術 세미나」『月刊 文化財』 115, 月刊 文
化財社.

閔庚玹 外, 1982, 「文殊院 庭苑의 構成과 그 特徵」『韓國庭園學會誌』 創刊號, 韓
國庭園學會.

_____, 1982, 『韓國庭園學會誌』 創刊號, 韓國庭園學會.

_____, 1982, 「文殊院 庭苑의 構成과 그 特徵」『韓國庭苑學會誌』 1卷 1號.

張文哲, 1983, 「嶺東地方 禪宗普及에 관한 研究」, 慶熙大學校 碩士學位論文.

崔柄憲, 1983, 「高麗中期 李資玄의 禪과 居士佛教의 性格」, 『金哲埈博士華甲記
念史學論叢』, 知識産業社.

白弘基, 1984, 「溟州 崛山寺址 發掘調査 報告書」『考古美術』 161, 韓國美術史
學會.

方東仁, 1984, 「崛山寺址에 대한 研究와 展望」『古文化』 24, 韓國大學博物館協會.

李相弼, 1985, 「春城郡 淸平寺址 整備 및 影池 發掘調査報告」『文化財』 18, 文
化財管理局.

金煐泰, 1985, 「曦陽山 禪派의 成立과 그 法系에 대하여」『韓國佛教禪門의 形
成史 研究』, 民族社.

金廷禧, 1986, 「朝鮮朝 明宗代의 佛畵研究」『歷史學報』 110, 歷史學會.

許興植, 1986, 「沙林院 弘覺國師碑」『高麗佛教史研究』, 一潮閣.

金昌彦, 1986, 「韓國寺刹立地類型別 主佛殿 앞 中庭空間의 空間的特性에 關한
研究」, 檀國大學校碩士學位 請求論文.

趙由典 外, 1987, 「淸平寺 影池 및 能仁殿址 發掘調査」『文化財』 20, 文化財管
理局.

金相永, 1988, 「高麗 睿宗代 禪宗의 復興과 佛教界의 變化」『淸溪史學』 5, 韓國
精神文化研究院 淸溪史學會.

金容德, 1988,「淸平寺 緣起說話考」『한양어문연구』6, 한양대학교 국어국문학과.

安貴淑, 1988,「朝鮮後期 鑄鐘匠 思印比丘에 관한 硏究」,『佛敎美術』9, 東國大學校 博物館.

辛鍾遠, 1989,「淸平寺 影池옆 銘文岩石」『江原史學』5, 江原大學校 史學會.

金奉烈, 1989,「朝鮮時代 寺刹建築의 殿閣構成과 配置型式 硏究」, 서울大學校 博士學位論文.

金若秀, 1989,「義城 大谷寺의 遺蹟과 遺物」『鄕土史硏究』1, 韓國鄕土史硏究全國協議會.

朴永弴, 1990,「淸平山文殊院重修碑와 祭淸平山居士眞樂公之文」『書通』17, 東方硏書會.

李鍾益, 1990,「普雨大師의 中興佛事―그 전말과 순교」『佛敎學報』27, 東國大學校 佛敎文化硏究院.

南仁國, 1990,「高麗 睿宗代 支配勢力의 構成과 動向」『歷史敎育論集』, 歷史敎育學會.

徐致祥, 1990,「朝鮮王朝 願堂寺刹의 造營에 관한 硏究」, 釜山大學校 博士學位論文.

文明大, 1991,「禪林院址 發掘調査略報告」『佛敎美術』10, 동국대학교 박물관.

金東鉉, 1991,「3-次元 컴퓨터 그래픽 技術을 利用한 文化財 復元」『文化財』24, 文化財管理局.

金泓植, 1991,「楊州 檜巖寺址의 殿閣配置에 대한 硏究」,『文化財』24, 文化財管理局.

金炯佑, 1992,「高麗時代 國家的 佛敎行事에 대한 硏究」, 東國大學校 博士學位論文.

徐致祥, 1992,「朝鮮後期 陵寢寺刹의 造營에 관한 硏究」『大韓建築學會論文集』47, 大韓建築學會.

崔成鳳, 1992,「檜巖寺의 沿革과 그 寺址 調査」『佛敎學報』9, 東國大學校 佛敎文化硏究院.

金豊起, 1992,「淸平寺 幻寂堂 浮屠에 대한 一考察」『江原文化硏究』11, 江原大學校 江原文化硏究所.

權憙永, 1992,「新羅 弘覺禪師碑文의 復元 試圖」『伽山 李智冠스님 華甲記念論叢 韓國佛敎文化思想史(卷上)』, 伽山佛敎文化振興院.

朴貞柱, 1992,「新羅末·高麗初 獅子山門 과 政治勢力」, 翰林大學校 碩士學位論文.

洪性益, 1992,「淸平寺蹟에 대한 새로운 接近(上)」『春州文化』7, 春川文化院.

魯權用, 1993,「楞嚴經의 禪思想 연구」『韓國佛敎學』18, 韓國佛敎學會.

陳商元, 1993, 「梅月堂 金時習(1435-1493)의 生涯와 思想－朱子性理學과 관련해서」, 釜山大學校 碩士學位論文.

許興植, 1993, 「金石學史의 試論」『高麗佛教史研究』, 一潮閣.

＿＿＿, 1993, 「禪의 復興과 看話禪의 展開」『高麗佛教史研究』, 一潮閣.

＿＿＿, 1994, 「中世 碑文의 復元과 修禪社 斷碑」『韓國中世佛教史研究』, 一潮閣.

辛鍾遠, 1994, 「雉岳山 石南寺址의 推定과 現存信仰」『정신문화연구』17권 1호 (통권54호).

如空, 1994, 「清平山 居士 李資玄의 生涯와 思想」『五峰山 清平寺』, 中央僧伽大學 佛教史學研究所.

金相永, 1994, 「보우의 불교부흥운동과 그 지원세력」『中央僧家大學論文集』3, 中央僧伽大學校.

洪性益, 1994, 「春川·華川 地域 浮屠에 關한 研究」『春州文化』9, 春川文化院.

金徹雄, 1995, 「高麗中期 道教의 盛行과 그 性格」『史學志』28, 檀國大史學會.

신종원, 1995, 「洪川 壽陀寺 梵鐘 銘文」『博物館誌』12, 江原大學校 博物館.

＿＿＿, 1996, 「갑둔리 5층석탑 銘文과 관련된 역사해석의 문제」『整備·補修를 위한 麟蹄 甲屯里一帶 石塔 調査報告書』, 강원대학교 박물관.

辛鍾遠 外, 1996, 「佛教의 受容과 그 影響」『江原道史』歷史編, 江原道.

洪永鎬 外, 1996, 「三陟市 道溪邑 興田里寺址에 대한 考察」『博物館誌』3, 江原大學校 博物館.

金奉烈, 1996, 「朝鮮王室 願堂寺刹建築의 構成型式」『大韓建築學會論文集』93, 大韓建築學會.

朴昌鎬, 1996, 「朝鮮時代 石鍾型浮屠 研究」, 韓國教員大學校 碩士學位論文.

李善和, 1996, 「朝鮮後期 地方 爲祝願堂의 配置構成과 建築的 性格」, 蔚山大學校 碩士學位論文.

辛鍾遠, 1996, 「清平寺'相思뱀(蛇)'傳說의 歷史性과 說話性」『江原佛教史研究』, 小花.

蔡尙植, 1996, 「普照國尊 一然碑의 現狀과 復原의 問題」『古書研究』13, 韓國古書研究會.

홍성익, 1996, 「불교」『春川百年史』, 春川百年史編纂委員會.

李廷國, 1997, 「高麗時代 寺刹建築의 空間構成에 관한 研究－文獻研究를 中心으로」, 漢陽大學校 博士學位論文.

金徹雄, 1997, 「고려말 檜巖寺의 중건과 그 배경」『史學志』30, 檀國史學會.

張慶浩, 1997, 「朝鮮時代 寺刹建築의 型式變遷」『佛教美術』14, 東國大學校 博物館.

姜錫瑾, 1997, 「居士佛教 觀點에서 본 李奎報의 行蹟과 文學」『東國語文論集』 7, 東國大學校 人文科學大學 國語國文學科.

金龍善, 1997, 「고려 전기의 春川 朴氏 일족-朴儒와 王字之·王毅」『春州文化』 12, 春川文化院,

閔庚玹, 1998, 「韓民族의 陰陽과 三才思想이 남긴 不等邊三角의 空間文化」『韓國庭苑學會誌』 16권 3호, 韓國傳統造景學會.

權台哲, 1998, 「韓國傳統寺刹에서 나타나는 人工池에 관한 硏究」, 東國大學校 碩士學位論文.

朴映基, 1998, 「虛應堂 普雨 硏究」, 東國大學校 博士學位論文.

權悳榮, 1998, 「弘覺禪師碑文을 통해 본 新羅 億聖寺址의 추정」『史學研究』 55·56合集, 韓國史研究會.

洪性益, 1998, 「江原地域 胎室에 관한 硏究」『江原文化史研究』 3, 江原鄉土文化研究會,

張俊植, 1999, 「世達寺의 位置에 대한 考察」『文化史學』 11·12·13, 韓國文化史學會.

김창균, 1999, 「壽陀寺의 聖寶」『성보』 1, 대한불교조계종 성보보존협회.

韓永愚, 1999, 「杏村 李嵒과 檀君世紀」『韓國學報』 96, 一志社.

박영돈, 1999, 「인각사 보조국사비 복원비」『불교와 문화』 9, 대한불교진흥원.

李炳熙, 1999, 「高麗時期 伽藍構成과 佛教信仰」『文化史學』 11·12·13, 韓國文化史學會.

孫煥一, 1999, 「高麗末 趙孟頫體의 유입과 杏村 李嵒의 書體 硏究」『韓國思想과 文化』 第4輯, 韓國思想文化學會.

鄭載喆, 2000, 「杏村 李嵒 詩의 硏究」『漢文學論集』 18, 근역한문학회.

趙美惠 外, 2000, 「龍珠寺의 陵寢寺刹的 特徵에 關한 硏究」『韓國庭苑學會誌』 18권 1호, 韓國傳統造景學會.

진성규, 2000, 「13世紀 佛教系 動向과 李承休」『李承休研究論叢』, 三陟市.

申永文, 2000, 「羅末麗初 獅子山門의 思想과 그 性格」, 國民大學校 碩士學位論文.

朴永弴, 2000, 「麟角寺 普覺國師碑 復元加墨本」『佛教美術』 16, 東國大學校 博物館.

尹善泰, 2000, 「新羅'崇福寺碑'의 復元-結·苫의 細註와 관련하여」『佛教美術』 16, 東國大學校 博物館.

張忠植, 2000, 「新羅石經과 그 復元」『韓國書藝二千年 特講論文集』, 예술의 전당.

張忠植, 2000, 「新羅 法華經 石經의 復元」『佛教美術』 16, 東國大學校 博物館.

홍성익, 2000, 「江原地域의 石塔 調査報告」『춘천칠층석탑 정밀실측 및 수리공사보고서』, 춘천시.

金潤坤, 2001, 「懶翁 慧勤의 檜巖寺 중창과 反佛論의 制壓企圖」『大丘史學』62, 大丘史學會.

박선영, 2001, 「봉은사 조경설계」, 서울대학교 석사학위논문.

허흥식, 2001, 「나옹화상의 생애와 계승자」『나옹선사 학술발표대회 논문집』, 동국대학교 사찰조경연구소.

金廷禧, 2001, 「文定王后의 中興佛事와 16世紀 王室發願 佛畵」『美術史學研究』 231, 韓國美術史學會.

喜蕾, 2001, 「元나라 高麗貢女制度 研究」『亞細亞文化研究』5, 경원대학교 아시아문화연구소.

洪性益, 2001, 「새로이 확인된 淸平寺 文殊院記 拓本」『博物館誌』8, 江原大學校 中央博物館.

朴㫙璇, 2001, 「朝鮮後期 願堂 研究」, 嶺南大學校 博士學位論文.

정동락, 2001, 「通曉 梵日(810-889)의 生涯에 대한 재검토」『民族文化論叢』24, 영남대학교 민족문화연구소.

李演魯, 2002, 「韓國傳統木造建築의 보에 關한 研究」, 高麗大學校 博士學位論文.

한국미술사학회, 2002, 『양양 선림원의 사상과 불교미술』, 한국미술사연구소.

권기종, 2002, 「弘覺禪師碑文을 통해 본 禪林院」『講座 美術史』, 한국불교미술사학회.

金興三, 2002, 「羅末麗初 崛山門 研究」, 강원대학교 박사학위논문.

金相鉉, 2002, 「華嚴寺의 創建 時期와 그 背景」『東國史學』37, 東國史學會.

成春慶, 2003, 「조선시대 소요대사부도에 대한 고찰」, 『文化史學』20, 韓國文化史學會.

이문희, 2003, 「麗末鮮初 固城李氏 家門의 정치적 동향」, 동아대학교 석사학위논문.

박천우, 2003, 「융릉과 용주사」『人文社會科學研究』12, 장안대학 인문사회과학연구소.

李璥馥, 2003, 「圓眞國師 承逈의 活動과 崔忠獻」『湖西史學』36, 湖西史學會.

_____, 2003, 「弓裔와 闍崛山門」『白山學報』66, 白山學會.

洪永鎬 外, 2003, 「三陟市 未老面 天恩寺의 佛像 考察」『강원지역문화연구』2, 강원지역문화연구회.

김흥삼, 2003, 「羅末麗初 崛山門 開淸과 政治勢力」『한국중세연구』15, 한국중세사학회.

_____, 2004, 「淸平寺와 高麗社會構造」『江原文化研究』23, 江原大學校 江原

文化研究所.

洪永鎬, 2004,「三陟市 道溪邑 興田里寺址의 寺名 推定」『강원지역의 역사와 문화』한국대학박물관협회 제50회 춘계학술발표회, 강원대학교 중앙박물관.

趙賢貞, 2004,「韓國 建造物 文化財 保存史에 關한 研究－1910년 이후 수리된 목조건조물을 중심으로」, 明知大學校 碩士學位論文.

신규탁, 2004,「고려 중기 거사불교와 이자현의 선사상」『江原文化研究』23, 江原大學校 江原文化研究所.

정상옥, 2004,「眞樂公重修淸平山文殊院記의 釋坦然 書法考」『江原文化研究』23, 江原大學校 江原文化研究所.

심우경, 2004,「高麗時代 造景文化와 淸平山 文殊院 禪苑의 特性」『江原文化研究』23, 江原大學校 江原文化研究所.

洪性益, 2004,「春川 淸平寺 文殊院記 復元」, 江原大學校 碩士學位請求論文.

_____, 2004,「春川 淸平寺 伽藍配置의 綜合的 檢討」『江原史學』19·20合輯, 江原大學校 史學會.

윤기엽, 2004,「高麗後期 寺院의 實狀과 動向에 관한 研究」『보조사상』22, 보조사상연구원.

_____, 2004,「元干涉期 元皇室의 布施를 통해 中興된 高麗寺院」『보조사상』22, 보조사상연구원.

탁효정, 2004,「조선후기 王室願堂의 사회적 기능」『淸溪史學』19, 淸溪史學會.

황인규, 2004,「懶庵普雨의 생애와 불교계 문도」『東國史學』40, 東國史學會.

이창업 외, 2004,「高麗時代 別墅建築에 關한 研究」『大韓建築學會論文集』24卷 2號, 大韓建築學會.

李昌業, 2004,「高麗時代 別墅의 建築的 性格에 關한 研究－古文獻 解析을 중심으로」, 蔚山大學校 博士學位論文.

권혁진, 2004,「李資玄의 詩世界」『漢字漢文敎育』13, 韓國漢字漢文敎育學會.

이재근, 2005,「한국의 별서정원」『韓國造景學會誌』23권 1호, 韓國造景學會.

趙龍憲, 2005,「楞嚴經 修行法의 韓國的 受容－耳根圓通과 性命雙修를 중심으로」, 圓光大學校 博士學位論文.

윤영활 외, 2005,「청평사 선원의 고문헌적 고증연구(1)」『韓國傳統造景學會誌』23권 3호, 韓國傳統造景學會.

_____, 2005,「청평사 선원의 고문헌적 고증연구(2)」『韓國傳統造景學會誌』23권 4호, 韓國傳統造景學會.

윤영활, 2005,「청평사의 정원문화,『春州文化』20, 春川文化院.

黃仁奎, 2005,「淸閑 雪岑의 僧侶로서의 活動과 交遊僧侶」『韓國佛敎學』 40, 韓國佛敎學會.

嚴基杓, 2005,「朝鮮時代 分舍利에 의한 石造浮屠의 建立」『전통문화논총』 3, 한국전통문화학교.

朴英九, 2005,「梁山 通度寺의 石造浮屠 硏究」, 東國大學校 碩士學位論文.

엄기표, 2005,「興寧寺 澄曉大師 石造浮屠와 寶印塔碑의 樣式과 意義」『博物館誌』 14, 忠淸大學 博物館.

洪性益, 2005,「寧越 報德寺 創建年代에 관한 硏究」『江原文化史硏究』 10, 江原鄕土文化硏究會.

김도현, 2006,「三陟市 未老面 天恩寺의 歷史와 木造阿彌陀三尊佛 腹藏」『博物館誌』 12, 江原大學校 中央博物館.

이경미, 2006,「고려·조선전기 法寶信仰과 經藏建築의 변천 연구」, 이화여자대학교 박사학위청구논문.

신동하, 2006,「'李資玄 祭文'의 史料的 價値」『人文科學硏究』 12, 同德女子大學校 人文科學硏究所.

남동신, 2006,「목은 이색과 불교 승려의 시문(詩文) 교유」『역사와 현실』 62, 한국역사연구회.

한병일 외, 2006,「北漢山 新羅 眞興王巡狩碑 복제에 대한 硏究」『文化史學』 26, 韓國文化史學會.

김용태, 2006,「浮休系의 계파인식과 普照遺風」『보조사상』 25, 보조사상연구원.

_____, 2006,「錦溟 寶鼎의 浮休系 정통론과 曹溪宗 제창」『韓國文化』 37, 서울大學校 韓國文化硏究所.

윤영활, 2006,「청평사의 팔경과 경관 특성」『春州文化』 21, 春川文化院.

_____, 2006,「淸平寺 園林의 景處와 景觀解釋에 관한 硏究-고문헌을 중심으로」『韓國傳統造景學會誌』 24권 3호, 한국전통조경학회.

嚴基杓, 2006,「朝鮮初期 己和大師 涵虛堂의 分舍利 石造浮屠에 대한 考察」『文化史學』 25, 韓國文化史學會.

홍성익, 2006,「朝鮮後期 幻寂堂 八分舍利 浮屠에 관한 硏究」『博物館誌』 13, 江原大學校 中央博物館.

_____, 2006,「江原道 壽陀寺·鳳腹寺 瑞谷堂 二分舍利 浮屠에 관한 硏究」『江原文化硏究』 25, 江原大學校 江原文化硏究所.

洪性益, 2006,「春川 淸平寺 文殊院記 復元을 위한 硏究」『文化史學』 26, 韓國文化史學會.

_____, 2007,「春川 淸平寺 藏經碑 復元을 위한 基礎資料 檢討」『文化史學』

　　　　　　27, 韓國文化史學學會.

_____, 2007, 「春川 淸平寺 獻畓碑와 獻畓記에 대한 小考」『江原文化史研究』
　　　　　　12, 江原鄕土文化研究會.

南東信, 2007, 「여말선초기 懶翁 현창 운동」『韓國史研究』139, 韓國史研究會.

崔榮淑, 2007, 「龍門寺 輪藏臺 研究」『미술사 연구』21, 미술사연구회.

金豊起, 2008, 「<眞樂公重修淸平山文殊院記>와 <祭淸平山居士眞樂公之文>의
　　　　　　주해」『眞樂公重修淸平山文殊院記碑 復元事業 報告書』, 강원지역문화
　　　　　　연구회.

찾아보기

ㅈ

홍 성 익洪性益

1961년 춘천 서면 출생
계명대학교 사학과 졸업
강원대학교 교육대학원(역사교육 전공) 교육학석사
강원대학교 대학원 사학과 문학박사
前 강원도문화재전문위원
　　강원문화재연구소 조사원
　　예맥문화재연구원 연구원
現 강원대학교 사학과 강사

논저

『春川百年史』,『漢江流域史硏究』,『寧越文化財大觀』,『江原文化財大觀』(이상 공저)
「江原地域 胎室에 관한 硏究」,「原州 大德里 胎室에 대하여」,「江原地域의 石塔 調
査報告」,「原州 南山에서 새로 조사된 石塔材 2基」,「寧越 報德寺 創建年代에 관한
硏究」,「양구 深谷寺와 頭陀寺의 창건과 변천에 관한 연구」 外

발굴 보고서

『本寂寺』,『蒼嶺寺』,『江陵 普賢寺』,『乾鳳寺 鳳棲樓址』,『平昌 大上里 寺址』,『春川
栗文里遺蹟Ⅰ』(이상 공저) 外

清平寺와 韓國佛教　　　　　　　　　　　　　　　　　　　　　값 25,000원

　　2009년 7월 15일 초판 인쇄
　　2009년 7월 25일 초판 발행

　　　　　　　　　　저　　자 : 홍 성 익
　　　　　　　　　　발 행 인 : 한 정 희
　　　　　　　　　　발 행 처 : 경인문화사
　　　　　　　　　　편　　집 : 신 학 태
　　　　　　　　　　서울특별시 마포구 마포동 324 - 3
　　　　　　　　　　전화 : 718 - 4831〜2, 팩스 : 703 - 9711
　　　　　　　　　　이메일 : kyunginp@chol.com
　　　　　　　　　　홈페이지 : 한국학서적.kr / www.kyunginp.co.kr
　　　　　　　　　　등록번호 : 제10 - 18호(1973. 11. 8)

ISBN : 978-89-499-0656-0　94910
ⓒ 2009, Hong, Sung-ik. Kyung-in Publishing Co, Printed in Korea
* 파본 및 훼손된 책은 교환해 드립니다.